Petra Kaps

Arbeitsmarktintegration oder Haushaltskonsolidierung?

**Städte und Regionen in Europa
Band 14**

Herausgegeben von
Jürgen Friedrichs, Köln
Oscar W. Gabriel, Stuttgart
Herbert Schneider (†), Heidelberg
Rüdiger Voigt, München

Petra Kaps

Arbeitsmarktintegration oder Haushaltskonsolidierung?

Interessen, Zielkonflikte
und Ergebnisse kommunaler
Beschäftigungspolitik

VS VERLAG FÜR SOZIALWISSENSCHAFTEN

Bibliografische Information Der Deutschen Bibliothek
Die Deutsche Bibliothek verzeichnet diese Publikation in der Deutschen Nationalbibliografie;
detaillierte bibliografische Daten sind im Internet über <http://dnb.ddb.de> abrufbar.

1. Auflage Mai 2006

Alle Rechte vorbehalten
© VS Verlag für Sozialwissenschaften | GWV Fachverlage GmbH, Wiesbaden 2006
Lektorat: Monika Mülhausen / Bettina Endres

Der VS Verlag für Sozialwissenschaften ist ein Unternehmen von Springer Science+Business Media.
www.vs-verlag.de

Das Werk einschließlich aller seiner Teile ist urheberrechtlich geschützt. Jede Verwertung außerhalb der engen Grenzen des Urheberrechtsgesetzes ist ohne Zustimmung des Verlags unzulässig und strafbar. Das gilt insbesondere für Vervielfältigungen, Übersetzungen, Mikroverfilmungen und die Einspeicherung und Verarbeitung in elektronischen Systemen.

Die Wiedergabe von Gebrauchsnamen, Handelsnamen, Warenbezeichnungen usw. in diesem Werk berechtigt auch ohne besondere Kennzeichnung nicht zu der Annahme, dass solche Namen im Sinne der Warenzeichen- und Markenschutz-Gesetzgebung als frei zu betrachten wären und daher von jedermann benutzt werden dürften.

Umschlaggestaltung: KünkelLopka Medienentwicklung, Heidelberg
Druck und buchbinderische Verarbeitung: MercedesDruck, Berlin
Gedruckt auf säurefreiem und chlorfrei gebleichtem Papier
Printed in Germany

ISBN-10 3-531-14913-X
ISBN-13 978-3-531-14913-4

Danksagung

Die vorliegende Untersuchung entstand zu weiten Teilen als Magisterarbeit am Institut für Politikwissenschaft der Martin-Luther-Universität Halle-Wittenberg. Wesentlichen Anteil an ihrer Entwicklung haben die MitarbeiterInnen der Stadtverwaltung Halle, die StadträtInnen sowie die VertreterInnen von Vereinen, Verbänden und Bildungsträgern, die sich für Expertengespräche zur Verfügung stellten und mir mit umfangreichen Informationen und Erklärungen tiefe Einblicke in kommunalpolitische Prozesse gewährten. Ihnen gilt mein herzlicher Dank. Besonders danke ich den MitarbeiterInnen des Sozialamts in Halle für die freundliche Unterstützung bei der Gewinnung von Daten der Sozialhilfeverwaltung.

Prof. Dr. Suzanne S. Schüttemeyer und Prof. Dr. Everhard Holtmann haben als Gutachter die Magisterarbeit betreut. Weit mehr als nur ein abschließendes Votum abzugeben, haben sie diese Arbeit und mich inhaltlich und menschlich in vielfältiger Weise gefördert. Darüber hinaus hat Everhard Holtmann mir bei der nicht immer einfachen Beurteilung der Lage mit kommunalpolitischem Rat zur Seite gestanden. Die Erweiterung der Magisterarbeit zum hier vorliegenden Buch ist in erster Linie dem Vorschlag und der Unterstützung von Suzanne S. Schüttemeyer zu verdanken. Ich danke ihnen beiden herzlich für ihr Engagement und ihre Förderung.

Die Publikation wäre ohne die guten Arbeitsbedingungen in der von Prof. Dr. Günther Schmid geleiteten Abteilung Arbeitsmarktpolitik und Beschäftigung am Wissenschaftszentrum Berlin für Sozialforschung sehr viel schwieriger geworden – ihm und den KollegInnen danke ich für ihren Beitrag zur Entstehung des Buches.

Petra Dobner hat den Entwicklungsprozess dieser Arbeit mit konstruktiven Anregungen begleitet und mir stets Zuspruch gegeben. Katrin Westphal, Stefan Suerbier und Sabine Wolff unterstützten die Recherche nach Publikationen und öffentlichen Dokumenten. Meine Eltern, Petra Dobner, Arnfried Gläser, Connie Gottfried, Katja Richter und Peggy Walther haben mir mit der Transkription der Interviews und anderer technischer Hilfe einen wahren Freundschaftsdienst erwiesen.

Udo Borchert hat das Buchmanuskript gründlich gelesen, klug kommentiert und freundschaftlich kritisiert. Angelika Zierer-Kuhnle hat mit Akribie das Manuskript gesetzt und der Arbeit den letzten Schliff gegeben. Ihnen beiden – sowie den Herausgebern und dem Verlag – danke ich dafür, das Erscheinen dieses Buches möglich gemacht zu haben.

Mein spezieller und über dieses Buch hinausgehender Dank gilt meinen Eltern – für ihr Vertrauen, das mich trägt.

Berlin und Halle (Saale), im Februar 2006   Petra Kaps

Inhalt

Abbildungsverzeichnis 10
Tabellenverzeichnis 11
Abkürzungsverzeichnis 12

1 Einleitung 15

2 Gegenstand, Konzept und Design der Untersuchung 19

   2.1 Problemaufriss und Gegenstand 19
   2.2 Theoretisches Konzept der Untersuchung 27
       2.2.1 Policy-Zyklus als Prozessmodell 28
       2.2.2 Akteurzentrierter Institutionalismus als theoretischer Ansatz 29
   2.3 Methodisches Design der Fallstudie 33
       2.3.1 Entscheidungsprozessanalyse 33
       2.3.2 Wirkungs- und Kosten-Nutzen-Analyse 36

3 Kommunale Beschäftigungspolitik in Deutschland 39

   3.1 Historische Entwicklung der sozialen Sicherung gegen
       Arbeitslosigkeit 40
   3.2 Rechtliche Grundlagen und Instrumente 47
       3.2.1 Arbeitsmarktpolitik vom Berufsschutz zur Aktivierung 48
       3.2.2 Bundessozialhilfegesetz zwischen Daseinsfürsorge und
             Arbeitszwang 53
       3.2.3 Instrumente kommunaler Beschäftigungspolitik 1962 bis
             2004 55
   3.3 Der Zielkonflikt kommunaler Beschäftigungsförderung 57
   3.4 Entwicklung von Langzeitarbeitslosigkeit und Sozialhilfebezug 59

4 Spektrum kommunaler Beschäftigungspolitik ... 63

- 4.1 Konzept und Methode der Literaturstudie ... 63
- 4.2 Die Studien und ihre Ergebnisse ... 64
  - 4.2.1 Mikroökonomische Wirkungs- und Effizienzanalysen ... 64
  - 4.2.2 Organisationssoziologische und politikwissenschaftliche Analysen ... 66
  - 4.2.3 Soziologische Wirkungsanalysen ... 70
- 4.3 Problemorientierte und interaktionsorientierte Erfolgskriterien ... 72
  - 4.3.1 Ziele ... 72
  - 4.3.2 Instrumenteneinsatz und Maßnahmeninhalte ... 73
  - 4.3.3 Verfahren der Erfolgsmessung ... 75
  - 4.3.4 Organisationsstrukturen und Steuerungsmodi ... 76
  - 4.3.5 Fiskalische Ergebnisse und Wirkungen auf die Zielgruppen ... 77
- 4.4 Zwischenfazit ... 78

5 Halle (Saale): Haushaltskonsolidierung statt Arbeitsmarktintegration ... 79

- 5.1 Ökonomische und institutionelle Rahmenbedingungen ... 79
  - 5.1.1 Ökonomische Rahmenbedingungen ... 79
  - 5.1.2 Politische Mehrheiten und Akteure in der Politikarena ... 85
  - 5.1.3 Organisationsstrukturen ... 88
- 5.2 Handlungsorientierungen der Akteure ... 92
  - 5.2.1 Einstellungen zu den Zielgruppen ... 93
  - 5.2.2 Kognitive Orientierungen ... 97
  - 5.2.3 Eigeninteresse komplexer Akteure und Rollenverständnis der Experten ... 100
- 5.3 Die Gestaltung des Politikfeldes ... 103
  - 5.3.1 Strategien und Ziele ... 103
  - 5.3.2 Maßnahmetypen, Arbeitsplätze und Umsetzungsprobleme ... 110
  - 5.3.3 Praxis der kommunalen Erfolgsmessung ... 115
- 5.4 Entscheidungsprozesse und Regelungsstrukturen ... 118
  - 5.4.1 Die Entwicklung der Organisationsstruktur ... 118
  - 5.4.2 Die „Leuchtturm-Liste" ... 130
  - 5.4.3 Personalausstattung und Qualität ... 134
- 5.5 Evaluation versicherungspflichtiger Maßnahmen des Jahres 2001 ... 137
  - 5.5.1 Wirkungsanalyse ... 145
  - 5.5.2 Kosten-Nutzen-Analyse ... 151
  - 5.5.3 Bewertung und Vergleich ... 162

6 War kommunale Beschäftigungspolitik in Halle (Saale) erfolgreich? ... 167

6.1 Quantitative Ergebnisse der Beschäftigungsförderung ... 167
6.2 Qualität des politischen Entscheidungsprozesses ... 168
6.3 Einfluss der Rahmenbedingungen auf den politischen Prozess ... 172
6.4 Einfluss der Handlungsorientierungen der Akteure ... 173
6.5 Resümee ... 174

7 Lokale Beschäftigungspolitik nach „Hartz IV" ... 177

7.1 Grundsicherung für Arbeitsuchende: Veränderte Rahmenbedingungen ... 178
7.2 Erfolgsbedingungen dezentraler Beschäftigungsförderung ... 184
7.3 Nachtrag zur Fallstudie ... 188
7.4 Handlungsanforderungen an lokale Akteure ... 192

Literaturverzeichnis ... 195

Anlagen ... 211

Anlage 1: Kommunale Ausgaben der Stadt Halle (Saale) für Beschäftigungsförderung 1999–2003 ... 211
Anlage 2: Entwicklung von Arbeitslosigkeit, Sozialhilfeabhängigkeit und Sozialhilfehaushalt der Stadt Halle (Saale) 1991–2002 ... 212
Anlage 3: Ausgaben HLU/HBL für alle Teilnehmer vor, während und nach der Beschäftigungsförderung ... 213
Anlage 4: Sozialstruktur der Teilnehmer der untersuchten Maßnahmen ... 214
Anlage 5: Wirkungen von Beschäftigungsmaßnahmen auf die Teilnehmer nach Maßnahmen ... 216

Abbildungsverzeichnis

Abbildung 1: Langzeitarbeitslose, Bestand im Jahresdurchschnitt
1982–2004 59
Abbildung 2: Empfänger von Hilfe zum Lebensunterhalt (HLU)
außerhalb von Einrichtung am Jahresende 1982–2004 60
Abbildung 3: Nettoausgaben für Hilfe zum Lebensunterhalt (HLU)
und Hilfe in besonderen Lebenslagen (HBL) 1991–2003 61
Abbildung 4: Entwicklung von Arbeitslosigkeit, Sozialhilfebezug und
Nettokosten der Sozialhilfe in Halle 1994–2002 81
Abbildung 5: Organisation der Beschäftigungsförderung in Halle im
Jahre 2003 91
Abbildung 6: Normative Orientierungen der Experten 94
Abbildung 7: Verhältnis von Teilnehmereinkommen und Overheadkosten
nach Maßnahmetyp 152
Abbildung 8: Ausgabenentwicklung der Sozialhilfe im Zeitverlauf
über alle untersuchten Maßnahmen 156
Abbildung 9: Eingliederungsleistungen nach SGB II, Zugang in
Maßnahmen bundesweit, Januar bis Dezember 2005 181
Abbildung 10: Eingliederungsleistungen nach SGB II, Zugang in
Maßnahmen ARGE SGB II Halle GmbH, Januar bis
Dezember 2005 190
Abbildung 11: Langzeitarbeitslosigkeit und Bezug von Arbeitslosengeld
(I und II) in Halle 2004 bis 2005, Bestand am Monatsende ... 191

Tabellenverzeichnis

Tabelle 1: Budget des Eigenbetriebsfür Arbeitsförderung (EfA) für die Beschäftigung von Sozialhilfeempfängern und für Regie-ABM in den Jahren 2000–2003 84
Tabelle 2: Anzahl der Teilnahmeplätze in ABM und Hilfe zur Arbeit (Entgeltvariante) in Halle, Soll-Ist-Vergleich 1999–2003 114
Tabelle 3: Versicherungspflichtige Beschäftigungs- und Qualifizierungsmaßnahmen nach § 19 Abs. 2 BSHG in Halle im Jahre 2001 139
Tabelle 4: Geschlecht der Teilnehmer nach Maßnahmetyp 141
Tabelle 5: Alter der Teilnehmer nach Maßnahmetyp 141
Tabelle 6: Höchster Schulabschluss der Teilnehmer nach Maßnahmetyp 142
Tabelle 7: Höchste berufliche Qualifikation der Teilnehmer nach Maßnahmetyp 142
Tabelle 8: Familienstand der Teilnehmer nach Maßnahmetyp, darunter darunter Anzahl Alleinerziehender 143
Tabelle 9: Dauer der Sozialhilfeabhängigkeit der Teilnehmer vor Maßnahmeeintritt nach Maßnahmetyp 144
Tabelle 10: Abbrecher- und Rückkehrquoten sowie Vermittlungsrate der untersuchten Maßnahmen 148
Tabelle 11: Gesamtkosten pro Jahr nach Maßnahmetyp 152
Tabelle 12: Einspareffekte während der Maßnahme und in den Folgejahren 157
Tabelle 13: Berechnung von Wertschöpfungseffekten kommunaler Maßnahmen 158
Tabelle 14: Berechnung maximaler Einnahmeeffekte durch das Einkommensteueraufkommen 159
Tabelle 15: Kosten-Nutzen-Vergleich 160
Tabelle 16: Kosten-Nutzen-Relationen nach Maßnahmetypen, berechnet für alle 28 Maßnahmen und 446 Teilnehmer des Jahres 2001 161
Tabelle 17: Vergleich der Maßnahmen des HLU-Konzepts der Stadt mit den modellierten Kosten-Nutzen-Relationen der evaluierten Maßnahmen des Jahres 2001, kumuliert über je 500 Teilnehmer 163

Abkürzungsverzeichnis

ABM	Arbeitsbeschaffungsmaßnahme lt. §§ 260 ff. SGB III
ADAV	Allgemeiner Deutscher Arbeiterverein
AFG	Arbeitsförderungsgesetz von 1969
AfL	Arbeit für Langzeitarbeitslose – Sonderprogramm der Bundesregierung für Langzeitarbeitslose und Sozialhilfeempfänger über 25 Jahre
AG HzA	Arbeitsgruppe Hilfe zur Arbeit
ARGE	Arbeitsgemeinschaft nach § 44b SGB II
AVAVG	Gesetz über Arbeitsvermittlung und Arbeitslosenversicherung von 1927
BfB	Betrieb für Beschäftigungsförderung Leipzig
BIB	Bündnis für Innovation und Beschäftigung Halle (Saale)
BMFSFJ	Bundesministerium für Familie, Senioren, Frauen und Jugend
BSHG	Bundessozialhilfegesetz von 1962
BSI	Beschäftigung schaffende Infrastrukturförderung nach § 279a SGB III
EfA	Eigenbetrieb für Arbeitsförderung der Stadt Halle (Saale)
EFRE	Europäischer Fonds für regionale Entwicklung
EigBG	Eigenbetriebsgesetz des Landes Sachsen-Anhalt
ESF	Europäischer Sozialfonds
GB	Geschäftsbereich (der Stadtverwaltung)
GG	Grundgesetz der Bundesrepublik Deutschland
HAL	Hallesche Alternative Liste – Fraktion im Stadtrat Halle (Saale) 1999–2004
HAL-AFG	Hallesche Arbeitförderungsgesellschaft
HBL	Hilfe in besonderen Lebenslagen nach § 27 ff. BSHG
HLU	Hilfe zum Lebensunterhalt nach § 21 ff. BSHG
HzA	Hilfe zur Arbeit nach §§ 18–20 BSHG
IDA	Berliner Landesprogramm „Integration durch Arbeit"
IG BCE	Industriegewerkschaft Bergbau, Chemie, Energie
JUMP	„JUgend Mit Perspektive" – Sofortprogramm der Bundesregierung zum Abbau der Jugendarbeitslosigkeit

Jump Plus	Fortsetzung des Programms JUMP
KGSt	Kommunale Gemeinschaftsstelle für Verwaltungsvereinfachung
KJHG	Kinder- und Jugendhilfegesetz
KOLA	Kommunale Leitstelle für Arbeitsvermittlung, Freiburg
LKSZ	Landesprogramm „Lokales Kapital für soziale Zwecke"
LOS	Bundesprogramm „Lokales Kapital für soziale Zwecke"
MAE	Mehraufwandsentschädigung (nach § 16 Abs. 3 SGB II)
MAVA	Mannheimer Vermittlungsagentur
MBL	Mieter- und Bürgerliste, Wählergemeinschaft zur Kommunalwahl 1999 in Halle
MoZArT	Modelprojekt zur Zusammenarbeit von Arbeitsämtern und Trägern der Sozialhilfe
NIEP	Niedrigeinkommen-Panel
RFV	Reichsfürsorgepflichtverordnung von 1924
SAM	Strukturanpassungsmaßnahme lt. §§ 272 ff.
SDAP	Sozialdemokratische Arbeiterpartei
SGB II	Sozialgesetzbuch II – Grundsicherung für Arbeitsuchende
SGB III	Sozialgesetzbuch III – Arbeitsförderung
SGB VIII	Sozialgesetzbuch VIII – Kinder- und Jugendhilfe (ehemals KJHG)
SGB XII	Sozialgesetzbuch XII – Sozialhilfe
SOEP	Sozio-oekonomisches Panel des DIW Berlin
UBF	Unabhängige Bürgerfraktion im Stadtrat Halle (Saale)
WG	Wählergemeinschaft

1 Einleitung

Die von der rot-grünen Bundesregierung in den Jahren zwischen 2000 und 2004 eingeleiteten Reformen am Arbeitsmarkt zielen auf weitreichende strukturelle und normative Veränderungen im Gefüge der sozialstaatlichen Grundordnung der Bundesrepublik Deutschland.

Zu den am heftigsten umstrittenen und zugleich folgenreichsten Reformschritten zählt zweifelsohne das „Vierte Gesetz für moderne Dienstleistungen am Arbeitsmarkt" (vgl. BGBl. 2003, Teil 1, Nr. 66: 2954 ff.), mit dem Arbeitslosenhilfe und Sozialhilfe zum Arbeitslosengeld II zusammengelegt, die Trägerschaft für die soziale Sicherung und die Arbeitsmarktdienstleistungen für Langzeitarbeitslose neu geordnet und die Instrumente bisheriger bundesstaatlicher und kommunaler Beschäftigungsförderung gebündelt wurden. Das auch unter dem Begriff „Hartz IV" firmierende Gesetzespaket sucht Lösungen für folgende arbeitsmarktpolitische Problembereiche:

◆ Die mangelnde Effektivität zentralstaatlicher Politikimplementation und Effizienzverluste durch Parallelzuständigkeiten von kommunaler Sozial- und bundesstaatlicher Arbeitsverwaltung sollen durch Dezentralisierung der Umsetzungsverantwortung und lokale Kooperation behoben werden.[1]

◆ Fehlanreize zur Aufnahme einer Erwerbstätigkeit sollen durch die Zusammenlegung von Arbeitslosenhilfe und Sozialhilfe minimiert werden.[2] Damit einher geht die Verschärfung der Aktivierungslogik, die staatliche Sozialleistungen dem Gegenleistungsprinzip unterwirft.[3]

---

1 Zur Diskussion um die Potentiale dezentralisierter (Arbeitsmarkt-)Politik und lokaler Kooperation vgl. z. B. Evers/Schulze-Böing (1999), Europäische Kommission (2000, 2001), Empter/Frick (2000), Bertelsmann Stiftung/Bundesanstalt für Arbeit et al. (2001), Schütz (2002) und Kißler/Wiechmann (2003).
2 Zur wirtschaftswissenschaftlichen Debatte um Fehlanreize der sozialen Sicherung gegen Langzeitarbeitslosigkeit vgl. Bertelsmann Stiftung (2000), Kaltenborn (2000b) und Thode (2003).
3 Zum Konzept des aktivierenden Staates und der Kritik daran vgl. Mezger/West (2000), Trube/Wohlfahrt (2001) und Schulze-Böing (2002a).

♦ Die Bündelung des Instrumentariums aktiver Beschäftigungspolitik entspricht der modernen Dienstleistungskonzeption der „one-stop agencies" und soll zugleich die sog. Verschiebebahnhöfe zwischen Sozialhilfe und Leistungen aus der Arbeitslosenversicherung beenden.[4]

Die vorliegende Studie konzentriert sich auf Aspekte der (Neu-)Organisation der Leistungserbringung und der Bündelung des arbeitsmarktpolitischen Instrumentariums. In theoretischer Anlehnung an den Ansatz des akteurzentrierten Institutionalismus, der den Handlungsorientierungen der Akteure neben den institutionellen Rahmenbedingungen wesentliche Wirkungsmacht in politischen Prozessen zuschreibt (vgl. Scharpf 2000), wird nach Antworten auf folgende Fragen gesucht:

♦ Unter welchen Voraussetzungen kann Dezentralisierung bzw. „Kommunalisierung"[5] eine Lösung für Probleme zentralstaatlicher Politikimplementation im Bereich der Arbeitsmarktpolitik bieten?

♦ Welche Rolle spielen institutionelle Rahmenbedingungen und Handlungsorientierungen der lokalen Akteure für die Entwicklung dezentraler beschäftigungspolitischer Strategien, Strukturen und Programme?

♦ Welche Instrumente kommunaler Beschäftigungspolitik erwiesen sich nach den Erfahrungen der vergangenen Jahre als geeignet, die Arbeitsmarktintegration von Langzeitarbeitslosen zu befördern?

Wenn durch institutionelle Dezentralisierung und lokale Umsetzungsverantwortung Arbeitsmarktdienstleistungen effektiver und effizienter erbracht, die Kapazitäten lokaler Arbeitsmärkte besser ausgeschöpft und die spezifischen Erfahrungen der kommunalen Beschäftigungsförderung besser mit den Leistungen der Arbeitsagenturen vernetzt werden sollen, dann ist eine Voraussetzung für derartige Effizienzgewinne, dass die in der Vergangenheit praktizierte kommunale Beschäftigungsförderung tatsächlich Potentiale für effektive und effiziente Arbeitsmarktdienstleistungen bereithält.

---

4   Zu Modellen moderner Dienstleistungsorganisation im Bereich der Beschäftigungsförderung vgl. Lang/Rosenfeld (2001), Bertelsmann Stiftung/Bundesanstalt für Arbeit (2003), Hackenberg (2003), Knuth et al. (2004). Zur Diskussion um die sog. Verschiebebahnhöfe vgl. Meendermann (1992) und Schneider (2001).

5   Von echter Kommunalisierung kann nur gesprochen werden, wenn auch die Finanzierungsverantwortung an die lokale Ebene übergeht. Das ist hier aber nicht der Fall. Nach § 46 SGB II trägt der Bund die Kosten für die Grundsicherung und die arbeitsmarktpolitischen Leistungen.

1 Einleitung

Eine weitere Voraussetzung ist die Strategiefähigkeit der Akteure der lokalen Politikarena, die sie erst in die Lage versetzt, Ziele zu definieren, Kooperationsbeziehungen zu gestalten, Arbeitsprozesse zu optimieren und ergebnisorientiertes Handeln zu befördern. Strategiefähigkeit setzt Definitionsmacht voraus (vgl. Kißler 2003: 12), die vor allem für die Akteure der Kommunalpolitik, der Kommunalverwaltung und der Agentur für Arbeit im Politikfeld allein durch die rechtlichen Zuständigkeiten gegeben ist.[6] Diese Definitionsmacht zur Entwicklung von Strategien nutzen zu können setzt Wissen um Wirkungszusammenhänge und Handlungsoptionen im jeweiligen Politikfeld voraus.

Die hier vorgestellte Untersuchung zielt angesichts der weitreichenden und in ihren Auswirkungen noch schwer abschätzbaren Reform der Arbeitsmarktpolitik unter dem Signet „Hartz IV" darauf, vorhandenes Wissen um die Möglichkeiten und Grenzen traditioneller kommunaler Beschäftigungspolitik systematisch aufzuarbeiten, zusätzliche Informationen, insbesondere über kommunalpolitische Entscheidungsprozesse, aus einer konkreten Fallstudie zur Verfügung zu stellen und Konsequenzen aus der traditionellen kommunalen Beschäftigungspolitik und ihrer Evaluation für die Umsetzung lokaler Arbeitsmarktdienstleistungen unter den neuen Bedingungen von SGB II, Kommunalem Optionsgesetz und einer stärkeren Wettbewerbsorientierung zwischen den verschiedenen Akteuren zu diskutieren.

In Kapitel 2 wird zunächst der Gegenstand der Analyse genauer charakterisiert und der konzeptionelle und methodische Ansatz der Untersuchung dargestellt. Anschließend sucht ein dreiteiliger Aufbau einen systematischen und mehrdimensionalen Zugriff auf das Thema.

Im ersten Teil wird die „alte Welt" der durch das Bundessozialhilfegesetz vorstrukturierten kommunalen Beschäftigungsförderung rekonstruiert. Der den Kommunen eröffnete Spielraum wird in Kapitel 3 anhand der historisch determinierten institutionellen Rahmenbedingungen, der Instrumente, der Zielkonflikte und der Probleme kommunaler Beschäftigungsförderung am Beginn des 21. Jahrhunderts umrissen.

Wie bundesdeutsche Kommunen den gegebenen Handlungsspielraum nutzten und welche Erfolge sie dabei erzielten, wird anhand einer Sekundäranalyse verschiedener Evaluations- und Implementationsstudien systematisierend dargestellt. Dabei werden Indikatoren für erfolgreiche kommunale Beschäftigungspolitik in der „alten Welt" erarbeitet (Kapitel 4).

---

6 Dritte, beispielsweise freie Träger, Gewerkschaften, Kammern oder Innungen, können als Akteure im Politikfeld strategiefähig werden, wenn sie ihre Beteiligung an Definitionsmacht über Vertretungsrechte oder eigene Vetomacht erreichen.

Im zweiten Teil werden Ergebnisse einer zwischen Sommer 2003 und Frühjahr 2004 durchgeführten Fallstudie zur Beschäftigungspolitik in der Stadt Halle (Saale)[7] präsentiert (Kapitel 5). Zentrale Fragen der Fallstudie richteten sich auf strategische Ziele und eingesetzte Instrumente, auf beteiligte Akteure und Entscheidungsverfahren sowie auf die Ergebnisse kommunaler Beschäftigungsförderung der Stadt Halle in den Jahren 1999 bis 2003/04. Im Mittelpunkt des Interesses standen der politische Prozess, die Strategiefähigkeit der Akteure und die Frage, welchen Einfluss institutionelle Rahmenbedingungen und Handlungsorientierungen der Akteure auf die Gestaltung des Politikfeldes ausübten. Um die Erkenntnisse der Entscheidungsprozessanalyse an konkreten Ergebnissen zu spiegeln, wurden ergänzend die Effektivität und die Effizienz konkreter beschäftigungspolitischer Maßnahmen des Jahres 2001 untersucht.

In Kapitel 6 wird die hallesche Beschäftigungspolitik der Jahre 1999 bis 2003/04 in Bezug auf die in Kapitel 3 gewonnenen Erkenntnisse zu Strukturen, Strategien und Ergebnissen der Beschäftigungspolitik anderer bundesdeutscher Kommunen bewertet. Außerdem wird nach erklärenden Faktoren für die spezifische vorgefundene Situation gesucht.

Im dritten Teil werden Perspektiven lokaler Beschäftigungspolitik angesichts der Zusammenlegung von Arbeitslosenhilfe und Sozialhilfe, der Bündelung des arbeitsmarktpolitischen Instrumentariums und der Neustrukturierung der Zuständigkeiten für die Betreuung und Vermittlung von Langzeitarbeitslosen in der Bundesrepublik Deutschland im Jahre 2005 diskutiert (Kapitel 7). Der Erörterung veränderter institutioneller Rahmenbedingungen durch das SGB II und das Kommunale Optionsgesetz[8] folgt die Ableitung von Erfolgsfaktoren für eine effektive, effiziente, faire und demokratisch legitimierte Beschäftigungsförderung unter „Hartz IV" aus den Erkenntnissen der „alten Welt" zentralstaatlicher Arbeitsmarkt- und kommunaler Beschäftigungspolitik hinsichtlich strategischer Ausrichtungen, angemessener Organisationsstrukturen und wirkungsvollen Instrumenteneinsatzes. Dabei werden Fragen nach dem Einfluss institutioneller Rahmenbedingungen und der Handlungsorientierungen der Akteure wieder aufgegriffen, um Anforderungen an eine moderne lokale Beschäftigungspolitik zu formulieren, die sich den Herausforderungen durch die mit der Einführung der Grundsicherung für Arbeitslose veränderten institutionellen Rahmenbedingungen stellen will.

---

7   Wenn im Folgenden von Halle (Saale) die Rede ist, wird zur besseren Lesbarkeit von Halle gesprochen.
8   Mit dem Kommunalen Optionsgesetz wird die Umsetzung der kommunalen Trägerschaft des SGB II im Rahmen der Experimentierklausel konkretisiert (vgl. BGBl. 2004, Teil I, Nr. 41: 2014 ff.).

2 Gegenstand, Konzept und Design der Untersuchung

2.1 Problemaufriss und Gegenstand

Arbeit[9] ist eine zentrale Form menschlicher Kooperation.[10] Folgt man der Argumentation Robert Castels, so bestimmen in modernen Industrie- und Dienstleistungsgesellschaften der Grad der individuellen Beteiligung am und die Verortung im System der Erwerbsarbeit neben der Einbindung in soziale Nahbeziehungen das Ausmaß der Integration der Einzelnen in die Gesellschaft (vgl. Castel 2000: 325).[11] Über die Beteiligung an und den Erlös aus Erwerbsarbeit werden Lebensperspektiven eröffnet und wird soziale Identität gewonnen, die auf der „Teilhabe

---

9 „Arbeit" wird im Folgenden als Begriff für alle Tätigkeiten des Herstellens von Gütern und des Erbringens von Leistungen verwendet, die dem Erwerb von Lohn oder Einkommen dienen (vgl. Kocka 2001: 10). Je nach historischem Kontext wird hier auch auf die Begriffe Lohnarbeit oder Erwerbsarbeit zurückgegriffen. Lohnarbeit meint dabei die klassische Fabrikarbeit der Industriegesellschaft, Erwerbsarbeit umfasst alle Formen abhängiger Beschäftigung, Selbständigkeit, Freiberuflichkeit und Tätigkeiten als mithelfende Familienangehörige unabhängig von der jeweiligen Arbeitszeit oder der Dauer der Beschäftigung. Wesentlich ist dabei im Kontext dieser Studie der Zugang zu existenzsicherndem Einkommen und Vergesellschaftung des Einzelnen durch Arbeit ungeachtet der konkreten Tätigkeit. Zum Wandel des Arbeitsbegriffes vgl. Arendt (1998) und Walther (1990). Zur Diskussion um die Zukunft der Arbeitsgesellschaft vgl. beispielsweise Rifkin (1996) und Kocka/Offe (2000).

10 Nach Karl Marx findet Vergesellschaftung über Arbeit statt. Seit der Kommodifizierung der Arbeitskraft in der kapitalistischen Industriegesellschaft ist Arbeit überwiegend als arbeitsteilige Produktion organisiert. Der Tausch der Produkte privater Arbeit über den Markt bindet arbeitende Menschen in den öffentlichen Produktions- und Konsumtionskreislauf ein (vgl. Marx 1984: 52 f.). Die Marktwirtschaft als eine gesellschaftliche Struktur des Warentauschs zwingt Lohnarbeiter zum Verkauf ihrer Arbeitskraft zur Produktion von Mehrwert und erzeugt so spezifische Abhängigkeitsverhältnisse (vgl. ebd.: 531 f.).

11 Zentrale Bezugsgröße ist das „Normalarbeitsverhältnis", das auf einem unbefristeten Arbeitsvertrag mit regelmäßiger tariflicher Arbeitszeit, Tariflohn oder -gehalt, Sozialversicherungspflicht und Weisungsgebundenheit des Arbeitnehmers vom Arbeitgeber basiert (vgl. Hoffmann/Walwei 2002: 135). Integration wird dabei als sozialstaatlich vermittelte Teilhabe an Wohlstand, Beschäftigung und Bürgerstatus verstanden (vgl. Kronauer 2002: 38 ff.).

eines jeden an einer Produktion für die Gesellschaft und demnach an der Hervorbringung von Gesellschaft" (ebd.: 393) gründet. *Arbeitslosigkeit* ist in einer solchen Perspektive mehr als nur „der Überschuss des Arbeitsangebots über die Arbeitsnachfrage" (Nohlen 2000: 33) auf einem Markt, auf dem mit Arbeitskraft gehandelt wird.[12] Arbeitslosigkeit als der unfreiwillige Ausschluss von der Möglichkeit existenzsichernder Arbeit bedeutet für die Betroffenen – vor allem, wenn sie nicht nur vorübergehender Art ist – einen Statusverlust, der mit Einkommensverlusten einhergeht und zu einem Zustand gefährdeter Teilhabe am gesellschaftlichen Leben führen kann.[13]

Ist die Verortung in der Gesellschaft in starkem Maße an der Beteiligung an Erwerbsarbeit orientiert, dann können bereits prekäre Arbeitsverhältnisse wie Mini-Jobs, befristete Beschäftigung, Scheinselbständigkeit oder unterbezahlte Tätigkeit im Niedriglohnsektor die Partizipation der Individuen an der „Hervorbringung von Gesellschaft" wesentlich einschränken.[14] Arbeitslosigkeit ist nicht zuletzt deshalb nicht nur ein individuelles oder auf das Subsystem der Arbeitsbeziehungen begrenztes Problem.

Gesamtgesellschaftlich verursacht Arbeitslosigkeit hohe Kosten, die Deutschland im Wesentlichen von den Sozialversicherungssystemen, vom Bund, von den Ländern und von den Gemeinden getragen werden.[15] Regionen mit anhaltend hoher Arbeitslosigkeit verzeichnen einen Verlust von Humankapital, was angesichts des Standortwettbewerbs zu einer weiteren Verschlechterung der Situation am Arbeitsmarkt führen kann (vgl. Eberett et al. 2003). Neben gesellschaftlichen Problemen

---

12 Der Begriff des Arbeitsmarktes ist Ausdruck der Vorstellung, die Menschen trügen ihre (unveräußerliche) Arbeitskraft zu einem Markt, auf dem sie unter der Regie der „unsichtbaren Hand" (Adam Smith, zit. nach Smith 2000: 485) den angemessenen Preis für dieses Wirtschaftsgut erzielen könnten. Zu den ökonomischen Arbeitsmarkttheorien vgl. z.B. Keller (1999: 303 ff.). Zum Verständnis des Arbeitsmarktes als soziale Konstruktion vgl. Solow (1990). Nach ihren Ursachen wird zwischen struktureller, konjunktureller, saisonaler, Such- und Wohlstandsarbeitslosigkeit unterschieden (vgl. Altmann 2000: 100 ff.).

13 Zur Diskussion um den Zusammenhang von Arbeitslosigkeit, prekären Beschäftigungsverhältnissen, Armut und sozialer Ausgrenzung vgl. Kronauer (2002).

14 „Arbeitsbeziehungen, die auf der Institutionalisierung von Unsicherheit beruhen [...] und zudem immer partikularer werden, damit man sich den Unternehmen und den besonderen Erfordernissen der Arbeit anpasst [...], führen zu einer Entgesellschaftung der Lohnarbeit und einer methodischen Atomisierung der Arbeiter" (Bourdieu 2001: 32).

15 Nach Berechnungen des IAB lagen die gesamtfiskalischen Kosten allein der registrierten Arbeitslosigkeit 1997 bei rund 85 Mrd. Euro. Davon trugen die BA rund 33 Mrd. Euro, der Bund 22,3 Mrd. Euro, Kranken-, Renten- und Pflegeversicherung zusammen 14,4 Mrd. Euro. Die Länder sahen sich Kosten von 8,1 Mrd., die Kommunen von 7,1 Mrd. Euro gegenüber. Zwar reduzieren sich die errechneten Gesamtkosten bis 2002 auf rund 75 Mrd. Euro, das Grundproblem bleibt aber bestehen. Zu den Details der Berechnung vgl. Bach/Spitznagel (2003).

2.1 Problemaufriss und Gegenstand

birgt Arbeitslosigkeit negative Effekte für die betroffenen Individuen. Arbeitslosigkeit ist die häufigste Armutsursache[16] und kann bei den Betroffenen negative psychosoziale Folgewirkungen hervorrufen.[17]

Die Verteilung von bzw. die Beteiligung an Erwerbsarbeit ist sowohl für die individuelle Selbstverwirklichung als auch für die Integration der Einzelnen in die Gesellschaft von zentraler Bedeutung. Versteht man, beispielsweise mit Polanyi (1978: 55 ff.), den Arbeitsmarkt als eine soziale Konstruktion, so ist seine Gestaltung eine Frage des Politischen. Verstanden als die Fähigkeit von Gesellschaften, Übereinstimmung in den grundlegenden Fragen des Zusammenlebens gemeinsam auszuhandeln und daraus erwachsene Entscheidungen umzusetzen (vgl. Meyer 2000: 40 ff.), erstreckt sich das Politische im Bereich von Erwerbsbeteiligung und Arbeitsmarkt auf alle Auseinandersetzungen und Regelungen zu den Beteiligungsmöglichkeiten an Erwerbsarbeit und aus dieser gewonnenem Einkommen, so u. a. auf Lohn- und Arbeitszeitpolitik, auf die Gestaltung der sozialen Sicherung gegen Arbeitslosigkeit und Arbeitsunfähigkeit, auf gewerkschaftliche Mitbestimmung, Finanz-, Bildungs- und Strukturpolitik, aber auch auf den Umgang mit den unfreiwillig von Erwerbsarbeit ausgegrenzten Gesellschaftsmitgliedern.[18]

Um das komplexe politische Feld analytisch handhabbar einzugrenzen, richtet sich der Fokus der vorliegenden Untersuchung auf ausgewählte Aspekte der Arbeitsmarkt- und Beschäftigungspolitik.

Der Begriff der *Beschäftigungspolitik* umfasst dabei alle politischen Entscheidungen und Maßnahmen, die das Verhältnis von Arbeitskräfteangebot und -nachfrage sowie die Vermittlung zwischen diesen beiden Faktoren auf gesamtgesellschaftlicher Ebene zielgerichtet beeinflussen. Sie berührt damit jene Bereiche der Wirtschafts-, Finanz-, Ordnungs-, Sozial-, Lohn- und Bildungspolitik, die auf den Arbeitsmarkt und die Verteilung von Beschäftigungsmöglichkeiten wirken können (vgl. Koch et al. 2002).

Arbeitsmarktpolitik im engeren Sinne erstreckt sich auf die Verfahren und Maßnahmen zur unmittelbaren Regulierung von Arbeitsangebot und Arbeitsnachfrage. Passive Arbeitsmarktpolitik beschränkt sich auf die Kompensation von Einkommensausfällen auf der Angebotsseite über das System der Arbeitslosenversicherung und der steuerfinanzierten sozialen Sicherung. Aktive Arbeitsmarktpolitik

---

16 Vgl. Bundesministerium für Arbeit und Sozialordnung (2001: 80). Danach waren im Jahre 1998 40 Prozent der Sozialhilfeempfänger im erwerbsfähigen Alter arbeitslos gemeldet, weitere 6 Prozent in Ausbildung und 8 Prozent erwerbstätig.
17 Vgl. zum Überblick Friedrich/Wiedemeyer (1998: 53 ff.), zu speziellen Fallstudien vgl. Kronauer et al. (1993) und Morgenroth (2003).
18 Einen Überblick über die Debatten um Ursachen der Arbeitslosigkeit und Strategien zu ihrer Überwindung geben beispielsweise Friedrich/Wiedemeyer (1998).

umfasst Maßnahmen zur Beeinflussung der Beziehungen zwischen Nachfrage und Angebot am Arbeitsmarkt (vgl. Nohlen 2000: 34). Beide Politikfelder liegen originär in der Verantwortung der Bundesebene. Dennoch begannen die Kommunen in den 1980er Jahren angesichts anhaltend hoher Arbeitslosigkeit und des Abbaus der originären Arbeitslosenhilfe, eigene beschäftigungspolitische Programme zu entwickeln.[19] Vor allem die wachsende Zahl Langzeitarbeitsloser[20] führte in Kombination mit der wiederholten Reduktion der steuerfinanzierten Lohnersatzleistungen seitens des Bundes[21] zu steigenden Belastungen der kommunalen Sozialhaushalte, da die Kommunen für diese Personen ergänzende Sozialhilfe zahlen mussten. Um dieser „Kommunalisierung" (Meendermann 1992: 84) der Arbeitslosigkeit entgegenzuwirken, haben Kommunen auf der Grundlage des Bundessozialhilfegesetzes (BSHG) eigene arbeitsmarktpolitische Strategien entwickelt. Unbenommen ihrer Abhängigkeit von bundespolitischer Grobsteuerung in Wirtschafts-, Arbeitsmarkt-, Ordnungs- und Finanzpolitik stellten sie in teilweise erheblichem Umfang bezahlte Arbeit, Qualifizierungsmöglichkeiten und Einstiegsoptionen in Arbeit auf dem ersten Arbeitsmarkt[22] zur

---

19 Die Arbeitslosigkeit stieg von 1,8 Mio. im Jahresdurchschnitt 1982 auf 2,2 Mio. im Jahre 1988. Nach einer kurzen Erholung Anfang der 1990er Jahre wurden in den alten Bundesländern 1994 2,5 Mio. Arbeitslose registriert, 1997 mehr als 3 Mio. und 2004 fast 2,8 Mio. In den neuen Bundesländern stieg die Zahl der Arbeitslosen von 1,1 Mio. Anfang der 1990er Jahre auf fast 1,6 Mio. im Jahre 2004 (vgl. www.sozialpolitik-aktuell.de/docs/4/tab/tabIV23.pdf). Als arbeitslos zählen die beim Arbeitsamt gemeldeten Personen. Als erwerbslos gelten alle Nichtbeschäftigten, die sich um eine Arbeit bemühen, unabhängig davon, ob sie beim Arbeitsamt gemeldet sind. So zählen Arbeitslose, die z. B. wegen Weiterbildung, Krankheit oder geringfügiger Beschäftigung nicht sofort vermittelbar sind, nicht zu den Erwerbslosen, während Erwerbslose, die etwa wegen fehlenden Leistungsanspruchs oder mangels Vertrauens in die Institution nicht beim Arbeitsamt gemeldet sind, nicht zu den Arbeitslosen gerechnet werden (vgl. Bundesamt für Statistik 2003: 76). Im Folgenden wird am Begriff der Arbeitslosen festgehalten, da sie beim Arbeits- oder Sozialamt registriert sind und somit Zugang zu Maßnahmen der aktiven Beschäftigungsförderung erhalten können. Verdeckte Erwerbslosigkeit, z. B. bei Alleinerziehenden mit kleinen Kindern, wird, so notwendig, zusätzlich erwähnt.

20 Der Anteil der Arbeitslosen, die länger als zwölf Monate ohne Arbeit waren, betrug 1982 knapp 18 Prozent, 2003 in den alten Bundesländern mehr als 28 Prozent. In den neuen Bundesländern stieg der Anteil von rund 24 Prozent im Jahre 1992 auf fast 38 Prozent im Jahre 2003 (vgl. www.sozialpolitik-aktuell.de/docs/4/tab/tabIV27.pdf). In einigen Regionen ist beinahe jeder zweite registrierte Arbeitslose seit mehr als einem Jahr ohne Erwerbsarbeit.

21 Das gilt vor allem für die Arbeitslosenhilfe. Zur bundesdeutschen Arbeitsmarktpolitik vgl. Kapitel 3.2.1.

22 Unter dem ersten Arbeitsmarkt wird allgemein der ungeförderte Bereich der Arbeitsbeziehungen bei Wirtschaftsunternehmen oder staatlichen Institutionen verstanden. Auf dem sog. zweiten Arbeitsmarkt werden durch Non-Profit-Organisationen oder den Staat öffentlich geförderte, befristete und untertarifliche bezahlte Arbeitsverhältnisse im Bereich zusätzlicher und gemeinnütziger

2.1 Problemaufriss und Gegenstand 23

Verfügung.[23] Sie entwickelten Steuerungskonzepte, erprobten neue Organisationsformen, intensivierten die Zusammenarbeit mit Unternehmen und lokalen Arbeitsämtern oder initiierten regionale Netzwerke arbeitsmarktrelevanter Akteure.

Kommunale Beschäftigungspolitik, verstanden als die Gesamtheit der sich aus BSHG, Kinder- und Jugendhilfegesetz und SGB III ergebenden Instrumente zur Verhinderung von Arbeitslosigkeit und zur (Re-)Integration in Erwerbsarbeit, zielt neben der Konsolidierung der Sozialhaushalte auf die Integration der Arbeitslosen in Erwerbsarbeit, auf die Schaffung und Erhaltung von Arbeitsplätzen, auf den Erhalt oder die Wiederherstellung von Beschäftigungsfähigkeit sowie auf die soziale Integration der Menschen in die lokale Gemeinschaft.[24] Im weiteren Sinne umfasst sie den Policy-Mix aus Wirtschaftsförderung, Bildungs-, Ansiedlungs- und Stadtentwicklungspolitik, der an diesen Zielen ausgerichtet ist.[25]

Seit den 1990er Jahren stand kommunale Beschäftigungspolitik immer wieder im Fokus öffentlicher Auseinandersetzungen. Die Kommunen beklagten die zu-

---

Tätigkeiten zur Verfügung gestellt, in die Beschäftigte bestimmter Zielgruppen durch das Arbeitsamt oder durch die Kommunen zugewiesen werden (vgl. Trube 1997: 108 ff.). Ob angesichts des Ausmaßes öffentlicher Investitionen zur Förderung der Wirtschaftstätigkeit von Unternehmen die Trennung in ersten, zweiten und teilweise dritten Arbeitsmarkt (Beschäftigung ohne sozialversicherungspflichtige Arbeitsverträge, z. B. nach § 19 Abs. 2 und § 20 BSHG), angemessen ist, wird hier angezweifelt. Die teilweise ungenaue Verwendung der Begrifflichkeit gesellschaftlicher Sektoren (Markt, Staat und Öffentlichkeit) und der Segmente des Arbeitsmarktes (gefördert und nicht gefördert) erhöht die Komplexität der Debatte und trägt dazu bei, nicht über den Markt vermittelte Tätigkeiten zu disqualifizieren.

23 Zu den Aktivitäten der kommunalen Beschäftigungsförderung über Hilfe zur Arbeit und Arbeitsbeschaffungsmaßnahmen (ABM) seit den 1990er Jahren vgl. die Ergebnisse der in regelmäßigen Abständen im Auftrag des Deutschen Städtetages durchgeführten Umfragen bei Fuchs/Spengler (1995, 1997) und Fuchs/Troost (2001, 2003).

24 Mit der Betonung der sozialpolitischen Dimension steht der hier verwendete Begriff dem der beschäftigungsorientierten Sozialpolitik bei Empter und Frick (2000) nahe, die darunter alle Aktivitäten summieren, die dazu beitragen, „Sozialhilfeabhängigkeit infolge von fehlendem bzw. unzureichendem eigenen Einkommen aus Beschäftigung zu überwinden" (S. 9). Sie benennen als kurzfristige Maßnahmen Prävention, intensive Beratung, Verhinderung von Sozialhilfemissbrauch und alle Instrumente zur Reintegration in Arbeit; unter mittelfristigen Maßnahmen verstehen sie direkte Wirtschaftsförderung und die Verbesserung der Beschäftigungsfähigkeit der Arbeitslosen. Langfristige Maßnahmen bestehen demnach in der Verbesserung der allgemeinen Rahmenbedingungen für die Stadtentwicklung. Wenn in dieser Untersuchung dennoch am Begriff der kommunalen Beschäftigungspolitik festgehalten wird, soll die der sozialpolitischen Dimension um die zivilgesellschaftliche Dimension einer Gefährdung der „Hervorbringung von Gesellschaft" durch Arbeitslosigkeit dienen und die arbeitsmarktpolitische Dimension verstärkt in den Blick nehmen.

25 Nachfolgend wird „Kommunale Beschäftigungspolitik" in einem engeren Bedeutungsgehalt benutzt, um den analytischen Fokus auf die instrumentelle und institutionelle Dimension aktiver Beschäftigungsförderung für unfreiwillig von Erwerbsarbeit ausgegrenzte Sozialhilfeempfänger zu legen.

nehmende Verantwortung für die soziale Sicherung der (Langzeit-)Arbeitslosen, die sie zu „Ersatzarbeitsämtern" (Klinger 1995) ohne entsprechende finanzielle Ausstattung mache (vgl. Bästlein 1999; Articus 2002: 17 ff.). Die Wirtschaftsverbände kritisierten zugleich das wachsende kommunale Engagement in der Beschäftigungspolitik als wettbewerbsverzerrend. Die ökonometrische Wirkungsforschung verwies darauf, dass die Förderung des zweiten Arbeitsmarktes durch die Kommunen zumindest teilweise ineffizient sei.[26] Wirtschafts- und sozialpolitisch wurde das Nebeneinander der steuerfinanzierten Sicherungssysteme Sozialhilfe nach BSHG und Arbeitslosenhilfe nach SGB III diskutiert.[27]

Die Überlagerung der Debatten um die besondere Leistungsfähigkeit kommunaler Beschäftigungspolitik,[28] um die mangelnde Effektivität der Bundesanstalt für Arbeit[29] und um die Notwendigkeit der Aktivierung von Arbeitslosen[30] führte – ausgelöst durch den sog. Vermittlungsskandal im Frühjahr 2002 (vgl. Karasch 2004, Adamy 2002) – letztlich zum „Vierten Gesetz für moderne Dienstleistungen am Arbeitsmarkt".[31]

Damit stehen den Kommunen seit Januar 2005 die Instrumente der Beschäftigungsförderung nach dem BSHG nicht mehr zur Verfügung. Aus den neuen ge-

---

26   Vgl. die Diskussion um die Wirkungen von ABM und anderen Instrumenten aktiver Arbeitsmarktpolitik bei Bergemann/Schultz (2000), Rosenfeld et al. (2000), Fitzenberger/Speckesser (2000), Pohnke (2001) oder Schneider (2001). Kritisch dazu Kurzke/Reuter (2002).
27   Die Auseinandersetzung um den Umbau der sozialen Sicherung gegen Langzeitarbeitslosigkeit verlief – und nicht zuletzt daraus bezog sie ihre Schärfe und Intensität – in einer Phase der gesamtgesellschaftlichen Konfrontation mit anhaltender Massenarbeitslosigkeit, zunehmender Verschuldung aller staatlichen Ebenen und der Verletzung der Maastricht-Kriterien, mit dem Abbau sozialversicherungspflichtiger Arbeitsverhältnisse durch punktuell massiven Stellenabbau und mit politischen Auseinandersetzungen um die Lohnentwicklung im Zeichen von EU-Osterweiterung und Globalisierung. Zur wirtschaftswissenschaftlichen Diskussion vgl. Bertelsmann Stiftung (2002), Lang et al. (2001) und Thode (2003). Zur Dokumentation der Interessen beteiligter Akteure vgl. Kaltenborn (2000b) und Göckler (2002: 1261–1263). Kritisch stehen beispielsweise Czommer et al. (2005b: 171) der Debatte gegenüber.
28   Hier betätigten sich vor allem die kommunalen Spitzenverbände und die Bertelsmann Stiftung, aber auch einzelne besonders aktive Kommunen und deren Protagonisten. Vgl. dazu beispielsweise Fuchs/Spengler (1995, 1997), Fuchs/Schulze-Böing (1999), Empter/Frick (2000), Bertelsmann Stiftung (2000), Bertelsmann Stiftung/Hans-Böckler-Stiftung (2002a), Fuchs/Troost (2001, 2003) und Freidinger (2003).
29   Zu der seit Mitte der 1990er Jahre geführten Debatte um die Modernisierung der öffentlichen Arbeitsverwaltung vgl. exemplarisch Walwei (1994), Schütz (2002) und DIHK (2002).
30   Kritisch dazu Oschmiansky et al. (2003).
31   In Kapitel 7 wird genauer auf die politische Entwicklung eingegangen. Zur Kritik an den Ergebnissen der Kommission für moderne Dienstleistungen am Arbeitsmarkt vgl. Troost/Trube (2002) und Trube/Wohlfahrt (2003); mit besonderem Bezug zur Umsetzung der Zusammenlegung von Arbeitslosen- und Sozialhilfe äußern sich ebenfalls kritisch Czommer et al. (2005a: 12–30).

2.1 Problemaufriss und Gegenstand

setzlichen Regelungen zur Kooperation zwischen Kommunalverwaltung und regionalen Arbeitsagenturen ergibt sich jedoch neuer Handlungsspielraum (vgl. Kapitel 7). Zwar wurden mit dem Inkrafttreten des SGB II alle Instrumente und Ressourcen der aktiven Arbeitsmarktpolitik in der Trägerschaft der Bundesagentur für Arbeit gebündelt (vgl. §§ 16 und 29 SGB II), zur Umsetzung des SGB II sind die lokalen Arbeitsagenturen aber verpflichtet, im Rahmen sog. Arbeitsgemeinschaften mit den Kommunen zusammenzuarbeiten. Die Experimentierklausel des § 6a SGB II ermöglicht 69 Kommunen, die Trägerschaft der Grundsicherung für Arbeitsuchende für die Dauer von zunächst sechs Jahren zu übernehmen und damit für die Vermittlung, Beratung und Betreuung der hilfebedürftigen Langzeitarbeitslosen allein zuständig zu sein.

Für beide Modelle der Trägerschaft des SGB II mussten die Kommunen entscheiden, wie sie Beschäftigungspolitik künftig organisieren wollen, ob sie Arbeitslosigkeit und deren Bekämpfung als ihr Problem betrachten oder sich aus deren aktiver Bekämpfung eher verabschieden. Gerade weil diese Entscheidungen weitreichende Folgen für die Gestaltung des sozialpolitischen Klimas und über mögliche Verschiebungen in der Trägerlandschaft vor Ort auch für die Erfüllung kommunaler Pflichtaufgaben im Bereich von Jugend- und Sozialpolitik haben können, ihre Folgen gleichzeitig schwer kalkulierbar sind, gewinnen sie hohe kommunalpolitische Brisanz. Die Kommunen haben im Rahmen der Umsetzung des SGB II die Gelegenheit und die Aufgabe, ihre Verantwortung für die sozial- und gesellschaftspolitische Dimension des Problems Arbeitslosigkeit neu zu bestimmen. Dabei sind strategische Positionen neu auszurichten, bisherige Ergebnisse kommunaler Beschäftigungsförderung auf den Prüfstand zu stellen und neue Kooperationsformen mit den lokalen Arbeitsagenturen zu entwickeln.

Die Dezentralisierung der Beschäftigungspolitik bietet Chancen und Risiken. Zu den Chancen zählen die Möglichkeiten, durch koordinierte Standortpolitik gezielt die regionalen Bedingungen für den Erhalt und die Schaffung von Arbeitsplätzen zu beeinflussen. Durch die Öffnung der Leistungen des SGB III für erwerbsfähige Sozialhilfeempfänger kann deren Benachteiligung am Arbeitsmarkt aufgebrochen werden. Zugleich besteht aber auch die Gefahr der Zurückdrängung individueller Rechtsansprüche zugunsten lokaler Zieldefinitionen, Projektentwicklungen und der Eigeninteressen von Kommunalverwaltung und -politik.[32]

---

[32] „Ohne die Vermittlung kollektiver Rechtsansprüche laufen die Individualisierung der Unterstützung und die auf gegenseitiger Bekanntschaft basierende, den lokalen Instanzen übertragene Entscheidungsmacht stets Gefahr, die alte Logik der Philanthropie zu übernehmen: Erweise dich gehorsam, und du wirst unterstützt" (Castel 2000: 410). Dies trifft insbesondere für die Optionskommunen zu, denen das Korrektiv durch die Kooperation mit der Bundesagentur für Arbeit im Rahmen der Arbeitsgemeinschaften fehlt.

Die Empfänger von Arbeitslosengeld II müssen zur Erlangung der Fürsorgeleistung Eingliederungsvereinbarungen schließen, die sie marktähnlichen Beziehungen mit den zuständigen Behörden aussetzen, obwohl sie wegen des Mangels an Arbeitsmöglichkeiten einerseits und der gesetzlichen Zumutbarkeits- und Sperrzeitenregelungen gegenüber den entsprechenden Institutionen andererseits echte marktliche Positionen gar nicht einnehmen können. Diese mit dem Prinzip des „Förderns und Forderns" einhergehende Umgestaltung der Sozialleistungen von der Gewährung einer menschenwürdigen Mindestsicherung für autonome Rechtssubjekte hin zu vertraglichen Verhältnissen nach dem Gegenleistungsprinzip verlangt ausgerechnet von den Benachteiligsten die Fähigkeit, als autonome Subjekte komplexe Lebensentwürfe zu entwickeln und gegenüber den Vertretern der jeweiligen Institutionen zu formulieren. Die Ungleichheit der Vertragspartner, die durch fehlende Wahlmöglichkeiten und Mitwirkungsrechte der Arbeitsuchenden noch verstärkt wird (Bothfeld et al. 2005), kann zur Delegitimierung staatlicher Ordnung[33] und zu individuellem Rückzug aus der Verantwortung für gemeinschaftliche Zusammenhänge führen, vor allem dann, wenn Eigenverantwortung nicht belohnt[34] und individueller Widerstand in verschiedensten Formen als einzige die Selbstachtung bewahrende Entscheidungsoption gegenüber als diskriminierend erlebten Institutionen erfahren wird.[35]

Angesichts der hier nur skizzierten Entwicklung erscheint eine Reflexion über Möglichkeiten und Grenzen kommunaler Beschäftigungspolitik nach dem BSHG sinnvoll und notwendig, um erfolgreiche Strategien kommunaler Beschäftigungsförderung im Reformprozess zu erhalten und in die neu zu entwickelnden Strukturen zu integrieren. Die Analyse der in einer Kommune gesammelten spezifischen beschäftigungspolitischen Kompetenz im Umgang mit Sozialhilfeempfängern kann dazu beitragen, im Interesse der am Arbeitsmarkt besonders Benachteiligten die kommunale Position in den neuen Kooperationsbeziehungen mit den regionalen Agenturen für Arbeit zu klären und zu stärken.

---

33 Die mangelnde Legitimität des neuen sozialen Sicherungssystems kommt nicht zuletzt in der weit verbreiteten und öffentlich ausgetragenen Diskussion um das Pro und Kontra der Möglichkeiten zum Ausdruck, das System zu „missbrauchen".

34 Der Widerspruch zwischen der staatlich vermittelten Anforderung an selbstverantwortliche Individuen, eigene Risikovorsorge, beispielsweise im Bereich der Rentenversicherung, zu betreiben, und dem Konzept der Bedürftigkeitsprüfung, das private Vorsorgeleistungen durch die geringen Freibeträge bei der Berechnung von Arbeitslosengeld II im Fall von Langzeitarbeitslosigkeit im Grunde bestraft, ist eklatant und trug erheblich zum öffentlichen Protest der Betroffenen gegen die Zusammenlegung von Arbeitslosen- und Sozialhilfe bei.

35 Zur normativen Begründung nicht diskriminierender staatlicher Institutionen vgl. Margalit (1999).

2.2 Theoretisches Konzept der Untersuchung

Die vorliegende Untersuchung ist als Policy-Analyse angelegt, die „sich mit den konkreten Inhalten, Determinanten und Wirkungen politischen Handelns" (Schubert/Bandelow 2003: 3) befasst. Sie fokussiert auf die Analyse politischer Entscheidungsprozesse, ohne deren Wirkungen unberücksichtigt zu lassen. Dabei berührt ihre Fragestellung die grundsätzliche Diskussion um die Steuerbarkeit gesellschaftlicher Teilsysteme durch Politik (vgl. Kapitel 2.2.2).

Angesichts der Vielfalt des vorhandenen Wissens über Strukturen, Wirkungen und Kooperationsprozesse im Bereich kommunaler Beschäftigungsförderung gilt es, einen systematischen Überblick über Erkenntnisse der verschiedenen Disziplinen zu gewinnen, will man der komplexen Materie gerecht werdende Kriterien für die Beurteilung von sowohl Prozessen als auch Ergebnissen generieren.

Die hier vorgestellte Untersuchung ist deshalb dreiteilig angelegt:

- In einem ersten Teil werden vorhandene ökonometrische, soziologische, verwaltungs- und politikwissenschaftliche Studien einer qualitativen Sekundäranalyse unterzogen, um erfolgversprechende institutionelle und akteursorientierte Wirkungsfaktoren sowie einen Maßstab für realistische Wirkungserwartungen zu extrahieren (Kapitel 4).

- Der zweite Teil ist der Vorstellung der Ergebnisse einer Fallstudie über die Beschäftigungspolitik der Stadt Halle (Saale) zwischen 1999 und 2003/04 vorbehalten, in der mit einer Kombination aus Entscheidungsprozessanalyse, Wirkungs- und Effizienzanalyse versucht wurde, die Ausgestaltung des Politikfeldes in seiner Komplexität exemplarisch zu erfassen, und in der zugleich die aus der Sekundäranalyse entwickelten Indikatoren einem Praxistest unterzogen wurden (Kapitel 5 und 6).

- Im dritten Teil wird – ausgehend von den aus der Sekundäranalyse entwickelten Erfolgsindikatoren, den Ergebnissen der Fallstudie und den veränderten gesetzlichen Rahmenbedingungen seit Einführung des SGB II – diskutiert, welchen Anforderungen lokale Beschäftigungspolitik künftig gegenübersteht, welche Erfahrungen aus der „alten Welt" übertragbar sind, welche neuen Aufgaben den lokalen Akteuren bei der Ausgestaltung des Politikfeldes zuwachsen und anhand welcher Kriterien lokale Beschäftigungspolitik in Zukunft bewertet werden kann (Kapitel 7).

2.2.1 Policy-Zyklus als Prozessmodell

Die Analyse der Entscheidungsprozesse, durch die ein Politikfeld gestaltet wird, liefert einen politikwissenschaftlichen Beitrag zum Verständnis kollektiver Regelung und damit auch zum Verständnis der Ergebnisse politischer Steuerung, da mit ihr neben institutionellen Arrangements Interessen und Herrschaftskonstellationen der handelnden Akteure in den Blick genommen werden können (vgl. Mayntz 2004). Entscheidungsprozesse können anhand des Konzepts des Policy-Zyklus systematisch beobachtet werden. Dieses Konzept dient der Modellierung des Zusammenhangs zwischen Ziel und Ergebnis politischer Prozesse und bietet eine Möglichkeit, die Entwicklung eines Politikfeldes zu analysieren, dabei Ergebnisse an Zielvorstellungen zu messen und die Umsetzung dieser Ziele dem politischen Handeln der beteiligten Akteure zuzuschreiben.

Im Konzept des Policy-Zyklus wird die Entwicklung eines Politikfeldes als Kreislauf von politischem Agenda-Setting, Programmentwicklung, -implementation und -evaluation verstanden, wobei sich aus der Evaluationsphase je nach Ergebnis eine Weiterentwicklung der Programme, eine unveränderte Fortsetzung bisheriger Politik oder ihre (seltene) Terminierung, also Beendigung, ergibt (vgl. Jann/Wegrich 2003: 81 f.).[36]

Dabei beinhaltet Agenda-Setting, dass und wie ein Thema auf die politische Tagesordnung gelangt. Es erstreckt sich von der Handlungsbedarf eruierenden Situationsanalyse über die politische Debatte zu Problemlagen und Veränderungsmöglichkeiten bis zu den politischen Konzepten der Parteien und Interessengruppen; es umfasst das Vorverständnis und die Wirklichkeitswahrnehmungen der politischen Akteure, in der hier vorgestellten Fallstudie vor allem der städtischen Verwaltung und des Stadtrates.[37]

Der Übergang vom Agenda-Setting zur Programmentwicklung ist fließend. Auf der Mikroebene der vorgestellten Fallstudie wird hier die Entwicklung kom-

---

36 Das Konzept liegt der hier vorgestellten Untersuchung zweifach zugrunde: Auf der Mikroebene – die in den Kapiteln 5 und 6 vorgestellte Fallstudie – wird der kommunalpolitische Entscheidungsprozess der Gestaltung und der Umsetzung beschäftigungspolitischer Strategien anhand der Kategorien des Policy-Zyklus analysiert. Gleichzeitig wird das Konzept im Kapitel 7 als analytischer Rahmen genutzt, um den mit Einführung des SGB II neu beginnenden Policy-Zyklus einer programm- und ersten implementationsanalytischen Betrachtung zu unterziehen.

37 An der Entwicklung beschäftigungspolitischer Programme sind vor allem die Kommunalverwaltungen, die kommunalen Arbeitsagenturen, die freien Träger, aber auch die Gemeinderäte sowie organisierte Interessengruppen beteiligt. Indirekt – aber durchaus wirkungsmächtig und impulsgebend – beeinflussen Bund, Länder sowie die EU über ihre Gesetzgebung bzw. über das Aufstellen spezieller Förderprogramme kommunale Beschäftigungspolitik entscheidend.

munaler beschäftigungspolitischer Konzepte und Strategien vom Entwurf bis zur Entscheidung als Programmentwicklungsphase verstanden. Die anschließende Implementationsphase erstreckt sich von der Umsetzung beschäftigungspolitischer Programmatik in konkrete Projekte und Maßnahmen auf der Ebene des politischen Prozesses – hier: im kommunalpolitischen Verfahren – bis hin zur praktischen Durchführung dieser Maßnahmen bei kommunalen und freien Trägern. Bei der Bewertung der Implementation stehen neben der Qualität der Programminhalte *(output)* das Erreichen der Zielgruppen und die Wirkung der Programme auf die Zielgruppen *(impact)* sowie die Auswirkungen auf das zugrunde liegende Problemfeld *(outcome)* im Vordergrund.

Die Evaluationsphase dient der Bewertung der Zielerreichung politischer Programme als Basis für ihre Weiterentwicklung. Werden Fehlentwicklungen oder mangelnde Erfolge erkannt, können Programme über erneutes Agenda-Setting angepasst und im Zuge eines ständigen Rückkopplungsprozesses verändert werden. Im Bereich der kommunalen Beschäftigungspolitik wurden je nach Zielstellung der Programme und politischen Wirklichkeitswahrnehmungen der Auftraggeber und der Auftragnehmer von Evaluationsstudien zumeist Fragen der Effektivität und Effizienz der Programme aus der Sicht der Kommunen oder nach den sozialen und erwerbsbiographischen Wirkungen auf die Teilnehmer gestellt. Im Zuge der Geschäftsberichterstattung ausführender kommunaler Betriebe oder freier Träger wurden Ergebnisse und Folgewirkungen erfasst. Die Erfolge kommunaler Beschäftigungspolitik sollten auch ein Thema der kommunalen Sozialberichterstattung sein, da eine regelmäßige und systematische Berichterstattung eine wesentliche Grundlage der Gestaltung des politischen Prozesses ist und das Erkennen von Umsetzungsproblemen und Steuerungsversagen erleichtert (vgl. Brülle/Schleimer 1994: 54 ff.).

Ob einer systematischen Programmevaluation im politischen Prozess Bedeutung beigemessen wird und inwieweit Evaluationsergebnisse die Weiterentwicklung des politischen Feldes in der Praxis beeinflussen, kann als Hinweis auf die jeweilige Bedeutung des Politikfeldes, aber auch als Indikator für das Steuerungsverständnis der Akteure interpretiert werden.

2.2.2 Akteurzentrierter Institutionalismus als theoretischer Ansatz

Wenn man nach den Steuerungsmöglichkeiten kommunaler Beschäftigungspolitik sucht, lassen sich zwei Perspektiven unterscheiden und policy-analytisch erfassen. Aus problemorientierter Perspektive kann nach der Wirksamkeit gefragt werden, die sich aus Zielen und Programmen, Instrumenten und Maßnahmen, ihren Wirkungen auf die Zielgruppen und den durch sie ausgelösten gesellschaftlichen Veränderungen ergibt.[38] Ebenso kann nach der Effizienz der Beschäftigungspolitik gefragt werden. Aus interaktionsorientierter Perspektive geraten die Organisationsstrukturen und Entscheidungsmodi zur Gestaltung des Politikfeldes ins Blickfeld.[39]

Die hier vorgestellte Untersuchung wählt eine Kombination von problem- und interaktionsorientierter Herangehensweise. Auf der Makroebene zur Betrachtung der Einführung des SGB II werden vor allem Entscheidungsprozesse entlang vorhandener Dokumente analysiert. Auf der Mikroebene der Fallstudie wird mit der Wirkungs- und Effizienzanalyse eine problemorientierte und mit der Entscheidungsprozessanalyse zugleich eine interaktionsorientierte Perspektive eingenommen. Die Untersuchung orientiert sich dabei am Ansatz des von Renate Mayntz und Fritz W. Scharpf entwickelten akteurzentrierten Institutionalismus, der als interaktionsorientierter Ansatz der Policy-Forschung den institutionellen Rahmenbedingungen und den Wirklichkeitswahrnehmungen der Akteure wesentlichen Einfluss auf die Gestaltung politischer Prozesse zuschreibt. Die Vertreter dieses Ansatzes verstehen politisches Handeln als intentional und Steuerung im Sinne der „absichtsvollen Beeinflussung sozialer Prozesse" als „die besondere Funktion des politisch-administrativen Systems" (Mayntz 1996: 157).

Hiermit stehen sie in Widerspruch zur Luhmann'schen Systemtheorie, die Steuerbarkeit gesellschaftlicher Prozesse verneint, weil angesichts der Hyperkomplexität der gesellschaftlichen Systemzusammenhänge keine eindeutigen Kausalitätsketten definierbar und damit zielgerichtetem Handeln keine direkten und eindeutigen Wirkungen zuzuschreiben seien. Jede auf kausalen Annahmen basierende Diskussion um politische Steuerung entbehre daher ihrer kategorialen Grundlagen. Die Gesellschaft, so die Systemtheorie, differenziere sich in selbstreferenzielle, funktional differenzierte Subsysteme aus, die ihren eigenen Handlungslogiken folgen und nur durch „strukturelle Kopplung", also selektive kommunikative Verarbeitung von Störimpulsen aus ihrer Umwelt, miteinander verbunden sind (vgl. Luhmann 2002: 105 ff. und 372 ff.).

Mit dem Konzept der „Kontextsteuerung" bzw. der „strukturellen Kopplung" integrieren neuere systemtheoretische Ansätze handlungstheoretische Perspektiven, indem Wahrnehmungen und Handlungen der Akteure als Bedingungen für strukturelle Kopplungen von sozialen Subsystemen mit der politischen Umwelt verstanden werden und diese Kopplungen zugleich die systeminternen Strukturan-

---

38 In den Bereich der Wirkungen auf die Zielgruppe gehören auch Verfahrensfragen zum Umgang mit den arbeitslosen Hilfeempfängern.

39 Zur Unterscheidung von problemorientierter und interaktionsorientierter Policy-Forschung vgl. Scharpf (2000: 32 ff.).

2.2 Theoretisches Konzept der Untersuchung

passungen und Verhaltensänderungen beeinflussen. Es wird dann nicht mehr von politischer, sondern von soziopolitischer Steuerung gesprochen, um der Kombination systeminterner Selbstregelung mit externer Anregung Rechnung zu tragen. Steuerungsstrategien als externe Einflussversuche müssen nach diesem Konzept an interne Interaktionen anknüpfen, um erfolgreich zu sein (vgl. Görlitz/Bergmann 2001: 35 ff., Burth/Starzmann 2001: 59 ff.).

Zugleich ist der Ansatz des akteurzentrierten Institutionalismus von Governance-Ansätzen zu unterscheiden. Während governancetheoretische Ansätze auf Regelungsstrukturen, also institutionelle Fragen, zielen, messen sie dem Steuerungshandeln wenig Bedeutung bei. Die Vertreter des akteurzentrierten Institutionalismus betonen dagegen die Bedeutung einer interessen- und machttheoretischen Perspektive für das Verständnis von politischen Entscheidungen und verstehen ihren Ansatz als verbindendes Element zwischen institutionalistischen und akteurtheoretischen Konzepten (vgl. Mayntz 2004).

„The approach proceeds from the assumption that social phenomena are to be explained as the outcome of interactions among intentional actors [...] but that these interactions are structured, and the outcomes shaped, by the characteristics of the institutional setting within which they occur." (Scharpf 1997: 1)

Der Institutionenbegriff wird dabei auf den Aspekt der Regelung begrenzt. Institutionelle Regelsysteme, also rechtliche Regeln und soziale Normen, deren Nichteinhaltung mit Sanktionen belegt ist, erzeugen gegenseitige Erwartungssicherheit der Akteure und ermöglichen so soziales Handeln (vgl. Scharpf 2000: 76–84). Sie konstituieren korporative und kollektive Akteure,[40] beeinflussen Handlungsorientierungen, eröffnen Anlässe für Interaktionen der Akteure und schaffen und beeinflussen politische Arenen (vgl. Mayntz/Scharpf 1995: 49). Korporative Akteure werden in ihrem Handeln durch den institutionellen Rahmen geprägt. Darüber hinaus bilden sie den institutionellen Rahmen für das Handeln der in ihnen aktiven Individuen (ebd.: 43 f.).

Organisationsinterne Vorgänge können so in die Erklärung des Handelns korporativer Akteure einbezogen werden. Da Individuen in Organisationen aufgrund ihrer Positionen über unterschiedliche Handlungsspielräume verfügen, kann es für

---

40 Kollektive Akteure werden durch einen losen Zusammenschluss von autonom handelnden Individuen gebildet, von diesen kontrolliert und sind von den Präferenzen ihrer Mitglieder abhängig. Korporative Akteure werden durch das Zusammenlegen individueller Ressourcen zur Durchsetzung gemeinsamer Interessen gegründet. Sie agieren im Auftrag der beteiligten Individuen, aber relativ unabhängig von diesen. Die in ihnen beschäftigten Mitarbeiter verfolgen innerhalb des korporativen Akteurs nicht ihre eigenen Interessen (vgl. Scharpf 2000: 101).

die Interaktion von Organisationen wesentlich sein, welche Rolle die konkreten interagierenden Individuen innerhalb der Organisation einnehmen. Handlungsorientierungen lassen sich nach diesem Ansatz nicht ausschließlich als Nutzenmaximierung erklären. Mit der Kategorie der *kognitiven Orientierung* werden Wahrnehmungen der Handlungssituation, der Entscheidungsoptionen, der Positionen der beteiligten anderen Akteure sowie der möglichen Ergebnisse ins Blickfeld genommen. Mit der Kategorie der *motivationalen Orientierung* werden Entscheidungskriterien zwischen Handlungsoptionen angesichts der Handlungsorientierungen entlang institutioneller Eigeninteressen, internalisierter Normen und durch Rollenvorgaben seitens der Institutionen beeinflusster Identitäten erfasst (vgl. Scharpf 2000: 114 ff.). Da Akteure ihre Handlungsprioritäten dynamisch ändern, wird die unterschiedliche Betroffenheit der Akteure durch konkrete Handlungssituationen erfassbar. So können bestimmte Situationen besondere Handlungschancen eröffnen oder, z. B. durch institutionell erzeugte Regeländerungen, zum Handeln zwingen.

Der akteurzentrierte Institutionalismus eröffnet insofern eine interessante Perspektive, als mit seinem Instrumentarium nach dem Einfluss der institutionellen Rahmenbedingungen *und* der Handlungsorientierungen der Akteure auf den politischen Entscheidungsprozess gefragt werden kann. Nimmt man mit seinen Vertretern an, dass externe institutionelle Rahmenbedingungen[41] entscheidenden Einfluss auf die Handlungsoptionen kollektiver Akteure ausüben und kollektive Akteure über die sie konstituierenden institutionellen Regelsysteme zugleich den Handlungsspielraum der in ihnen tätigen individuellen Akteure prägen, dann ist in den externen institutionellen Rahmenbedingungen und in den Organisationsstrukturen kollektiver Akteure nach Gründen für das Akteurshandeln im Politikfeld – und damit nach Erklärungen für die jeweils spezifische Form seiner Ausgestaltung – zu suchen. Folgt man der Argumentation, dass ebenso die individuellen wie kollektiven Wirklichkeitswahrnehmungen und Handlungsorientierungen der

---

41 Steuerung kann über Recht, finanzielle Anreize, Information und Überzeugung, Macht sowie über Strukturierung erfolgen (vgl. Burth/Starzmann 2001: 50 f., Braun/Giraud 2003). Die regulative Steuerung kommunaler Beschäftigungspolitik durch Bundesgesetze (SGB III, VIII und BSHG, ab 2005 SGB II) und die entsprechenden Verordnungen werden im Rahmen der Fallstudie als Teil der Rahmenbedingungen für die Kommunen verstanden, der eher außerhalb des kommunalen Handlungsspielraums verortet ist. Die Einflussmöglichkeiten der Kommunen auf den Bund und die Länder über die Vertretungskörperschaften einerseits und über persönliche Kontakte andererseits bleiben an dieser Stelle unberücksichtigt, da sie nicht den politischen Aktivitäten einer einzelnen Kommune zuzuschreiben sind und ihre Wirkung – wenn überhaupt – für alle Kommunen gleichermaßen entfalten. Dies gilt vereinfachend auch für die gesetzlichen Regelungen zur Sonderbehandlung der neuen Bundesländer. Allerdings ist gerade bei der Bewertung der gesetzlichen Entwicklung des SGB II auf den starken Einfluss der kommunalen Spitzenverbände zu verweisen.

Akteure die Gestaltung politischer Prozesse beeinflussen, dann sind diese ebenso für die Erklärung der Entscheidungsprozesse im Politikfeld heranzuziehen. Der Fokus der hier vorgestellten Fallstudie liegt auf dem kommunalen Verwaltungshandeln. Verschiedene Untersuchungen verweisen auf die Relevanz der Wirklichkeitswahrnehmungen und Handlungsorientierungen der Akteure für die Ausgestaltung kommunaler Beschäftigungspolitik und bieten somit Erklärungen für die existierende lokale Varianz trotz vergleichbarer externer institutioneller Rahmenbedingungen (vgl. Huebner et al. 1992, Hild 1997, Saeed 1999, Kißler/ Wiechmann 2003, Hess et al. 2003, Heinelt 2004).

Die Bedeutung der kognitiven und der motivationalen Orientierungen der Akteure wie der institutionellen Rahmenbedingungen für den kommunalen beschäftigungspolitischen Entscheidungsprozess soll am Fallbeispiel geprüft werden.

2.3 Methodisches Design der Fallstudie

Die Beschäftigungspolitik der Stadt Halle (Saale) zwischen 1999 und 2003/04 wird in Kapitel 5 anhand einer qualitativen Entscheidungsprozessanalyse, kombiniert mit einer quantitativen Wirkungs- und Kosten-Nutzen-Analyse, analysiert. Dabei sollen Antworten auf folgende Fragen gefunden werden:

♦ Wie wurde kommunale Beschäftigungspolitik zwischen 1999 und 2003/04 von welchen Akteuren mit welchen Interessen strategisch und operativ gestaltet?

♦ Wie erfolgreich war die kommunale Beschäftigungspolitik der Stadt?

♦ Welchen Einfluss übten institutionelle Rahmenbedingungen und Handlungsorientierungen der Akteure auf die Entscheidungsprozesse, Strukturen und Ergebnisse kommunaler Beschäftigungspolitik in Halle aus?

2.3.1 Entscheidungsprozessanalyse

Zur Analyse der beschäftigungspolitischen Entscheidungsprozesse, die Erklärungen für die konkrete Ausgestaltung des Politikfeldes liefern und Bedingungsfaktoren prüfen soll, waren die Phasen des Agenda-Settings, der Programmentwicklung, der Implementation und der Erfolgskontrolle kommunaler Beschäftigungspolitik in Halle (Saale) zwischen 1999 und 2003/04 deskriptiv nachzuzeichnen. Dafür mussten Ziele, Instrumente, Ergebnisse und Strukturen kommunaler Beschäftigungsförderung der Stadt Halle anhand der in der Literaturstudie zuvor erarbeiteten Indikatoren erfolgreicher Beschäftigungspolitik untersucht sowie institutionelle Rahmenbedingungen und Handlungsorientierungen der Akteure erkundet werden. In einem ersten Schritt wurden öffentlich verfügbare Dokumente hinsichtlich ökonomischer, politischer und organisatorischer Rahmenbedingungen der örtlichen Beschäftigungspolitik gesichtet. Als Quellen zur Beschreibung der ökonomischen Rahmenbedingungen dienten vor allem die Daten der Arbeitsagentur sowie des Statistischen Jahrbuchs und verschiedener Haushaltpläne der Stadt Halle zu Arbeitsmarkt und Beschäftigung, zu kommunalen Sozialleistungen und zu beschäftigungspolitisch relevanten Haushaltstiteln. Die Sitzungsprotokolle des Stadtrates, des Jugendhilfeausschusses, des Wirtschaftsförderungsausschusses und des Ausschusses für Gesundheit und Soziales enthielten Dokumente zur strategischen Ausrichtung und Organisation der Beschäftigungsförderung aus den Jahren 1999 bis 2003/04. Mit einer qualitativen Inhaltsanalyse der Anträge, Beschlüsse und Anfragen, die einen direkten Bezug zur Beschäftigungsentwicklung, zu Strukturen der Beschäftigungsförderung, der Jugendberufshilfe und der Hilfe zur Arbeit, zur Beratung und Arbeitsvermittlung von Sozialhilfeempfängern, zu Ansiedlungsstrategien und -erfolgen, zur Ausbildungssituation oder zu speziellen Förderprojekten im Zusammenhang mit finanziellen Mitteln des Europäischen Sozialfonds aufwiesen, wurde der politische und organisatorische Rahmen der Beschäftigungsförderung der Stadt Halle rekonstruiert (vgl. Kapitel 5.1).

Im zweiten Schritt wurden 18 Expertinnen und Experten der lokalen Politikarena mit Hilfe eines an den Untersuchungskriterien orientierten Interview-Leitfadens zu Steuerungsabsichten, Umsetzungsstrategien, Entscheidungsprozessen, Controllingverfahren, Kooperationsbeziehungen, Erfolgsmaßstäben und Wirkungsabschätzungen kommunaler Beschäftigungspolitik sowie zu dazu vorhandenen Strukturen und zentralen Handlungsanlässen befragt. Mit diesen Gesprächen ließen sich auch die Wirklichkeitswahrnehmungen der Experten hinsichtlich der Situation von Sozialhilfeempfängern, der Rahmenbedingungen und des Handlungsspielraums sowie das Rollenverständnis der Akteure untersuchen.

Die Auswahl der Gesprächspartner orientierte sich an einem funktionalen Expertenbegriff. Als Experte wird dabei ein Mensch verstanden, der

> „[...] über technisches, Prozess- und Deutungswissen [verfügt], das sich auf sein spezifisches professionelles oder berufliches Handlungsfeld bezieht. Insofern besteht das Expertenwissen nicht allein aus systematisiertem, reflexiv zugänglichem Fach- oder Sonderwissen, sondern es weist zu großen Teilen den Charakter von Praxis- oder Handlungswissen auf, in das verschiedene und durchaus disparate Handlungsmaximen und individuelle Entscheidungsregeln, kollektive Orientierungen und soziale Deutungsmuster einfließen. Das Wissen des Experten, seine Handlungsorientierungen, Rele-

2.3 Methodisches Design der Fallstudie 35

vanzen usw. weisen zudem – und das ist entscheidend – die Chance auf, in der Praxis in einem bestimmten organisationalen Funktionskontext hegemonial zu werden, d. h. der Experte besitzt die Möglichkeit der (zumindest partiellen) Durchsetzung seiner Orientierungen. Indem das Wissen des Experten praxiswirksam wird, strukturiert es die Handlungsbedingungen anderer Akteure in seinem Aktionsfeld in relevanter Weise mit." (Bogner/Menz 2002: 46)

Als Experten der kommunalen Beschäftigungspolitik in Halle wurden insbesondere die Akteure der *Stadtverwaltung* verstanden, die sich innerhalb des Ressorts Beschäftigungsförderung, der Abteilung Hilfe zur Arbeit und des Ressorts Hilfe zum Lebensunterhalt im Fachbereich Soziales, im Fachbereich Kinder, Jugend und Familie sowie im Eigenbetrieb für Arbeitsförderung mit diesen Fragen beschäftigten.[42]

Stadträte waren als Mitglieder des Betriebsausschusses des kommunalen Eigenbetriebs für Arbeitsförderung oder als Vorsitzende des Sozial-, Jugendhilfe- und Wirtschaftsförderungsausschusses in besonderer Weise mit kommunaler Beschäftigungsförderung befasst und verfügten in diesen Funktionen über entsprechende Einfluss- und Entscheidungsmöglichkeiten.[43]

Die Vertreter von *Jugendwerkstätten, Bildungsträgern, Vereinen* und *Verbänden der Wohlfahrtspflege*[44] als Träger von Beschäftigungs- und Qualifizierungsmaßnahmen hatten an der Umsetzung von Programmen wesentlichen Anteil und konnten zumindest im Bereich der Jugendberufshilfe über die Beteiligung am Jugendhilfeausschuss auch gestaltend in den politischen Prozess eingreifen.[45]

Anhand der leitfadenbasierten Experteninterviews wurden die Handlungsorientierungen der Akteure erkundet. Im Mittelpunkt des Interesses standen dabei die Einstellungen der Experten zu den Zielgruppen kommunaler Beschäftigungs-

---

42 Die Beigeordnete für Soziales, Jugend und Gesundheit, der Leiter des Sozialamtes, der Leiter und ein Mitarbeiter des Ressorts Beschäftigungsförderung, die Leiterin der Abteilung Hilfe zur Arbeit sowie der Koordinator Jugendberufshilfe wurden interviewt.

43 Es wurden Interviews mit den vier Mitgliedern des Betriebsausschusses des Eigenbetriebs und mit den drei Vorsitzenden der genannten Ausschüsse geführt. Darunter waren je zwei Mitglieder der CDU, der SPD und der PDS sowie ein Vertreter der HAL-Fraktion.

44 Die Geschäftsführer zweier Jugendwerkstätten, ein Vertreter der Liga der Wohlfahrtsverbände und die Geschäftsführer zweier Bildungsträger standen für Interviews zur Verfügung.

45 Darüber hinaus als relevant zu betrachtende, hier aber aufgrund begrenzter Ressourcen nicht einbezogene Experten sind u. a. die mit der Kooperation von Stadt und Arbeitsagentur betrauten Mitarbeiter der Arbeitsverwaltung, die Kammern, die Tarifparteien, das Personalamt und der Personalrat der Stadtverwaltung, das Ministerium für Wirtschaft und Arbeit des Landes Sachsen-Anhalt und die BBJ Service GmbH als vom Land beauftragtes Dienstleistungsunternehmen zur Unterstützung der Beantragung und Durchführung von Maßnahmen nach den Europäischen Strukturfonds.

politik, ihre Wahrnehmungen der Rahmenbedingungen und des vorhandenen Handlungsspielraums sowie die Interessen der kollektiven Akteure und das professionelle Rollenverständnis der Experten (vgl. Kapitel 5.2).

Mit Hilfe der qualitativen Dokumentenanalyse und der Ergebnisse der Expertenbefragung ließ sich die Gestaltung des Politikfeldes bezogen auf die Strategie- und Programmentwicklung, die Implementation kommunaler Beschäftigungsprogramme und die Praxis der kommunalen Erfolgsbeobachtung nachzeichnen (vgl. Kapitel 5.3).

Um zu verstehen, warum bestimmte Steuerungsziele und Maßnahmen Vorrang vor anderen gewannen und wie die zugrunde liegenden politischen Zielsetzungen entstanden, wurde die Entwicklung der Regelungsstrukturen in der kommunalen Politikarena rekonstruiert. Dabei konnte der Einfluss der Interessen beteiligter komplexer und individueller Akteure auf die Entscheidungen anhand ausgewählter Aspekte der Entwicklung der politikfeldimmanenten Regelungsstrukturen sowie anhand zweier Beispiele für inhaltliche Konflikte analysiert werden. Gründe für die Durchsetzbarkeit bestimmter Positionen ließen sich in spezifischen Handlungsorientierungen und in der generellen Strategiefähigkeit der beteiligten komplexen Akteure finden (vgl. Kapitel 5.4).

2.3.2 Wirkungs- und Kosten-Nutzen-Analyse

Auch wenn das besondere Augenmerk hier dem politischen Entscheidungsprozess und den ihn beeinflussenden Faktoren galt, lieferte erst die Kombination aus Wirkungs- und Effizienzanalyse und Entscheidungsprozessanalyse ein detailliertes Bild, um die spezifische lokale Nutzung des Spielraums kommunaler Beschäftigungspolitik zu verstehen. Die Analyse bezog ausschließlich Maßnahmen ein, die nach § 19 Abs. 2 BSHG sozialversicherungspflichtige Beschäftigungsverhältnisse begründeten und im Jahre 2001 begannen. Sie wurden hinsichtlich ihrer Wirkungen auf die Sozialhilfeabhängigkeit der Teilnehmenden und der Effizienz der Maßnahmen aus der Sicht der Stadtverwaltung evaluiert.[46]

---

46 Neben diesen wurden auch auf sechs Monate befristete Arbeitsmöglichkeiten nach § 19 Abs. 2 BSHG (Mehraufwandsvariante) geschaffen, die aber kein sozialversicherungspflichtiges Arbeitsverhältnis begründeten und keine Qualifikationsanteile enthielten. Da sie weder systematisch erfasst wurden noch auf eine direkte Eingliederung in den ersten Arbeitsmarkt oder auch nur auf ein „Verschieben" der Sozialhilfeempfänger in die Zuständigkeit des Arbeitsamtes zielten, blieben sie hier unberücksichtigt. Gleiches gilt für vereinzelte direkte Vermittlungen in den ersten Arbeitsmarkt über Lohnkostenzuschüsse oder private Arbeitsvermittlungsagenturen, zu denen keine Zahlen veröffentlicht sind.

2.3 Methodisches Design der Fallstudie

Sowohl die Wirkungs- als auch die Kosten-Nutzen-Analyse mussten ex-post erfolgen, da im Untersuchungszeitraum keine Maßnahme von der Teilnehmerauswahl bis zur abschließenden Auswertung begleitet werden konnte. In einer Längsschnittuntersuchung wurden mit Hilfe der Datenbank des Sozialamtes „ProSoz" die soziostrukturelle Zusammensetzung der Maßnahmeteilnehmer, die Höhe der Sozialleistungen vor, während sowie sechs, zwölf und 18 Monate nach der Beschäftigung sowie der Verbleib der Teilnehmenden ermittelt.[47]

Zumindest die Zahl der Maßnahmeabbrüche, die Anzahl der Rückkehrer in den Bezug von Sozialhilfe und teilweise die direkte Vermittlung in Arbeit lassen sich auf diese Weise erfassen. In Abhängigkeit von der jeweiligen Zielstellung der Maßnahmen wird so deren beschäftigungspolitische Effektivität deutlich und kann im interkommunalen Vergleich bewertet werden (vgl. Kapitel 5.6.1).[48]

Die Kosten der Maßnahmen wurden aus Finanzierungsplänen für einzelne Maßnahmen und kommunalen Haushaltstiteln für Beschäftigungsförderung ermittelt. Anhand der Daten aus „ProSoz" ließen sich Einsparungen an Sozialhilfe während und nach Abschluss der Maßnahmen errechnen. Die Kosten-Nutzen-Analyse berücksichtigt darüber hinaus Einnahme- und Wertschöpfungseffekte (vgl. Kapitel 5.6.2).

Bei der Bewertung der Effizienz wurde die Perspektive der Stadt(verwaltung) als Finanzier und teilweise Implementeur der Maßnahmen eingenommen, die mit Kosten-Nutzen-Rechnungen Beschäftigungsförderung angesichts des engen kommunalen Haushalts legitimieren muss. Die Begrenzung auf die Perspektive der Geldgeber ist ein Problem umfassender Evaluierung sozialer Programme (vgl. Pohnke 2001: 59 f.). Die Zielgruppe wird oft nicht nur mit Anreizen, sondern auch mit Zwang und unter der Drohung des Entzugs der Existenzgrundlage in zum Teil fragwürdigen und nicht selten entwürdigenden Maßnahmen beschäftigt. Die Wahl zwischen verschiedenen Programmangeboten ist eher beschränkt, die Information über vorhandene Möglichkeiten oft unvollständig.[49] Dies kann zu geringer Motivation führen, den Erfolg aber auch vollständig infrage stellen. In-

---

47 In „ProSoz" sind das Abbrechen der Maßnahme, die Rückkehr in Sozialhilfe nach Ende der Maßnahme und teilweise die anschließende Höhe der Leistungen aus dem SGB III erfasst. Es lassen sich mit den Angaben dieser Datenbank aber keine genauen Verbleibsanalysen und Angaben zu Übergängen von den Beschäftigungsmaßnahmen in andere Arbeitsverhältnisse ermitteln, da die Angaben mit dem letzten Monat des Leistungsbezugs enden.

48 Eine Befragung der Teilnehmer zu den ökonomischen und psychosozialen Wirkungen aktivierender Beschäftigungspolitik im Zeitverlauf wäre ebenso notwendig, konnte aber im Rahmen der hier vorgestellten Untersuchung aus Ressourcen- und Datenschutzgründen nicht geleistet werden.

49 Vgl. dazu beispielsweise die Aussagen zur Bedeutung von Information und Beratung der Zielgruppen bei Wilk (1997), Böckmann-Schewe/Röhrig (1999) und Empter/Frick (2000).

sofern ist die Zielgruppenperspektive eine entscheidende Erklärungsgröße für den Erfolg der Maßnahmen.[50]

---

[50] Eine grobe Einschätzung der Qualität und Zielgruppengenauigkeit der Maßnahmen lässt sich aus Abbrecherquoten, Fehlzeiten und Krankheitstagen ableiten. Je höher diese sind, desto weniger können Maßnahmen als passgenau und kompetenzbildend eingeschätzt werden.

3 Kommunale Beschäftigungspolitik in Deutschland

Im Folgenden geht es zunächst darum, die rechtlichen und instrumentellen Rahmenbedingungen kommunaler Beschäftigungspolitik in der Zeit der Gültigkeit des BSHG in Erinnerung zu rufen und deren historische Entwicklungslinien nachzuzeichnen, um kommunale Beschäftigungspolitik in der Bundesrepublik allgemein wie im konkreten, hier vorgestellten Fall der Stadt Halle (Saale) im Kontext dieser „alten Welt" in den Blick zu bekommen.

Die Analyse kommunaler Beschäftigungspolitik in der Zeit vor den „Hartz-Reformen" kann, so eine zentrale These dieser Untersuchung, wichtige Hinweise auf Möglichkeiten und Grenzen dezentralisierter Arbeitsmarktpolitik und die beschäftigungspolitischen Aufgaben der Kommunen nach „Hartz IV" liefern.

Für beide Phasen gilt gleichermaßen, dass erst eine abgestimmte Kombination aus Wirtschaftsförderung, Bildungs-, Ansiedlungs-, Infrastrukturentwicklungs- und Sozialpolitik geeignet ist, die komplexen durch Arbeitslosigkeit entstehenden Probleme einigermaßen angemessen zu bearbeiten. Die Instrumente der Wirtschaftsförderung und Infrastrukturentwicklung sind ebenso wie die in Kooperation mit den regionalen Arbeitsagenturen einsetzbaren Instrumente des SGB III und die im Rahmen spezieller Sonderprogramme von Bund, Ländern und Europäischer Union bereitgestellten finanziellen Mittel wesentliche Bestandteile des beschäftigungspolitischen Policy-Mix auf lokaler Ebene.

Um die weitreichenden Veränderungen der institutionellen Arrangements im Zuge der Einführung des SGB II zu verstehen und den Handlungsspielraum kommunaler Beschäftigungspolitik in der Bundesrepublik Deutschland zu Beginn des 21. Jahrhunderts zu erfassen, wird im Folgenden die historische Entwicklung von kommunaler Sozialfürsorge und bundesstaatlicher Arbeitsmarktpolitik in groben Zügen rekapituliert, werden rechtliche Grundlagen und Instrumente kommunaler Beschäftigungspolitik unter dem BSHG rekonstruiert, wird der Zielkonflikt kommunaler Beschäftigungspolitik diskutiert und werden Probleme skizziert, zu deren Lösung der Systemwechsel beitragen soll.

3.1 Historische Entwicklung der sozialen Sicherung gegen Arbeitslosigkeit

Sowohl die normativen Grundlagen als auch die Institutionen heutiger Arbeitsmarkt- und Grundsicherungspolitik sind historisch und ideengeschichtlich determiniert. Aus der frühen Neuzeit ist eine wachsende, aus Mangel an existenzsichernder Arbeit und aus Funktionsstörungen der primären Sozialstrukturen infolge gesellschaftlicher Veränderungen resultierende Armut der recht- und mittellosen Schichten übermittelt. Die zu Wander- oder Gelegenheitsarbeit gezwungenen Geringqualifizierten, die in der traditionell ländlichen Arbeitsordnung keinen Platz mehr fanden, zogen auf der Suche nach Arbeitsmöglichkeiten in die prosperierenden Städte, die auf das Anwachsen der mittellosen Bevölkerung mit dem Aufbau weltlicher Fürsorgestrukturen reagierten (vgl. Frerich/Frey 1993: 7 ff.). Die der christlichen Sozialethik verhaftete und von den Besitzbürgern betriebene Armenfürsorge bezog sich in der Bewertung des Anspruchs auf Fürsorgeleistungen sehr bald auf zwei Kriterien:

- die Arbeitsfähigkeit und
- die Zugehörigkeit der Bedürftigen zur Gemeinde (Castel 2000: 13 ff.).[51]

Begleitet wurde diese Entwicklung von einer regulierenden Arbeitspolitik des absolutistischen Staates, die in weiten Teilen Europas eine generelle Arbeitspflicht für alle arbeitsfähigen Armen einführte[52] und in deren Folge sich die Städte zunehmend als Verwalter staatlicher Politik betätigten (vgl. Sachße/Tennstedt 1980: 107).

---

51 Diese Kriterien waren entscheidend für die Bereitschaft dieser Gemeinschaft, Bedürftige in sozialen Sicherungssystemen zu unterstützen. Während nicht oder nicht hinreichend an Arbeit beteiligte arbeitsfähige Gemeindemitglieder über die meist repressiv ausgeübte und auf ein Mindestmaß beschränkte Armenfürsorge immerhin geringe Unterstützung erfuhren, wurden arbeitslose Wanderarbeiter als Vagabunden, Pauper etc. über das Prinzip des Heimatwohnsitzes selbst von dieser Hilfe ausgegrenzt (vgl. Castel 2000: 57 f.).

52 In England wurde mit dem „Statute of Labourers" 1349 nicht nur die Arbeitspflicht für alle ohne anderes Einkommen eingeführt, das Gesetz zwang zugleich zur Arbeit in den traditionellen Strukturen, regelte das Einfrieren der Löhne und verbot die Bettelei (vgl. Castel 2000: 65 f.). In Frankreich wurde ab 1367 die Zwangsarbeit für „Vagabunden" eingeführt (ebd.: 84). Öffentliche Arbeitsbeschaffung für sesshafte arbeitsfähige Arme in Paris lässt sich auf das Jahr 1645 datieren (ebd.: 121 ff.). Im Gebiet des Deutschen Reiches sind städtische Armenordnungen übermittelt, z. B. aus Nürnberg 1522 und Magdeburg 1524, die zur Bedürftigkeitsprüfung und Organisation der Finanzierung erste Behörden installierten. Die Reichspolizeiordnungen enthielten seit 1530 ebenfalls Bestimmungen, die die Städte zur Armenfürsorge verpflichteten und zur Disziplinierung der Armen vor allem auf Arbeitszwang setzten (vgl. Sachße/Tennstedt 1980: 67 ff., Frerich/Frey 1993: 23 ff.).

3.1 Historische Entwicklung der sozialen Sicherung gegen Arbeitslosigkeit

Während die Disziplinierungsmaßnahmen der kommunalen Armenfürsorge im 17. und 18. Jahrhundert in der Errichtung von Arbeits- und Zuchthäusern gipfelten, in denen arbeitslose Arme mit ihren Familien unter menschenunwürdigen Bedingungen hausten und harte körperliche Arbeit leisten mussten (vgl. Frerich/ Frey 1993: 2),[53] wurde der Durchsetzung der Marktordnung mit der Einschränkung der Niederlassungsfreiheit über das Heimatwohnsitz-Prinzip und der Begrenzung der Arbeitsmöglichkeiten durch die Zunftordnung bis Ende des 18. Jahrhunderts Einhalt geboten (vgl. Polanyi 1978: 104).

Das Allgemeine Preußische Landrecht von 1794 wird als erster systematischer Versuch im Gebiet der deutschen Staaten gewertet, durch Lockerung des Niederlassungs- und Gewerberechts die Arbeitsordnung den frühindustriellen wirtschaftlichen Bedürfnissen anzupassen.[54] In Bezug auf die Armenfürsorge erkannte das Allgemeine Preußische Landrecht erstmals die Fürsorgepflicht des Staates gegenüber seinen Bürgern an. Dabei regelte es, dass Arbeitsfähigen durch die kommunalen Verwaltungen angemessene Arbeit zugewiesen werden sollte und zugleich Arbeitsunwillige mit Zwang und unter Strafandrohung „zu nützlichen Arbeiten unter gehöriger Aufsicht angehalten" (§ 3 II 19 ALR, zit. nach Harks 2003: 15) werden sollten.

Zu Beginn des 19. Jahrhunderts führten die Stein-Hardenberg'schen Reformen zunächst in Preußen zu einer weiteren Umgestaltung der Arbeitsordnung. Mit der Abschaffung der tradierten Abhängigkeitsverhältnisse der Bauern von den Grundherren und der Einführung der Gewerbefreiheit für Handwerker wurden neue Gruppen von Arbeitskräften und neue Möglichkeiten der Gewerbeausübung konstituiert.[55]

---

53 Ende des 18. Jahrhunderts hatte mit Jeremy Benthams Idee der wirtschaftlichen Ausbeutung der Arbeitslosigkeit durch den Einsatz der Armen zum Antreiben von Maschinen in Industriehäusern die liberale Theorie des Laisser-faire Verbreitung gefunden und wurde zur Grundidee der Arbeitshäuser (vgl. Polanyi 1978: 150 ff.).

54 So wurde das Unterstützungswohnsitz-Prinzip eingeführt, nach dem ein zugezogener Arbeiter unter bestimmten Bedingungen Mitglied der Zuwanderungsgemeinde werden konnte und im Falle der Verarmung auch von dieser unterstützt werden musste (vgl. Frerich/Frey 1993: 79 ff.). Mitglieder der Zünfte durften ohne Aberkennung ihrer Zunftrechte in den Fabriken arbeiten. Die Zünfte mussten die Fürsorge für kranke und die Arbeitsvermittlung an wandernde Gesellen übernehmen. Das seit Anfang des 18. Jahrhunderts geltende Koalitionsverbot für Gesellen wurde verschärft und die Fürsorgepflicht der Grundherren für bei der Arbeit erkrankte Dienstboten und Bergwerksbetreiber für erkrankte oder verunglückte Bergleute festgeschrieben (vgl. ebd.: 15 ff.).

55 Die Abschaffung der Erbuntertänigkeit ab dem Jahr 1807 führte zu eigenständigen bäuerlichen Wirtschaften. Diese waren aber oft zu klein und verfügten über so geringe Sicherheiten, dass viele in der Agrarkrise der 1920er Jahre ihre Selbständigkeit aufgeben mussten. In der Folge verdingten sich die Bauern als abhängige Landarbeiter oder zogen auf der Suche nach Arbeit in die Städte, wo sie das Heer der Arbeitsuchenden vergrößerten. Die Neuordnung des Gewerberechts ab 1807 beabsichtigte vor allem die Beseitigung sämtlicher Zugangsschranken zu gewerblicher Arbeit und zielte auf die Abschaffung der Zünfte (vgl. Frerich/Frey 1993: 30 ff.).

Die damit einhergehende Kommodifizierung der Arbeitskraft trug zur Durchsetzung der marktwirtschaftlichen Ordnung bei. Die Freisetzung der Arbeitskräfte aus der traditionellen Ordnung konnte in der frühindustriellen Gesellschaft nicht durch eine ausreichende Zahl neuer Arbeitsplätze für ungelernte Arbeiter aufgefangen werden. Zugleich mangelte es an qualifizierten Fachkräften. Die rechtlichen Regelungen der Armenfürsorge dieser Zeit dienten mit der Durchsetzung des Arbeitszwangs für alle arbeitsfähigen Armen vor allem dem Disziplinierungsinteresse der Besitzbürgerschaft, die durch die zunehmende Bettelei und Landstreicherei der entwurzelten Armen die öffentliche Ordnung gefährdet sah.

Trotz oder gerade wegen der Idee liberaler Vertragsfreiheit waren die vorindustriellen Arbeitsverhältnisse in der ersten Hälfte des 19. Jahrhunderts von entwürdigenden Arbeitsbedingungen und grenzenloser Ausbeutung gekennzeichnet. Armut, Besitzlosigkeit und Koalitionsverbot machten es den Arbeitern unmöglich, als Gleiche im Sinne Lockes in Verhandlungen um bessere Arbeitsbedingungen und höhere Löhne zu treten (vgl. Locke 1999: 63). Weder die Arbeiteraufstände des Vormärz noch die Revolution von 1848 änderten die wesentlichen Parameter dieser Konstellation. Die Umgestaltung der Arbeitsordnung wurde im Sinne kapitalistischen Wirtschaftens vorangetrieben, und die Arbeitsbedingungen in den Fabriken verbesserten sich trotz der Einführung erster Arbeitsschutzbestimmungen kaum.[56] Die Politik der staatlichen Armenfürsorge diente auch nach 1848 in erster Linie dem Schutz des Eigentums der Besitzenden und der Aufrechterhaltung der Ordnung und nicht den Ideen von Gleichheit und Brüderlichkeit. Wer auf Fürsorgeleistungen angewiesen war, blieb vom Dreiklassenwahlrecht ausgeschlossen. Starken Einfluss auf die Entwicklung der Armenfürsorge übte seit 1853 das sog. „Elberfelder Modell" aus, bei dem die Besitzbürger der Stadt ehrenamtlich jeweils eine Gruppe armer Familien betreuten und in einer frühen Form aufsuchender Sozialarbeit einerseits zur Verbesserung der Lebensumstände durch Fürsorgeleistungen beitrugen, andererseits durch Maßnahmen des Arbeitszwangs diese Leistungen an Repressionen koppelten. Aus der Not der Armen wurden so billige Arbeitskräfte vor allem für städtische Infrastrukturmaßnahmen gewonnen (vgl. Sachße/Tennstedt 1980: 214 ff.).

Nach 1867 wurden die preußischen Freizügigkeits-, Gewerbeordnungs- und Unterstützungswohnsitzregelungen im Angesicht der zunehmenden gewerkschaftlichen und politischen Organisation der Arbeiter im Gebiet des Norddeutschen Bundes übernommen (vgl. Frerich/Frey 1993: 55). In der Folge stieg die Mobili-

---

56 Im Preußischen Regulativ von 1839 sind die ersten Arbeitsschutzregelungen verankert, nach denen Kindern unter neun Jahren die Arbeit in Bergwerken, Hütten und Fabriken verboten wurde. Zur Entwicklung des Arbeitsschutzrechtes vgl. Frerich/Frey (1993: 42–49).

tät der Arbeitsuchenden. In der Krise der 1870er Jahre wurde zugleich die sozialpolitische Dimension verbreiteter Arbeitslosigkeit deutlich. Die Arbeiter und ihre Familien, besonders aber die von existenzsichernder Arbeit ausgeschlossenen Armen sahen sich zunehmender sozialer, gesundheitlicher und ökonomischer Verelendung gegenüber. Es bedurfte der politischen und gewerkschaftlichen Organisation der Arbeiter und massiver Kämpfe, ehe die Frage, wie Arbeit existenzsichernd und Existenzsicherung für unfreiwillig Erwerbslose gestaltet werden kann, verstärkt Thema der gesamtgesellschaftlichen politischen Auseinandersetzung wurde.[57]

Mit Lorenz von Stein hielt die Idee einer sozialstaatlichen Intervention in die antagonistischen Klassengegensätze zwischen Kapital und Arbeit zum Zwecke der Befriedung der sozialen Ordnung Einzug in den bürgerlichen Diskurs über Staatsaufgaben (vgl. Kaufmann 1996: 23 ff.). Während die Zivilisierung des Arbeitsmarktes Ende des 19. Jahrhunderts mit der Arbeiterkrankenversicherung 1883, der Unfallversicherung 1884 und der Alters- und Invalidenversicherung für Arbeiter 1889 wesentlich vorankam, blieb die Fürsorgepolitik restriktiv und zielte mit „Repressionen gegen die Entkoppelten [...] vor allem auf die Disziplinierung der Verwundbaren" (Castel 2000: 96).[58]

Eine eigenständige Arbeitslosenunterstützung war um die Jahrhundertwende nicht in Sicht. Stattdessen wuchs die Bedeutung der Arbeitsvermittlung. Ende der 1890er Jahre begannen die ersten Kommunen, sich systematisch der Vermittlung von Arbeitsuchenden zu widmen, um die Folgeprobleme der Such-Arbeitslosigkeit zu mildern. Sie errichteten sog. städtische Arbeitsnachweise, Vermittlungsbüros als Bestandteil der kommunalen Daseinsfürsorge, um Bedürftige in Arbeit zu vermitteln und so auch die kommunalen Haushalte von Fürsorgeleistungen zu entlasten (vgl. Führer 1999: 34 f.).[59] Zugleich führten Kommunen um 1900 vor

---

57 Als Eckdaten dieser Entwicklung sind hier die Gründung des Allgemeinen Deutschen Arbeitervereins (ADAV) 1863 und die Gründung der Sozialdemokratischen Arbeiterpartei (SDAP) 1869 zu nennen.

58 Als „Entkoppelte" umschreibt Castel systematisierend diejenige Gruppe von Menschen, die durch einen Mangel an sozialen Beziehungen und an existenzsichernder Arbeit gekennzeichnet ist. Als „Verwundbare" gelten ihm jene, die in prekären Arbeitsverhältnissen und unsicheren sozialen Primärbeziehungen leben (vgl. Castel 2000: 13).

59 Die kommunalen Arbeitsnachweise standen dabei in Konkurrenz zu ähnlichen Einrichtungen von Arbeitgeberverbänden, Innungen, Gewerkschaften und karitativen Vereinen, aber auch zu privaten Vermittlern. Sie verstanden sich als unparteiisch und blieben zumeist auf den lokalen Raum beschränkt. Allerdings widersprach die Idee der marktnahen Arbeitsvermittlung der gängigen Praxis der kommunalen Armenfürsorge, weshalb die Städte dazu übergingen, die Arbeitsnachweise außerhalb der Fürsorgeverwaltung anzusiedeln und paritätisch mit Arbeitnehmer- und Arbeitgebervertretern zu besetzen. Besonders die Arbeitgeber hielten an eigenen Arbeitsnachweisen fest, auch um politisch unliebsame gewerkschaftlich organisierte Arbeiter registrieren und von der Arbeitsvermittlung ausschließen zu können (vgl. auch Sachße/Tennstedt 1888: 37 ff.).

allem in den Wintermonaten sog. Notstandsarbeiten durch, infrastrukturelle Beschäftigungsprogramme mit kaum existenzsichernder Bezahlung, die von Beginn an in der Kritik standen, entweder zu marktnah angelegt zu sein und so privaten Anbietern Aufträge zu entziehen und die Löhne zu drücken oder wenig sinnvoll zu sein und daher die kommunalen Haushalte ungerechtfertigt zu belasten (vgl. ebd.: 38 f.).[60]

Im November 1914 stieß die Reichsregierung in Reaktion auf die Massenentlassungen nach Beginn des Ersten Weltkrieges die Schaffung der sog. Kriegswohlfahrtspflege durch die Kommunen an. In deren Rahmen wurden zum einen flächendeckend Arbeitsnachweise eingerichtet, zum anderen wurde eine kommunale Krisenfürsorge für Arbeitslose geschaffen. Das Reich stellte finanzielle Unterstützung für diese erste, durch einen größeren Kreis von Kommunen getragene Erwerbslosenfürsorge zur Verfügung, die sich ihrem Status nach deutlich von der kommunalen Armenfürsorge abhob (vgl. Sachße/Tennstedt 1988: 49 ff., Führer 1999: 40 ff.).[61]

Mit der Novemberrevolution 1918 begann die Durchsetzung einer flächendeckenden öffentlichen Unterstützung für Arbeitslose. Die Verordnung zur Schaffung einer öffentlichen Erwerbslosenfürsorge vom 13. November 1918 verpflichtete alle Gemeinden, eine solche kommunale Fürsorgeinstitution einzurichten. Die Kosten trugen das Reich, die Länder und die Kommunen (vgl. Führer 1999: 46).

In der Weimarer Republik setzte sich diese Entwicklung fort. Die Reichsverfassung begründete mit Art. 163 die staatliche Verantwortung für die Arbeitsvermittlung und die Arbeitslosenversicherung (vgl. Harks 2003: 17 f.). Um die Probleme der zersplitterten Organisation der Arbeitsvermittlung zu entschärfen, konnten ab 1918 die Kommunen zur Einrichtung kommunaler Arbeitsnachweise verpflichtet werden. Das Arbeitsnachweisgesetz von 1922 erklärte die Arbeitsvermittlung zur kommunalen Pflichtaufgabe und verbot die gewerbliche Arbeitsvermittlung.[62] Gleichzeitig stellte das Reich den Kommunen erhebliche finanzielle Mittel für eine kommunale Beschäftigungsförderung zum Abbau der Kosten der Erwerbslosenfürsorge zur Verfügung. Ab 1920 machte das Reichsarbeitsministerium diese

---

60 Diese Notstandsarbeiten standen in der Tradition des „Elberfelder Modells". Hier klangen schon grundlegende Probleme des geförderten zweiten Arbeitsmarktes an, die sich später in der Kritik an Arbeitsbeschaffungsmaßnahmen und Hilfen zur Arbeit wiederfinden.

61 Wenn auch politisch nicht unumstritten, übernahm so das Reich doch erstmals finanzielle und politische Verantwortung für das Problem der Arbeitslosigkeit, auch wenn die Konstruktion der Kriegswohlfahrtspflege als Krisenfürsorge noch keine dauerhafte sozialstaatliche Sicherungsleistung gegen unfreiwillige Arbeitslosigkeit darstellte.

62 Allerdings wurde damit nicht, wie von den Kommunen gefordert, ein Vermittlungsmonopol für die kommunalen Arbeitsnachweise eingeführt. Vor allem die Arbeitgeberverbände betrieben nach wie vor eigene Vermittlungsbüros. Zudem vermittelten die kommunalen Arbeitsnachweise vorrangig in schlecht bezahlte und gering qualifizierte Beschäftigung, während die Vermittlung von Fachpersonal Domäne der Vermittlungsbüros der Arbeitgeberverbände blieb (vgl. Führer 1999: 37 f.).

Zuschüsse von den tatsächlichen Erfolgen der Kommunen bei der Eingliederung von Erwerbslosen in den Arbeitsmarkt abhängig. 1923 wurde die Erwerbslosenfürsorge auf die kommunalen Arbeitsnachweise übertragen und Pflichtarbeit als Voraussetzung für Unterstützungsleistungen eingeführt.[63] Die strukturelle Arbeitslosigkeit der 1920er Jahre konnte damit jedoch nicht beseitigt werden. Für jene Hilfsbedürftigen, die nach Ablauf der Unterstützungshöchstdauer aus der Erwerbslosenfürsorge fielen, musste letztlich wieder die kommunale Armenfürsorge einspringen. 1926 wurde angesichts des Widerstands der Kommunen gegen diese zusätzliche finanzielle Belastung für diese Gruppe eine besondere Krisenfürsorge eingeführt, die zum größten Teil vom Reich finanziert wurde und den Vorläufer der späteren Arbeitslosenhilfe bildete (vgl. ebd.: 19).

1927 wurde mit dem Gesetz über Arbeitsvermittlung und Arbeitslosenversicherung (AVAVG) endgültig das Versicherungsprinzip verankert und eine Reichsanstalt mit drittelparitätischen Selbstverwaltungsgremien gegründet. Die Aufgaben der staatlichen Arbeitsverwaltung konzentrierten sich auf Arbeitsvermittlung, Berufsberatung und Auszahlung der Versicherungsleistungen, die nun nicht mehr den Nachweis der Bedürftigkeit erforderten, allerdings von der Bereitschaft zur Arbeit abhängig gemacht werden konnten. Die bis dahin kommunalen Arbeitsnachweise wurden mit dem AVAVG zentralisiert. Die Reichsanstalt finanzierte über die sog. wertschaffende Arbeitsförderung Maßnahmen der aktiven Arbeitsmarktpolitik bei öffentlichen oder privaten Trägern. Darüber hinaus lag die Fürsorge für aus der Versicherungsleistung gefallene Arbeitslose[64] im Aufgabenbereich der Reichsanstalt.[65]

Parallel dazu bestand die kommunale Armenfürsorge für jene fort, die entweder die Anwartschaftszeiten der Arbeitslosenversicherung nicht erfüllten oder die nicht erwerbsfähig waren.[66] Sie wurde 1924 mit der Reichsfürsorgepflichtverordnung (RFV) reorganisiert. Fürsorgeleistungen beschränkten sich nicht mehr auf das zum Leben unbedingt Notwendige, sondern schlossen nun auch Leistungen

---

63 Die kommunalen Arbeitsnachweise waren unterdessen zumeist in paritätischer Trägerschaft von Arbeitgebern und Gewerkschaften organisiert. So lag es nahe, die Finanzierung dieser Einrichtungen auf die Schultern ihrer Träger zu verlagern und damit eine Vorstufe zur späteren Arbeitslosenversicherung zu schaffen (vgl. Harks 2003: 19).

64 Die Erwerbslosenfürsorge setzte nach 26 Wochen Arbeitslosigkeit ein und war für all jene, die eine Mindestanwartschaftszeit auf Versicherungsleistungen von 26 Wochen nicht erreichten, die einzige Möglichkeit der sozialen Sicherung oberhalb der Armenfürsorge.

65 Vgl. die ausführliche Darstellung bei Sachße/Tennstedt (1988: 94 ff.).

66 Mit anhaltender Dauerarbeitslosigkeit fielen immer mehr Arbeitslose aus der Erwerbslosenfürsorge in die kommunale Armenfürsorge. Somit stiegen die Belastungen der kommunalen Haushalte, ein strukturelles Problem, das in der Bundesrepublik der 1980er und 1990er Jahre erneut verschärft zutage trat.

zur Wiederherstellung und Erhaltung der Arbeitskraft ein.[67] Bei Verweigerung von Arbeitsangeboten drohte nach wie vor die Einweisung ins Arbeitshaus und die Einschränkung der Fürsorgeleistungen (vgl. Sachße/Tennstedt 1988: 173 ff.). In vielen Städten wurden Wohlfahrtsämter eingerichtet, die die Leistungen der Jugendwohlfahrt, der Gesundheitsfürsorge und der wirtschaftlichen Fürsorge koordinierten (vgl. ebd.: 184 ff.).

Die Diskussion über den „Verschiebebahnhof" der Zuständigkeiten für Arbeitslose zwischen den Arbeitsämtern und der kommunalen Fürsorge wurde bereits in der Weimarer Republik geführt. Allerdings versuchte § 217 AVAVG diesem Problem Einhalt zu gebieten und versicherungspflichtige Beschäftigung von Arbeitslosen zur Überführung in den Leistungsanspruch des AVAVG zu verhindern, indem das Reichsarbeitsamt in solchen Fällen die Arbeitgeber, also auch die Kommunen, zur Erstattung der entstehenden Versicherungsleistungen verpflichtete (vgl. Harks 2003: 22 f.).

Am Ende der Weimarer Republik waren die wesentlichen rechtlichen Rahmenbedingungen, Normen und Organisationsstrukturen der sozialen Sicherung gegen Arbeitslosigkeit, die heute die Sozialordnung der Bundesrepublik prägen, entwickelt. Die Machtübernahme der Nationalsozialisten veränderte diese Grundstruktur insofern, als die Abschaffung der Selbstverwaltung die Verschiedenheit kommunaler Entwicklungen beendete und jede Beschäftigungsförderung in den Dienst der „Volksgemeinschaft" stellte. Damit einher gingen eine Verschärfung der Pflichtarbeit nach der RFV, die zur Arbeitserziehung wieder in Arbeitshäuser einwies, und eine Ausweitung der Notstandsarbeiten über das AVAVG. Mit Kriegsbeginn wurde das System des Arbeitszwangs weiter ausgebaut (vgl. Meendermann 1992: 38 ff.).[68]

Im dreigliedrigen sozialen Sicherungssystem[69] gegen Arbeitslosigkeit wurde das Spannungsfeld zwischen Kommodifizierung der Arbeitskraft der Erwerbstätigen und Arbeitszwang für die unfreiwillig Erwerbslosen manifestiert. Arbeitsmarktpolitik war frühzeitig nicht nur ökonomisch, sondern auch sozial- und ordnungspolitisch motiviert. Auch wenn Lohnarbeit „lange Zeit eine der unsichersten, ja unwürdigsten und elendsten Lebensstellungen" (Castel 2000: 11) bedeutete, avan-

---

67 „Die Unterstützung Arbeitsfähiger kann in geeigneten Fällen durch Anweisung angemessener Arbeit gemeinnütziger Art gewährt oder von der Leistung solcher Arbeit abhängig gemacht werden, es sei denn, daß dies eine offensichtliche Härte bedeuten würde oder ein Gesetz dem entgegensteht" (zit. nach Harks 2003: 21). Mit dieser Formulierung ähnelte § 19 RFV bereits dem § 19 BSHG.

68 Allgemeine Dienstpflicht und die Einschränkung der Arbeitnehmerfreizügigkeit trugen ebenso zur Verschärfung des Zwangs bei (vgl. Frerich/Frey 1993: 251 ff.).

69 Das Risiko unfreiwilliger Arbeitslosigkeit wurde nun mit der Arbeitslosenversicherung, der staatlichen Erwerbslosenfürsorge und der kommunalen Armenfürsorge abgefedert.

cierte die Möglichkeit, existenzsichernde Arbeit aufzunehmen, zur zentralen Frage bei der Integration der Individuen in sekundäre soziale Gemeinschaften.

Mitte des 20. Jahrhunderts schien in Zeiten nahezu errungener Vollbeschäftigung diese alte Frage für kurze Zeit gelöst. In den 1980er Jahren wurde Arbeitslosigkeit jedoch wieder ein Dauerproblem und Massenphänomen. Seit Mitte der 1980er Jahre versuchten Kommunen, mit Mitteln aktiver Beschäftigungspolitik dieser Entwicklung gegenzusteuern. Ihr Spielraum ergab sich dabei aus der Organisation der sozialen Sicherungssysteme gegen Arbeitslosigkeit. Die Fürsorge und damit die Verantwortung für die ärmsten Arbeitslosen blieben eine zentrale kommunale Aufgabe, deren Ursprung in der „Kommunalisierung der Armenfürsorge" (Sachße/Tennstedt 1980: 30 f.) der frühen Neuzeit liegt.

Die Belastungen der Sozialhilfehaushalte am Ende des 20. Jahrhunderts rührten allerdings weniger aus dem häufigen Wechsel zwischen Beschäftigung und Erwerbslosigkeit der armen Bevölkerung, sondern daher, dass die Kommunen die kontinuierliche Reduktion der Leistungen der Arbeitslosenversicherung, vor allem die durch die Abschaffung der originären Arbeitslosenhilfe resultierenden Zugangsbarrieren zum System der Arbeitslosenversicherung, über die Sozialhilfe abfangen mussten. Die Kürzung der Versicherungsleistungen wiederum ergab sich einerseits aus der prozyklischen Organisation der Arbeitslosenversicherung über lohnabhängige Beitragszahlungen, die dazu führt, dass in Zeiten hoher Arbeitslosigkeit nicht genug finanzielle Mittel zu ihrer Bekämpfung zur Verfügung stehen.[70] Andererseits liegen dieser Politik aber ebenfalls ideologische Positionen zugrunde, die mit Mitteln autoritärer Fürsorglichkeit den Druck auf die Arbeitslosen und so auch auf die Erwerbstätigen und auf die Entwicklung der Lohnkosten erhöhen wollen. Probleme mangelnder Existenzsicherung durch Erwerbstätigkeit im Niedriglohnbereich und die in ihrer Folge notwendigen staatlichen Sozialausgaben werden in einer solchen Perspektive vernachlässigt.

3.2 Rechtliche Grundlagen und Instrumente

Das dreigliedrige System der sozialen Sicherung gegen Arbeitslosigkeit blieb nach 1945 erhalten. Mit der Reinstitutionalisierung der kommunalen Selbstverwaltung nach Art. 28 Abs. 2 Grundgesetz lag die Armenfürsorge nach der RFV von 1924 wieder in den Händen der Kommunen. Wer trotz Arbeit kein existenzsicherndes

---

70 Dieses Finanzierungsmodell sieht sich allerdings auch in wirtschaftlich prosperierenden Zeiten dann grundsätzlichen Schwierigkeiten gegenüber, wenn die Zahl der versicherungspflichtigen Arbeitsverhältnisse zugunsten prekärer Beschäftigungsverhältnisse dauerhaft sinkt.

Einkommen erzielte oder aus einer nicht sozialversicherungspflichtigen Erwerbstätigkeit heraus arbeitslos wurde, blieb auf die kommunale Fürsorge, später auf Sozialhilfe, angewiesen. 1952 wurde die Bundesanstalt für Arbeitslosenversicherung und Arbeitsvermittlung gegründet. Sie arbeitete zunächst weiter nach dem AVAVG von 1927 und war für die Organisation der sozialen Sicherung von versicherten Arbeitslosen, die Arbeitsvermittlung, die Berufsberatung und für die aktive Arbeitsförderung zuständig. Neben dem Arbeitslosengeld als reiner Versicherungsleistung wurde 1956 die Arbeitslosenhilfe als staatliche Fürsorgeleistung eingeführt.[71]

3.2.1 Arbeitsmarktpolitik vom Berufsschutz zur Aktivierung

Beginnend Ende der 1950er Jahre, verstärkt in der Rezession 1966/67 traten die Folgen des industriellen Strukturwandels für die Beschäftigung zutage.[72] Wurden zunächst vor allem die passiven Leistungen ausgeweitet, um den Ausgleich am Arbeitsmarkt mit sozialpolitischen Mitteln zu befördern (vgl. Trampusch 2002), sollte mit den im Arbeitsförderungsgesetz (AFG) von 1969 festgeschriebenen Instrumenten der aktiven Arbeitsmarktpolitik der Mangel an qualifizierten Arbeitskräften bekämpft werden. Auf der Basis des Vollbeschäftigungsziels wurde in den ersten Jahren der Schwerpunkt auf die Prävention von Arbeitslosigkeit und die Vermeidung unterwertiger Beschäftigung durch Qualifizierung und Mobilitätsförderung der Arbeitnehmer sowie auf Arbeitsbeschaffungsmaßnahmen (ABM) gelegt.[73]

Seit Anfang der 1980er Jahre wurde das AFG immer wieder den wirtschaftlichen und politischen Rahmenbedingungen angepasst (vgl. Gottschall/Dingeldey 2000: 319, Trampusch 2002: 48 ff.). Spätestens Mitte der 1980er Jahre offenbarte sich jedoch mehr und mehr, dass Arbeitslosigkeit kein vorübergehendes strukturelles Problem darstellt. Mit dem Ziel der Haushaltskonsolidierung wurden die Leistungen der bundesstaatlichen Arbeitsmarktpolitik zurückgefahren.[74] Neben der Reduktion aktiver Leistungen blieben auch passive Leistungen von schrittweisen

---

71 Die Arbeitslosenhilfe war im Gegensatz zur Sozialhilfe aber nicht an Bedürftigkeit, sondern an vorherige sozialversicherungspflichtige Erwerbstätigkeit gekoppelt. Die Bezugsdauer von Arbeitslosengeld betrug zunächst 26 Wochen und wurde mit dem Finanzplanungsgesetz von 1966 auf 52 Wochen erhöht (vgl. Trampusch 2002: 46).

72 Damals deutete sich bereits an, dass die Bundesanstalt für Arbeit die Hauptlast der Kosten der strukturellen und sektoralen Arbeitslosigkeit würde tragen müssen (vgl. Trampusch 2002: 11 f.).

73 Im Bereich der beruflichen Bildung wurden anfänglich sogar Rechtsansprüche ohne versicherungsrechtliche Anwartschaften gewährt (vgl. Gottschall/Dingeldey 2000: 312).

74 So über das Arbeitsförderungskonsolidierungsgesetz 1982, das Haushaltsstrukturgesetz 1982 und die Haushaltbegleitgesetze 1983 und 1984 (vgl. Meendermann 1992: 83 f., Trampusch 2002: 48 ff.).

3.2 Rechtliche Grundlagen und Instrumente 49

Kürzungen nicht verschont. So reduzierte sich der Anspruch auf „originäre", d. h. auch ohne vorgelagerten Bezug von Arbeitslosengeld gewährte, Arbeitslosenhilfe seit 1976 kontinuierlich (vgl. Harks 2003: Fn 126 und 127).

Nach 1990 wurde versucht, der sprunghaft steigenden Arbeitslosigkeit in den neuen Bundesländern mit massivem Einsatz der arbeitsmarktpolitischen Instrumente Kurzarbeit, Frühverrentung, Qualifikation und ABM entgegenzuwirken.[75] Die enormen Belastungen der Arbeitslosenversicherung durch die Folgen der Vereinigung führten jedoch bald zu weiteren Einschnitten in das System der Versicherungsleistungen. Mit der 10. Novelle des AFG 1993 entfiel die sog. Aufstiegsfortbildung. Weiterbildung wurde damit vom Rechtsanspruch auf eine Ermessensleistung zurückgeschraubt, Mobilitätsförderung am Arbeitsmarkt wird seitdem nicht mehr in Richtung sozialen Aufstiegs betrieben. Hinzu kam eine erste drastische Reduktion der Förderung von ABM. Mit den Konsolidierungs- und Wachstumsgesetzen von 1994 wurde die originäre Arbeitslosenhilfe auf ein Jahr begrenzt und mit dem Beschäftigungsförderungsgesetz im gleichen Jahr die tarifliche Bezahlung für ABM abgeschafft. Mit dem Ziel der Flexibilisierung des Arbeitsmarktes wurden neue Instrumente zur Förderung von Teilzeitbeschäftigung und der Aufnahme selbständiger Tätigkeit eingeführt. Darüber hinaus fiel das Vermittlungsmonopol der Bundesanstalt für Arbeit. Das Arbeitslosenhilfereformgesetz 1994 eröffnete die Möglichkeit, Arbeitslose untertariflich und arbeitsmarktfern in Gemeinschaftsarbeiten zu beschäftigen. Diese Änderungen sind Ausdruck einer stärker konservativen Arbeitsmarktpolitik,[76] die nicht mehr darauf gerichtet ist, jedem Arbeitsuchenden unter Wahrung des Berufsschutzes die Möglichkeit eines „Normalarbeitsverhältnisses" zu eröffnen (vgl. Heinelt/Weck 1998: 15 ff., Schmid/ Blancke 1998: 941 ff.).

Mit dem im Arbeitsförderungsreformgesetz (SGB III) von 1998 erklärten Verzicht auf das Vollbeschäftigungsziel wurde die Selbstverantwortung der Arbeitnehmer und der Arbeitsuchenden unter dem Leitbild des „aktivierenden Staates" zur Voraussetzung jeder staatlichen Beschäftigungsförderung. Eine Reduktion der Leistungen der passiven wie der aktiven Arbeitsmarktpolitik sowie die Verschärfung von Zumutbarkeitsregelungen und Sanktionsdrohungen sollten Arbeitsanreize erhöhen.[77] Zugleich wurde im Rahmen des Neuen Steuerungsmodells die

---

75 Zu den arbeitsmarktentlastenden Effekten vgl. Bach et al. (2002: 4 f.).
76 Zur Typisierung von Wohlfahrtsstaaten vgl. Esping-Andersen (1990).
77 So wurde ab 1998 jede Arbeit, mit der 80 Prozent des bisherigen Einkommens erzielbar sind, zumutbar. Nach mehr als sieben Monaten Arbeitslosigkeit galt jede Arbeit als zumutbar, mit der ein Nettoeinkommen in Höhe des Arbeitslosengeldes, also 60 Prozent der vorherigen Einkommens, erzielbar ist (vgl. § 121 SGB III). Zugleich wurde mit dreimonatiger Sperre der Versicherungsleistung bei Ablehnung einer in diesem Sinne zumutbaren Arbeit gedroht (§ 144 SGB III). Damit war

Eigenverantwortung der Arbeitsämter gestärkt und die Qualitätskontrolle von Eingliederungsmaßnahmen eingeführt.[78] Die Konzentration der Arbeitsverwaltung auf Beratung, Vermittlung und Eingliederung in den ersten Arbeitsmarkt über Einstellungszuschüsse und Eingliederungsvereinbarungen als neue Instrumente ging einher mit der Reduktion der Aufwendungen für Instrumente zur Förderung des zweiten Arbeitsmarktes. Mit der Orientierung am Versicherungsprinzip blieb das Problem der prozyklischen Finanzierung aktiver Arbeitsmarktpolitik, also des Mangels an finanziellen Ressourcen in wirtschaftlichen Krisenzeiten durch die Kopplung der Beiträge an die Arbeitseinkommen, aber weiterhin bestehen.

Die rot-grüne Bundesregierung erklärte den Abbau der Arbeitslosigkeit zum wichtigsten Ziel ihrer Politik.[79] Dabei konzentrierte sie sich zunächst nicht auf Gesetzesänderungen, sondern auf die verstärkte Förderung spezieller Zielgruppen unter dem gerade in Kraft getretenen SGB III. So stellte das 1999 eingeführte „Sofortprogramm der Bundesregierung zum Abbau der Jugendarbeitslosigkeit" (JUMP) zusätzliche Mittel für Ausbildungsvorbereitung, außerbetriebliche Ausbildungsmaßnahmen, Lohnkostenzuschüsse und Jugend-ABM zur Verfügung (vgl. Dietrich 2003). Die Reduktion der Leistungsansprüche aus dem SGB III wurde jedoch fortgesetzt und Anfang 2000 die originäre Arbeitslosenhilfe abgeschafft (vgl. Gagel 2002: XXII).[80]

---

faktisch der Berufs- und Entgeltschutz aufgehoben. Die Faulheitsdebatte (vgl. Oschmiansky et al. 2003) sowie der liberale Diskurs über sog. Wohlstandsarbeitslosigkeit und die Armutsfalle zeigten ihre Wirkung (zum Terminus der Wohlstandsarbeitslosigkeit vgl. Altmann [2000: 108], zur Diskussion um die Armutsfalle vgl. Gebauer et al. [2002: 32 ff.]).

78 Zum neuen Steuerungsmodell der Arbeitsverwaltung vgl. Reissert (2001).
79 In der Koalitionsvereinbarung aus dem Jahr 1998 finden sich u. a. die Förderung von Teilzeitarbeit, Überstundenabbau, Arbeitnehmerbeteiligung, die Bekämpfung der Jugendarbeitslosigkeit, Förderung des Mittelstandes, die Bekämpfung von geringfügiger Beschäftigung und Scheinselbständigkeit, die Förderung privater Dienstleistungsagenturen, die Stärkung des Kündigungsschutzes sowie die Förderung von Arbeit statt Arbeitslosigkeit als arbeitsmarktpolitische Ziele der Regierung.
80 Ansprüche auf Leistungen aus der Arbeitslosenversicherung erwarb nunmehr, wer innerhalb der letzten drei Jahre vor der Arbeitslosigkeit mindestens zwölf Monate versicherungspflichtig beschäftigt war (vgl. §§ 123, 124, 190 und 192 SGB III). Mit dieser Regelung wurde für die betroffenen Personen auch der Zugang zu Leistungen der aktiven Arbeitsmarktpolitik verschlossen. Ihnen blieben lediglich die Leistungen der Sozialhilfe, was die Sozialhaushalte der Kommunen zusätzlich belastete (vgl. §§ 57, 80, 263, 274 und 279a SGB III). In den folgenden Jahren wurden auch die vollständige Abschaffung der Arbeitslosenhilfe und die Überführung in ein gemeinsames System für Arbeitslosenhilfe- und Sozialhilfeempfänger zunehmend offensiver diskutiert (vgl. Kaltenborn 2002). Diese Diskussion ergab sich aus der immer wieder umstrittenen „Schnittstellenproblematik" durch die „Drehtüreffekte" zwischen Arbeitslosen- und Sozialhilfe (vgl. Sell 1999, Fels et al. 2000).

3.2 Rechtliche Grundlagen und Instrumente

Parallel zur Exklusion kurzfristig sozialversicherungspflichtig Beschäftigter aus dem System der Versicherungsleistungen wurde mit dem im Jahre 2002 in Kraft getretenen Job-AQTIV-Gesetz mittels Eingliederungsvereinbarungen und Förderung der Eigenbemühungen die Aktivierungspolitik gegenüber den Empfängern von Leistungen der Arbeitslosenversicherung verstärkt. Das Job-AQTIV-Gesetz trieb daneben den Ausbau der Vermittlungsaktivitäten und die Serviceorientierung der Bundesanstalt für Arbeit voran.[81]

Die angestrebte Modernisierung der Arbeitsförderung durch das Job-AQTIV-Gesetz geriet jedoch schon im Frühjahr 2002 in politische Turbulenzen. Der sog. Vermittlungsskandal erhöhte den Reformdruck im Vorfeld der Bundestagswahl (vgl. Adamy 2002, Karasch 2004). Die Bundesregierung beschloss einen „Zweistufenplan für kunden- und wettbewerbsorientierte Dienstleistungen am Arbeitsmarkt", deren erste Stufe u. a. die Modernisierung der Leitungsstrukturen der Bundesanstalt für Arbeit nach betriebswirtschaftlichen Prinzipien, den Ausbau der Vermittlungsoffensive, die Aufhebung der Erlaubnispflicht für private Arbeitsvermittlung sowie verstärkten Wettbewerb mit privaten Dienstleistern umfasste (vgl. Kommission Moderne Dienstleistungen am Arbeitsmarkt 2002: 12 f.).[82]

Neben diesen Sofortmaßnahmen beauftragte die Bundesregierung eine Expertenkommission unter Leitung von Peter Hartz mit der Erarbeitung von Empfehlungen für eine weitreichende Strukturreform der Bundesanstalt für Arbeit. Die Kommission „Moderne Dienstleistungen am Arbeitsmarkt" hatte vor allem den Auftrag, ein Konzept zum Umbau der Bundesanstalt für Arbeit zu einem modernen Dienstleister vorzulegen (vgl. ebd.: 14 ff.). Dieser Umbau sollte sich auf Verwaltungsmodernisierung, Dezentralisierung von Verantwortung und Neugestaltung der Selbstverwaltung konzentrieren, wobei Vermittlung, Auszahlung von Lohnersatzleistungen und aktive Arbeitsmarktpolitik als Kernaufgaben öffentlicher Arbeitsmarktdienstleistungen definiert blieben. Zudem war die Kommission beauftragt, Organisationsmodelle für die Zusammenlegung von Arbeitslosen- und Sozialhilfe zu entwickeln. Alle erwerbsfähigen Arbeitsuchenden sollten dabei nach den Vorstellungen der Bundesregierung im Rahmen eines „one-stop center" betreut und vermittelt werden.

---

81 Zugleich wurde über das Job-AQTIV-Gesetz ein hoher Beschäftigungsstand wieder in den Zielkatalog des SGB III eingeführt (vgl. Gagel 2002: XII).

82 Der Wettbewerb zwischen öffentlichen und privaten Anbietern von Arbeitsmarktdienstleistungen wurde durch die Einführung von Vermittlungsgutscheinen und die erweiterten Möglichkeiten der Beauftragung Dritter mit Vermittlungsdienstleistungen durch das „Gesetz zur Vereinfachung der Wahl der Arbeitnehmervertreter in den Aufsichtsrat" ab 2002 zusätzlich befördert (vgl. BGBl. I, 2002, Nr. 20: 1130 ff.).

In Umsetzung der im August 2002 vorgelegten Vorschläge der Kommission wurden Anfang 2003 mit den ersten beiden „Gesetzen für moderne Dienstleistungen am Arbeitsmarkt" zunächst neue Instrumente zur Erschließung von Beschäftigungspotentialen im Niedriglohnbereich und zur Förderung der Selbständigkeit eingeführt, die Vermittlungsaktivitäten verstärkt und die Förderstrukturen der beruflichen Weiterbildung auf Bedarfsorientierung umgestellt.[83] Parallel zur Einführung neuer Instrumente der Beschäftigungsförderung zeichnete sich eine zunehmend restriktive Politik ab, die unter dem Leitmotiv der Aktivierung zur Einschränkung von Arbeitnehmerrechten beitrug. Die gezielte Ausweitung des Niedriglohnsektors und die Verschärfung der Zumutbarkeitsregelung hoben den Berufs- und Entgeltschutz auf und führten zur Ausbreitung prekärer Beschäftigungsverhältnisse (vgl. Becker/Wiedemeyer 2002, Trube/Wohlfahrt 2003).

Das „Dritte Gesetz für moderne Dienstleistungen am Arbeitsmarkt" zielte vor allem auf die Reform der Bundesanstalt für Arbeit zu einer modernen Dienstleistungsorganisation.[84] Dieser Teil der Reform, der seine lokale Entsprechung in der Organisationsstruktur des „Kundenzentrums" findet, wurde seit Anfang 2004 in mehreren Wellen umgesetzt (vgl. Ochs/Schütz 2005).

Mit dem Einzug des Prinzips des „Förderns und Forderns" als Leitbild der aktivierenden Arbeitsmarktpolitik sowohl in den öffentlichen Diskurs als auch in die Verwaltungskultur der Bundesagentur für Arbeit, mit der Einführung von Wettbewerb und Ergebnisorientierung in den Binnenbeziehungen der Bundesagentur wie auch in Bezug auf die Leistungserbringung durch private Dritte sollten vor allem die Kosten der Verwaltung der Arbeitslosigkeit reduziert werden. Die Bedingungen der Nachfrage am Arbeitsmarkt verschärften sich indes eher. So sank die Zahl der sozialversicherungspflichtig Beschäftigten von 2000 bis Anfang 2005 um 5 Prozent, wobei der Einbruch im Osten deutlicher und früher einsetzte als im Westen (Bundesagentur für Arbeit 2005b: 9 ff.). Ein Zusammenhang mit den durch die „Hartz-Gesetze" eingeführten Instrumenten zur Förderung des Niedriglohnbereichs ist dabei deutlich erkennbar (vgl. Bundesagentur für Arbeit 2004b: 12 f.).

---

83 „Hartz I" sieht u. a. die grundlegende Privatisierung der Arbeitnehmerüberlassung, die Förderung der Personal-Service-Agenturen, verschärfte Regelungen zu Melde- und Sperrzeiten sowie Zumutbarkeiten, die Absenkung der Freibeträge der Vermögensanrechnung, eine Lockerung der begrenzenden Regelungen für befristete Arbeitsverhältnisse und die Förderung von Niedriglohn-Arbeitsverhältnissen (Mini-Jobs) vor (vgl. BGBl. 2002, Teil I, Nr. 87: 4607 ff.). „Hartz II" führt u. a. Existenzgründungszuschüsse für Ich-AGs und Familien-AGs ein und hebt die Einkommensgrenze für abgabenreduzierte geringfügige Beschäftigung etc. (vgl. BGBl. 2002, Teil I, Nr. 87: 4621 ff.).

84 Zentrale Aspekte dieser Reform waren die Einführung von managerialen Steuerungsinstrumenten, die eine stärkere Outputorientierung bewirken sollen. Ihren Ausdruck fand die neue Dienstleistungsorientierung in der Umbenennung der Bundesanstalt in „Bundesagentur für Arbeit".

Der mit dem „Vierten Gesetz für moderne Dienstleistungen am Arbeitsmarkt" eingeleitete Regimewechsel in der bundesdeutschen Arbeitsmarktpolitik wird später näher beleuchtet (vgl. Kapitel 7). Hier soll zunächst die Entwicklung der dem arbeitsmarktpolitischen Instrumentarium bis 2004 institutionell gegenüberstehenden Sozialhilfe nachgezeichnet werden.

3.2.2 Bundessozialhilfegesetz zwischen Daseinsfürsorge und Arbeitszwang

In den Anfangsjahren der Bundesrepublik galt im Bereich der Armenfürsorge die Reichsfürsorgepflichtverordnung fort. Das Kriterium der Arbeitsfähigkeit wurde bei der Überprüfung der Hilfebedürftigkeit beibehalten. Allerdings war die neue Fürsorgepolitik stärker auf die Wiederherstellung der Arbeitsfähigkeit als auf die Überprüfung der Arbeitsbereitschaft ausgerichtet (vgl. Meendermann 1992: 41 ff.). Mit der Einführung des BSHG im Jahre 1962 wurde das repressive System der traditionellen Armenfürsorge durch den individuellen Rechtsanspruch auf Hilfeleistung auf die Unterstützung individueller Notlagen durch die Gemeinschaft umgestellt. Dabei sollte Sozialhilfe auf der Grundlage von Bedürftigkeitsprüfung und Nachrangigkeit als steuerfinanzierte Leistung im Einzelfall „die Führung eines Lebens ermöglichen, das der Würde des Menschen entspricht" (§ 1 Abs. 2 Satz 1 BSHG).

Die §§ 18–20 BSHG boten die Möglichkeit, über die verschiedenen Instrumente der Hilfe zur Arbeit Beschäftigungsmöglichkeiten für Hilfeempfänger zu schaffen. Nach § 25 war eine Verpflichtung zur Arbeit festgeschrieben. Die Möglichkeit der Einlieferung „arbeitsscheuer" Menschen in geschlossene Anstalten fand über § 26 Eingang in das Instrumentarium des BSHG (ebd.: 44 und 74, FN 3). Bis Mitte der 1970er Jahre verbesserte sich die Rechtsstellung der Hilfesuchenden nach dem BSHG zunächst mehrfach, so z. B. 1974 durch die Streichung des § 26. Im Zuge der Wirtschaftskrise wurden über das Haushaltsstrukturgesetz 1982 und die Haushaltbegleitgesetze 1983 und 1984 ebenso wie im Arbeitsförderungsgesetz Leistungen massiv eingeschränkt und die Kriterien der Zumutbarkeit verschärft. Gleichzeitig begann angesichts steigender kommunaler Kosten der Arbeitslosigkeit Anfang der 1980er Jahre der Einsatz der Hilfe zur Arbeit nach § 19 Abs. 2 BSHG.[85]

---

85 In Berlin wurden 1982 erstmals Migranten in Hilfe zur Arbeit nach § 19 Abs. 2 BSHG (Mehraufwandvariante) für gemeinnützige Tätigkeiten eingesetzt. Die Arbeitsaufforderung wurde, begleitet von Diskussionen um Sozialhilfemissbrauch, kombiniert mit § 25 BSHG, der bei Arbeitsverweigerung Restriktionen vorsieht. In Hamburg dagegen wurden 1983 Arbeits- und Beschäftigungsgesellschaften gegründet, die nach § 19 Abs. 2 BSHG (Entgeltvariante) Sozialhilfeempfänger in sozialversicherungspflichtigen Jahresarbeitsverträgen beschäftigten (vgl. Meendermann 1992: 88 ff.).

Die Tendenz der Leistungskürzung und der Verschärfung des Arbeitszwangs hielt in den 1990er Jahren an. 1993 wurden eine prozentuale Begrenzung der Regelsatzanpassung, reduzierte Mehrbedarfszuschläge und die Stärkung der Arbeitspflicht durchgesetzt. Zwar brachte die Einführung des Asylbewerberleistungsgesetzes 1993 und der Pflegeversicherung 1995 eine kurzzeitige Entlastung der kommunalen Sozialhaushalte, die steigende Zahl der Sozialhilfeempfänger führte jedoch zu weiter wachsenden Sozialausgaben. Mit der Reform des Sozialhilferechts 1996 wurden neben weiteren Leistungsbeschränkungen einerseits die Kürzung der Sozialhilfe um 25 Prozent bei Arbeitsverweigerung nach § 25 und andererseits mit § 18 Abs. 4 und 5 neue Anreizinstrumente zur Beschäftigung von Sozialhilfeempfängern eingeführt (vgl. Deutscher Bundestag 1998: 2 f.).

Der Umfang der im Rahmen der Hilfe zur Arbeit nach dem BSHG durchgeführten Beschäftigungsmaßnahmen ist kaum zu überschauen. Zwar veröffentlichte der Deutsche Städtetag seit Mitte der 1990er Jahre regelmäßig Ergebnisse einer Umfrage unter seinen Mitgliedern (vgl. Fuchs/Spengler 1995 und 1997, Fuchs/Troost 2001 und 2003); inwieweit die dabei zugrunde gelegte Hochrechnung tatsächlich ein repräsentatives Bild über den Einsatz der beschäftigungsfördernden Instrumente des BSHG vermittelt, bleibt unklar.[86] Unzweifelhaft ist dagegen, dass die Hilfe zur Arbeit dort, wo sie aktiv eingesetzt wurde, einen erheblichen Teil des lokalen Spektrums beschäftigungspolitischer Maßnahmen darstellte.

Nicht zuletzt deshalb war sie immer auch politisch umstritten. Arbeitgeberverbände und Gewerkschaften monierten die teilweise zu große Nähe der Beschäftigungsmaßnahmen zum regulären Arbeitsmarkt, wodurch sie Auftragsverluste bzw. Arbeitsplatzabbau befürchteten. Gewerkschaften und kommunale Personalvertretungen kritisierten die Erledigung kommunaler Aufgaben mittels untertariflicher Bezahlung und befristeter Beschäftigungsverhältnisse über die Hilfe zur Arbeit. Die Bundesagentur für Arbeit und die Tarifparteien hatten kein Interesse an der Verschiebung ehemaliger Sozialhilfeempfänger in den Leistungskreis des SGB III durch befristete sozialversicherungspflichtige Beschäftigung im Rahmen der Hilfe zur Arbeit. Die Kommunen hingegen sahen darin ein probates Mittel, ihre Sozialhaushalte zu konsolidieren oder dies zumindest zu versuchen.

---

86   Erstens unterscheiden sich die Mitgliederstrukturen der drei kommunalen Spitzenverbände deutlich, und die Aktivitäten der Großstädte müssen von den kleineren Städten und den Landkreisen nicht in ähnlicher Größenordnung übernommen worden sein. Zweitens antwortete jeweils nur ein Teil der befragten Kommunen; ob die anderen Beschäftigungsprojekte in vergleichbarem Umfang durchführten, ist nicht bekannt. Die Hochrechnungen des Deutschen Städtetages bildeten aber dennoch ein argumentatives Gewicht in der Diskussion um die Dezentralisierung der Aufgabenverteilung im Bereich der Arbeitsmarkt- und Beschäftigungspolitik. Zur Bewertung der Umfragen vgl. auch Deutscher Bundestag (1998: 8).

3.2.3 Instrumente kommunaler Beschäftigungspolitik 1962 bis 2004

Der Handlungsspielraum kommunaler Beschäftigungspolitik wurde bis zur Einführung des SGB II im Jahre 2005 wesentlich durch die rechtlichen und finanziellen Rahmenbedingungen des BSHG, des KJHG und des SGB III bestimmt.

Die beschäftigungspolitischen Instrumente des bis zur Einführung des SGB II im Januar 2005 geltenden *BSHG* waren in §§ 18–20, 25 und 30 festgeschrieben. Darunter regelten §§ 18–20 die verschiedenen Möglichkeiten der sog. Hilfe zur Arbeit für Sozialhilfeempfänger über die Instrumente:

♦ Lohnkostenzuschuss an die Arbeitgeber nach § 18 Abs. 4,
♦ Eingliederungszuschuss an die Arbeitnehmer nach § 18 Abs. 5,
♦ befristete reguläre Arbeitsgelegenheiten nach § 19 Abs. 1,
♦ befristete gemeinnützige und zusätzliche Arbeitsgelegenheiten nach § 19 Abs. 2; darunter sozialversicherungspflichtige Arbeitsverträge (Entgeltvariante) und Beschäftigungsmöglichkeiten, bei denen die Zahlung der Hilfe zum Lebensunterhalt beibehalten und durch eine Entschädigung für Mehraufwendungen ergänzt wurde (Mehraufwandsvariante), sowie
♦ Prüfung der Arbeitsbereitschaft nach § 20 durch Schaffung von befristeten Arbeitsgelegenheiten, die der Gewöhnung an Arbeit dienen sollten.
♦ Darüber hinaus ermöglichte § 30 BSHG die Hilfe zum Aufbau oder zur Sicherung der Lebensgrundlage durch eigene Tätigkeit für Personen, die auf Sozialhilfe angewiesen waren.

Die Instrumente nach § 18, § 19 Abs. 1 und § 19 Abs. 2 (Entgeltvariante) begründeten sozialversicherungspflichtige Arbeitsverhältnisse. Dagegen gaben § 19 Abs. 2 (Mehraufwandsvariante) und § 20 in Kombination mit § 25, der Leistungseinschränkungen bei Verweigerung zumutbarer Arbeit regelte, der kommunalen Beschäftigungspolitik Instrumente in die Hand, gerade sozial weniger kompetente und weniger qualifizierte Hilfeempfänger auch in eine Arbeit zu zwingen, die nicht der Entwicklung der Persönlichkeit oder der Verbesserung der Chancen am Arbeitsmarkt diente (vgl. Gangl 2000, Buhr et al. 1998).

Die *Jugendberufshilfe* ist – auch über die Einführung der Grundsicherung für Arbeitslose nach dem SGB II hinaus – über die Jugendsozialarbeit nach § 13 SGB VIII (früher KJHG) in die kommunale Zuständigkeit gelegt. Sie soll Unterstützung bei der beruflichen Ausbildung und der Eingliederung in die Arbeitswelt bieten, um das Recht junger Menschen auf Förderung ihrer Entwicklung und auf Erziehung zu eigenverantwortlichen und gemeinschaftsfähigen Persönlichkeiten nach § 1 SGB VIII zu gewährleisten. Die Leistungen der Jugendsozialarbeit nach § 13

Abs. 1 bestehen beispielsweise in Beratung und Förderung der Erlangung von Schul- und Ausbildungsabschlüssen. Nach § 13 Abs. 2 besteht darüber hinaus die Möglichkeit, spezielle kommunale Ausbildungs- und Beschäftigungsmaßnahmen für sozial benachteiligte oder individuell beeinträchtigte Jugendliche zu schaffen, wenn die Maßnahmen anderer Institutionen – vor allem nach dem SGB III – nicht ausreichen (vgl. Sauermann 2001).[87]

Die Umsetzung des *SGB III* und landes- und bundespolitischer *Sonderprogramme* sowie europäischer Strukturförderungsprogramme zur Beschäftigungsförderung von Arbeitslosen liegt zwar weitestgehend in den Händen der lokalen Agenturen für Arbeit. Die Kommunen sind aber in diese Umsetzung in verschiedenen Formen eingebunden. Sie können als Träger von oder Beteiligte an Beschäftigungs- und Qualifizierungsgesellschaften direkt mit der regionalen Arbeitsverwaltung bei der Schaffung von Arbeitsplätzen im öffentlichen Sektor kooperieren[88] oder ihre eigene Personalpolitik durch temporäre Beschäftigung von über das SGB III geförderten Arbeitnehmern in Regie-ABM flexibilisieren.[89]

Unabhängig von der strukturellen Einbindung kamen und kommen dabei vor allem folgende Instrumente des SGB III zum Einsatz:

- Arbeitsbeschaffungsmaßnahmen als Regie-ABM (zusätzliche und im öffentlichen Interesse liegende Arbeiten) nach § 260 Abs. 1 und 2 sowie § 261 ff. oder
- als Vergabe-ABM (Arbeiten im gewerblichen Bereich, durchgeführt von Wirtschaftsunternehmen) nach § 260 Abs. 3 und § 262,
- Strukturanpassungsmaßnahmen (SAM) nach § 272 ff. (bzw. zuvor § 249h AFG) und
- Beschäftigung schaffende Infrastrukturförderung (BSI) nach § 279a.

Insbesondere über die Beschäftigungsprogramme der Europäischen Union und des Bundes standen den Kommunen zusätzliche finanzielle Mittel für die Beschäftigungsförderung zur Verfügung. Mit den Sonderprogrammen des Bundes JUMP Plus und AfL, deren Umsetzung zur Verwaltungsvereinfachung in kommunale Verantwortung übertragen wurde, konnten die Kommunen in Kooperation mit den regionalen Agenturen für Arbeit zusätzliche finanzielle Mittel für Maßnahmen nach §§ 18 und 19 BSHG einsetzen. Die Bundesländer legten ab Ende der 1990er

---

87 Mit § 3 Abs. 2 SGB II wird die Verantwortung der Träger der Grundsicherung für die berufliche und Arbeitsmarktintegration Jugendlicher verstärkt. So soll allen erwerbsfähigen Hilfebedürftigen unverzüglich Arbeit, Ausbildung oder eine Arbeitsgelegenheit vermittelt werden.
88 Zu Beschäftigungsgesellschaften vgl. z. B. Knecht (2004), Saeed (1999) oder Hild (1997).
89 Zum Umfang und zu Einsatzgebieten von ABM in der kommunalen Verwaltung vgl. Fuchs/Spengler (1995, 1997) und Fuchs/Troost (2001, 2003).

Jahre spezielle Landesprogramme zur Umsetzung der Europäischen Beschäftigungsstrategie auf, darunter auch solche, die den Kommunen Mittel des Europäischen Strukturfonds zur Beschäftigung von mehrfach benachteiligten Zielgruppen, zur Förderung territorialer Beschäftigungspakte oder zur Förderung lokalen sozialen Kapitals zur Verfügung stellten.[90]

Über die Instrumente der direkten Ausbildungs- und Arbeitsförderung nach BSHG, SGB III und SGB VIII hinaus wurden Kommunen in der „alten Welt" der Gültigkeit des BSHG als korporative Akteure in ihrer Rolle als Arbeitgeber, Wirtschaftsförderer, Mitglieder der Selbstverwaltung der Arbeitsämter, Geldgeber für Projekte freier Träger und als Moderatoren zivilgesellschaftlicher Prozesse[91] beschäftigungspolitisch aktiv. Welche Wege sie dabei gingen, wie sie die verschiedenen Instrumente einsetzten, welche Schwerpunkte sie setzten und welche beschäftigungspolitischen Ziele sie verfolgten, lag weitgehend in der Entscheidung der Akteure der kommunalen Selbstverwaltung.

3.3 Der Zielkonflikt kommunaler Beschäftigungsförderung

Folgt man Achim Trube (1997: 131 ff.), so bewegte sich kommunale Beschäftigungsförderung nach dem BSHG im Trilemma von Arbeitsmarktintegration, Sozialintegration und fiskalischem Ertrag. Die Instrumente kommunaler Beschäftigungsförderung ermöglichten Beschäftigung im ersten oder zweiten Arbeitsmarkt. Befristete Beschäftigung mit oder ohne Qualifizierung auf dem zweiten Arbeitsmarkt konnte dabei so gestaltet werden, dass Übergänge in den ersten Arbeitsmarkt ermöglicht bzw. erleichtert wurden, sie konnte aber auch zur Erledigung zusätzlicher Aufgaben im kommunalen Interesse genutzt werden. Das Ziel der Arbeitsmarktintegration[92] wurde vor allem bei Langzeitarbeitslosen um das Ziel der Sozialintegration ergänzt.

---

90 Für die Landesprogramme der 1990er Jahre vgl. Deutscher Bundestag (1998: 27–28). Mit den auf lokale beschäftigungspolitische Initiativen zielenden Leitlinien zur Europäischen Beschäftigungsstrategie (vgl. www.europa.eu.int/comm/employment_social/employment_strategy/guidelines_ de.htm) und den daraus abgeleiteten Fördermöglichkeiten wuchs die Zahl der Landesprogramme spürbar an. Ein vollständiger Überblick ist angesichts der Vielfalt und der föderalen Strukturen kaum zu gewinnen. Zum Vergleich der Beschäftigungsprogramme der Länder vgl. auch Schmid/ Blancke (2001) und Buchegger-Traxler et al. (2003).

91 Zur europäischen Strategie der lokalen Beschäftigungsbündnisse vgl. Huget (2002), zu lokalen Netzwerken vgl. Oppen/Strassheim (2002) und Brülle (2002), zu lokalen Bündnissen für Arbeit vgl. Kißler/Wiechmann (2003).

92 Hier ist Integration in den ersten Arbeitsmarkt gemeint, obwohl es begrifflich trennschärfer wäre, über Integration in ungeförderte Beschäftigung zu sprechen.

Längerfristig vom Erwerbsleben ausgegrenzte Personen haben oft psychosoziale Probleme, die aus dem Verlust der Zeitstrukturen oder sozialer Bindungen resultieren. Neben nachlassenden sozialen Kompetenzen und sinkendem Selbstbewusstsein ist für viele Langzeitarbeitslose durch die Folgen anhaltender Armut, Schulden oder Suchtprobleme der Weg in Erwerbsarbeit in besonderer Weise erschwert (vgl. Friedrich/Wiedemeyer 1998: 43 ff.). Die sozialpolitische Zieldimension der Hilfe zur Arbeit setzte deshalb am Hilfeauftrag der kommunalen Sozialpolitik an und sollte über die Integration in Beschäftigungsverhältnisse zur Rückgewinnung und Weiterentwicklung sozialer Kompetenzen, zum Abbau von Schulden, zur Wiederherstellung sozialer Kontakte und zur Wiederherstellung der Beschäftigungsfähigkeit beitragen.

Arbeitsmarkt- und Sozialintegration bilden zumindest teilweise gegenläufige Ziele. Mittels geförderter Beschäftigung sollte zum einen relativ gut qualifizierten Hilfeempfängern der Übergang in den ersten Arbeitsmarkt gelingen, zum anderen sollten gerade jene mehrfach benachteiligten Sozialhilfeempfänger im zweiten Arbeitsmarkt beschäftigt werden, deren Aussicht auf eine reguläre ungeförderte Tätigkeit auch nach erfolgreich durchlaufenen Maßnahmen relativ gering blieb. Angesichts knapper Kassen und des Erfolgsdrucks auf die Maßnahmeträger bestand dabei immer auch die Tendenz, sozialintegrative Maßnahmen für besonders benachteiligte Gruppen zugunsten erfolgversprechender arbeitsmarktintegrativer Maßnahmen für leichter integrierbare Hilfeempfänger zu vernachlässigen.[93]

Die Instrumente der Beschäftigungsförderung standen angesichts der schwierigen Finanzlage der Kommunen Ende der 1990er Jahre verstärkt unter dem Vorbehalt der fiskalischen Effizienz. Beschäftigungsfördernde Maßnahmen nach dem BSHG wurden zunehmend unter der Zielstellung durchgeführt, die kommunalen Sozialhaushalte von den Leistungen der Sozialhilfe für erwerbsfähige Hilfeempfänger zu entlasten. Dies gelang, wenn sozialversicherungspflichtige Maßnahmen von zwölfmonatiger Dauer durchgeführt wurden, in deren Anschluss die Teilnehmer unabhängig von der Erreichung des Ziels der Arbeitsmarktintegration zumindest in die Leistungen des SGB III und damit in die Finanzverantwortung der Bundesagentur für Arbeit wechselten. Das Ziel der Haushaltskonsolidierung über mikropolitisch effiziente Maßnahmen kollidierte mit arbeitsmarkt- und sozialintegrativen Zielstellungen. Es entstanden Selektionseffekte zugunsten besser qualifizierter und „teurer" Hilfesuchender (vgl. Trube 1997, Lang et al. 2001, Schneider

---

93 Weitere grundsätzliche Probleme sind die Abgrenzung möglicher Beschäftigungsfelder und die Vermeidung von Konkurrenz sowie die Qualifikation der Beschäftigten. Da geförderte Beschäftigung im zweiten Arbeitsmarkt zusätzlich und gemeinnützig sein muss, vermittelt sie nicht automatisch jene Kompetenzen und Arbeitserfahrungen, die für eine anschließende Beschäftigung im ersten Arbeitsmarkt wesentlich sind.

2001). Zugunsten einer Fokussierung auf kommunalpolitische Effizienz stand die nachhaltige Effektivität von Maßnahmen im Zielsystem oftmals zurück.[94] Praktiker der kommunalen Beschäftigungsförderung argumentierten dagegen, das Trilemma von Arbeitsmarktintegration, Sozialintegration und Haushaltskonsolidierung könne bearbeitet werden, wenn durch die Kommunalpolitik strategische Prioritäten bestimmt und entsprechende Maßnahmenbündel politisch legitimiert würden, die dann die Arbeitsgrundlage kommunaler Beschäftigungsförderung bildeten (vgl. Fuchs/Schulze-Böing 1999, Brülle/Reis 2001, Bertelsmann Stiftung et al. 2001, Radloff 2002, Brülle 2002).

3.4 Entwicklung von Langzeitarbeitslosigkeit und Sozialhilfebezug

Die Arbeitslosigkeit in der Bundesrepublik Deutschland verharrt auf hohem Niveau. Im Jahresdurchschnitt 2004 wurden 4,38 Mio. Arbeitslose gezählt. Insgesamt wa-

Abbildung 1: Langzeitarbeitslose, Bestand im Jahresdurchschnitt 1982–2004 (in Tausend)

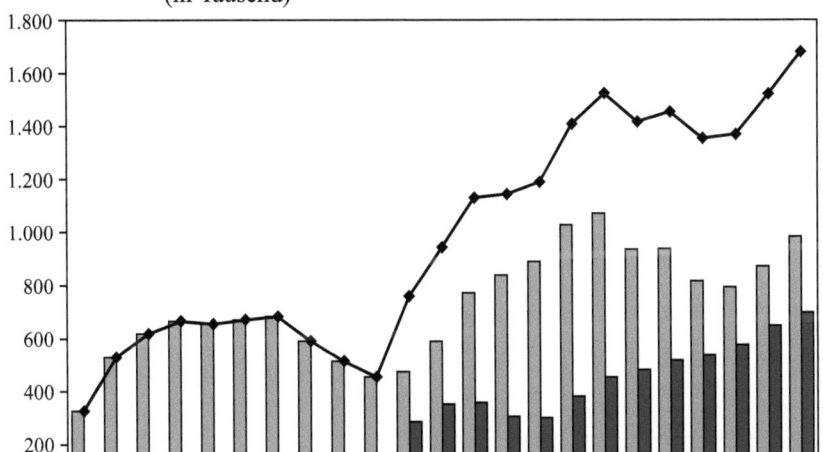

Quellen: www.sozialpolitik-aktuell.de/datensammlung/4/tab/tabIV27.doc; Bundesagentur für Arbeit (2005c: 27–29); eigene Berechnungen.

---

94 Zu den Möglichkeiten des Umgangs mit den Zielkonflikten vgl. Kapitel 4.3.2.

ren im Jahre 2004 38,4 Prozent aller registrierten Arbeitslosen länger als zwölf Monate ohne Arbeit (Bundesagentur für Arbeit 2005a: 66; vgl. Abbildung 1). Die durchschnittliche Dauer des Arbeitslosenhilfebezugs erhöhte sich zwischen 1996 und 2003 von 36,7 auf 43,2 Wochen (Bundesagentur für Arbeit 2005a: 76). Die vom Bund zu finanzierenden Gesamtkosten für Arbeitslosenhilfe inklusive der Beiträge zu den Sozialversicherungen stiegen zwischen 2002 und 2004 um 4 Mrd. Euro auf rund 18,76 Mrd. Euro (vgl. Statistisches Bundesamt 2005b).[95]

Während die Bundesagentur für Arbeit auf die Mehrbelastungen durch steigende Arbeitslosenzahlen vor allem mit Begrenzungen der aktiven Leistungen des SGB III und einer Umsteuerung hin zu kurzfristigen und arbeitsmarktnahen Instrumenten sowie mit der Verschärfung der Sanktionspolitik reagierte (Bundesagentur für Arbeit 2005a: 93 und 104 ff.), bezog ein zunehmender Teil der Langzeitarbeitslosen, aber auch ein Teil der Erwerbstätigen ergänzende Sozialhilfe. Hinzu kamen jene, die sich durch den Wegfall der originären Arbeitslosenhilfe seit

Abbildung 2: Empfänger von Hilfe zum Lebensunterhalt (HLU) außerhalb von Einrichtungen am Jahresende 1982–2004 (in Tausend)

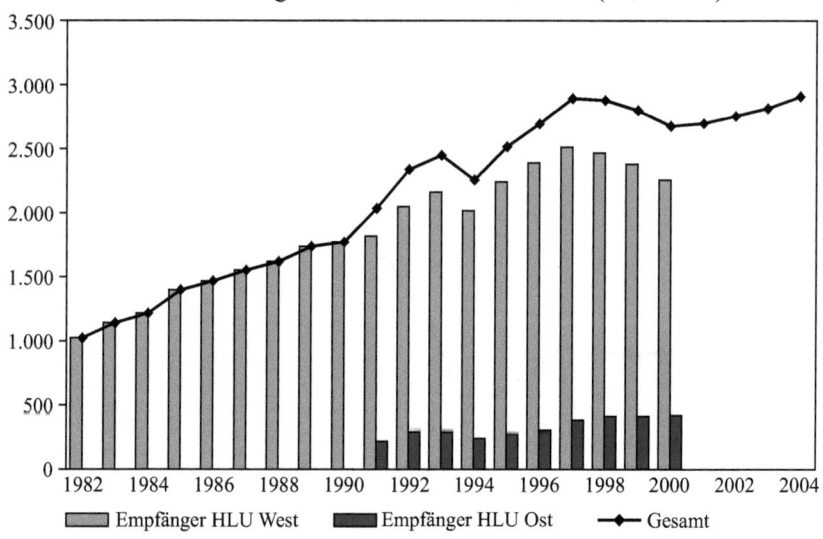

Quellen: Bundesministerium für Gesundheit und Soziales 2005b: 108–109; Statistisches Bundesamt (2005a); eigene Berechnungen.[96]

---

95 Zur Entwicklung der Kosten seit den 1990er Jahren vgl. Bach/Spitznagel (2003: 8).
96 Seit 2001 werden die Zahlen aufgrund der Gebietsreform in Berlin nicht mehr getrennt nach Ost und West ausgewiesen.

3.4 Entwicklung von Langzeitarbeitslosigkeit und Sozialhilfebezug

dem Jahr 2000 keine Ansprüche auf Leistungen aus der Arbeitslosenversicherung mehr erarbeiten konnten. Am Jahresende 2004 waren rund 2,91 Mio. Menschen – 3,5 Prozent der bundesdeutschen Bevölkerung – zur Sicherung ihrer Existenzgrundlagen auf laufende Hilfe zum Lebensunterhalt[97] angewiesen (vgl. Statistisches Bundesamt 2005a; vgl. Abbildung 2).

Während die regionale Verteilung Anfang der 1990er Jahre einen West-Ost-Unterschied aufwies, war im Jahre 2003 vor allem ein deutliches Nord-Süd-Gefälle erkennbar. Die Städte litten besonders unter wachsender Sozialhilfedichte. In den 76 deutschen Großstädten benötigten im Jahre 2003 durchschnittlich 5,6 Prozent der Einwohner Leistungen der Sozialhilfe (vgl. Statistische Ämter des Bundes und der Länder 2004: 5 ff.). Waren im Jahre 2003 rund 836.000 Sozialhilfeempfänger im Alter von 15 bis 65 Jahren arbeitslos gemeldet (Bundesministerium für Gesundheit und Soziales 2005b: 112), betrug deren Zahl zum Jahresende 2004 rund 930.000 (Statistisches Bundesamt 2005a).

Abbildung 3: Nettoausgaben für Hilfe zum Lebensunterhalt (HLU) und Hilfe in besonderen Lebenslagen (HBL) 1991–2003 (in Mio. Euro)

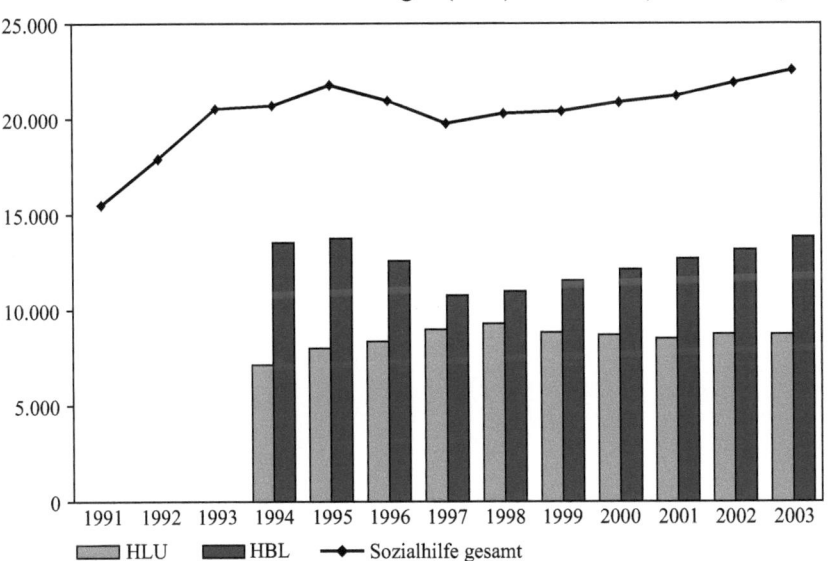

Quellen: Bundesministerium für Gesundheit und Soziales (2005b: 117); Statistisches Bundesamt (2004); eigene Berechnungen.

---

97 Wenn im Folgenden von Sozialhilfe die Rede ist, so sind Leistungen der laufenden Hilfe zum Lebensunterhalt außerhalb von Einrichtungen, also die Sozialhilfe im engeren Sinne, gemeint.

Die Nettoausgaben der Sozialhilfe stiegen im Laufe der 1990er Jahre kontinuierlich, nur die Einführung der Pflegeversicherung im Jahre 1995 brachte kurzzeitig Entlastungseffekte: Ende 2003 lagen sie bei 22,6 Mrd. Euro (vgl. Abbildung 3). Die finanziellen Probleme vor allem der Städte wurden durch sinkende Gewerbesteuereinnahmen im Zuge der Reform der Unternehmenssteuer im Jahre 2000 verstärkt. Im Jahre 2002 verzeichneten die Kommunen insgesamt ein Finanzierungsdefizit von mehr als 4,6 Mrd. Euro und 2003 ein Defizit von 9,7 Mrd. Euro (vgl. Karrenberg 2004). Diese Entwicklung führte zu sinkenden kommunalen Investitionen, deren Ausfall wiederum das wirtschaftliche Klima verschlechterte. Die sich ergebenden Sparzwänge veranlassten viele Kommunen, freiwillige Leistungen zu reduzieren und Personalabbau zu betreiben, der die Zahl der Arbeitslosen weiter in die Höhe trieb. Für 2004 wurde zwar mit 4,1 Mrd. Euro ein geringeres Defizit verzeichnet (vgl. Deutscher Städtetag 2005), die Lage hatte sich aber nicht wesentlich entspannt, berücksichtigt man neben dem Haushaltsdefizit auch den Schuldenstand der Kommunen.

4 Spektrum kommunaler Beschäftigungspolitik

Ende der 1990er Jahre fanden sich in der Bundesrepublik vielfältige Varianten der Ausgestaltung kommunaler Beschäftigungspolitik. Befördert durch interkommunale Vergleichsringe, die Europäische Beschäftigungsstrategie, Förderprogramme von Bund, Ländern und der Europäischen Union sowie durch den zunehmenden Druck auf die kommunalen Sozialhaushalte, gingen Kommunen dazu über, ihre beschäftigungspolitischen Aktivitäten zu intensivieren.[98] Trotz zahlreicher lokaler Unterschiede im Hinblick auf die Lage am Arbeitsmarkt, die Verwaltungsmentalität, die politische Kultur und die politischen Mehrheiten in den Gemeinden, die Intensität der Zusammenarbeit mit der regionalen Agentur für Arbeit, die Trägerstrukturen und die durch die Länder aufgestellten Förderprogramme lassen sich Gemeinsamkeiten der beschäftigungspolitischen Ausrichtung von Kommunen erkennen, die im Folgenden aufgezeigt werden.

4.1 Konzept und Methode der Literaturstudie

Mit einer qualitativen Inhaltsanalyse ökonometrischer und soziologischer Wirkungs- und Effizienzstudien sowie organisationssoziologischer und politikwissenschaftlicher Untersuchungen wurden Kriterien für erfolgreiche kommunale Beschäftigungspolitik sowohl hinsichtlich der Maßnahmewirkungen als auch der politischen Entscheidungsverfahren und der operativen Organisationsstrukturen extrahiert.[99]

---

98 Nach Schätzungen der Gemeindefinanzreformkommission investierten die Kommunen allein im Jahre 2002 insgesamt rund 2,1 Mrd. Euro für beschäftigungsfördernde Maßnahmen. Davon stammten etwa 1,2 Mrd. aus kommunalen Kassen, 0,4 Mrd. aus Mitteln der BA, 0,2 Mrd. aus Landesmitteln und 0,3 Mrd. aus Mitteln des Europäischen Sozialfonds (ESF) (vgl. AG Arbeitslosenhilfe/Sozialhilfe 2003: 27).

99 Dabei bilden das Wissen um den Zielkonflikt kommunaler Beschäftigungsförderung und die Voraussetzung der generellen Beeinflussbarkeit der Erwerbsbeteiligung von Sozialhilfeempfängern durch kommunale Beschäftigungspolitik untersuchungsleitende Annahmen. Die Auswahl der Studien zielt darauf, die Vielfalt der wissenschaftlichen Methoden und Perspektiven, unter denen kommunale Beschäftigungsförderung seit Mitte der 1980er Jahre analysiert wurde, möglichst repräsentativ abzubilden.

Nach dem theoretischen Ansatz des akteurzentrierten Institutionalismus beeinflussen sowohl institutionelle Regelungsstrukturen und soziale Normen kollektiver wie korporativer Akteure als auch Handlungsorientierungen und Wirklichkeitswahrnehmungen der in ihnen tätigen individuellen Akteure die Gestaltung von Politikfeldern. Aus interaktionsorientierter Perspektive werden die vorliegenden Studien deshalb auf Organisationsmodelle und Steuerungsmodi als Indikatoren für institutionelle Regelungsstrukturen sowie auf Zielsysteme und Verfahren der Erfolgsmessung als Indikatoren für Handlungsorientierungen untersucht.[100] Aus problemorientierter Perspektive wird ergänzend nach Bewertungsmaßstäben für den Erfolg konkreter Maßnahmen gefragt. Dazu werden Aussagen zu Maßnahmeinhalten und zum Instrumenteneinsatz als Indikatoren für die Inputqualität sowie Aussagen zur Effizienz und Effektivität beschäftigungspolitischer Maßnahmen als Indikatoren für die Ergebnisqualität genutzt.

Da sich die Studien hinsichtlich der Fragestellungen und Forschungsperspektiven beträchtlich unterscheiden, lässt sich nicht durchgängig das komplette Analyseraster anlegen. Dennoch geben sie wichtige Hinweise auf einzelne Aspekte des Politikfeldes. Gemeinsam ist ihnen der Bezug auf die Förderung der Erwerbsbeteiligung von Sozialhilfeempfängern durch die Kommunen, primär durch die Instrumente der Hilfe zur Arbeit nach dem BSHG.

4.2 Die Studien und ihre Ergebnisse

4.2.1 Mikroökonomische Wirkungs- und Effizienzanalysen[101]

Trube (1997) untersuchte am Beispiel der Stadt Düsseldorf die fiskal-, arbeitsmarkt- und sozialpolitischen Kosten und Nutzen verschiedener Beschäftigungsmaßnahmen des Jahres 1993. Unter umfangreicher Einbeziehung sozialer und Wertschöpfungseffekte sollte ein allgemein gültiges Instrumentarium entwickelt werden, mit dem möglichst komplexe Kosten- und Nutzenfaktoren der Beschäftigung auf dem zweiten Arbeitsmarkt berücksichtigt werden können. In den untersuchten Projekten wurden Integrationsquoten von 37 Prozent in den ersten und 27 Prozent in den zweiten Arbeitsmarkt ermittelt. 14 bis 18 Prozent der Maßnahmeteilnehmer kehrten nach Beendigung der Beschäftigungsförderung wieder in den Bezug von Sozialhilfe zurück (sog. Rückkehrquote). Darüber hinaus wurden Arbeitsplatz generie-

---

100 Dabei werden Ziele als handlungsleitende Vorgaben und Verfahren der Erfolgsmessung als Ausdruck für die Ergebnisorientierung der Akteure interpretiert.
101 Zur Diskussion methodischer Probleme solcher Analysen vgl. Schönig (2002).

rende Effekte von knapp 20 Prozent geschätzt. Die Amortisationsdauer der untersuchten Maßnahmen betrug je nach Szenario ein bis drei Jahren. Das Besondere dieser Studie liegt in einem umfangreichen Evaluationsdesign, das neben fiskalischen auch individuelle sozialintegrative Wirkungen zu erfassen sucht.

Pohnke (2001) diskutiert anhand zweier Fallstudien zur Mannheimer Vermittlungsagentur (MAVA) und zur Freiburger Kommunalen Leitstelle für Arbeit (KOLA) geeignete ökonometrische Verfahren für die Evaluation kommunaler Beschäftigungsmaßnahmen. In den Fallstudien aus den Jahren 1998/99 wurden Integrationsquoten von 29 Prozent aus vermittlungsorientierten Maßnahmen und Rückkehrquoten von 8 Prozent aus Beschäftigungsmaßnahmen ermittelt. Die Maßnahmen amortisierten sich nach knapp drei Jahren. Nach Pohnke ist eine Rückkehr in den Bezug ergänzender Sozialhilfe dann wahrscheinlich, wenn die Einkommen in den Maßnahmen zu gering sind, um nach deren Abschluss auch bei vorerst nicht erfolgreicher Vermittlung in den ersten Arbeitsmarkt ein Leben ohne Sozialhilfeleistungen zu ermöglichen. Zudem verweist die Studie darauf, dass relevante Wertschöpfungseffekte für die Kommunen vor allem dann eintreten, wenn sich die Maßnahmen unmittelbar in städtischer Trägerschaft befinden.[102]

Schneider (2001) berichtet Ergebnisse zu den Integrationswirkungen kommunaler Beschäftigungsmaßnahmen des Jahres 1998 in zwölf Städten und Landkreisen. Anhand einer Befragung von Teilnehmern und Nichtteilnehmern wurden Maßnahmeeffekte extrahiert. Die Untersuchung ermittelt eine durchschnittliche Integrationsquote von 30 Prozent zwölf Monate nach Ende der Maßnahme. Im Vergleich mit Nichtteilnehmern ergaben sich allerdings in Bezug auf die Integrationsquote Nettoeffekte von lediglich 5 bis 15 Prozent. Die Rückkehrquote der befragten Teilnehmer in Sozialhilfe lag in den 18 Monaten nach Ende der Maßnahmen bei durchschnittlich 30 Prozent. Da die Gruppe der Nichtteilnehmer während dieser Zeit zu 60 bis 80 Prozent von Sozialhilfe abhängig blieb, wurde hohe fiskalische Effizienz für die Kommunen prognostiziert.

Erxler-König (2003) untersucht die Erfolge des auf § 18 Abs. 4 und § 19 Abs. 1 BSHG basierenden Lohnkostenzuschussprogramms des Berliner Bezirks Köpenick in den Jahren 1998 und 1999.[103] Er errechnete eine Amortisationsdauer von weniger

---

102 Schon die beiden von Pohnke bearbeiteten Studien lassen sich nicht direkt vergleichen, da sie unterschiedliche Fragestellungen behandeln. Im Fall der Freiburger KOLA werden Maßnahmen nach § 19 Abs. 2 BSHG in der Mehraufwandsvariante und der Entgeltvariante miteinander verglichen. Im Fall Mannheim werden Vermittlungserfolge der MAVA mit denen des traditionellen Sachgebiets Hilfe im Haushalt der Sozialverwaltung verglichen.

103 Es wurde von der AG HzA der Sozialverwaltung des Bezirks in Kooperation mit gemeinnützigen und gewerblichen Arbeitgebern auf der Grundlage des Berliner Programms „IDA – Integration durch Arbeit" durchgeführt.

als zwölf Monaten.[104] Die Abbrecherquote lag bei 14 Prozent. Mehr als die Hälfte der Teilnehmer arbeitete bereits während der Maßnahmen in unbefristeten Beschäftigungsverhältnissen im ersten Arbeitsmarkt, was der Autor als Grund für den hohen Wirkungsgrad wertet. Eine besondere Förderung unbefristeter Arbeitsverträge bereits während der Maßnahme erhöhte die Nachhaltigkeit der Wirkung.

4.2.2 Organisationssoziologische und politikwissenschaftliche Analysen

Wilk (1997) entwickelt aus der Untersuchung der Beschäftigungsförderung in Leipzig und Köln anhand von Dokumentenanalyse und Expertengesprächen allgemeine Erfolgskriterien für die Hilfe zur Arbeit auf der Maßnahmeebene des Hilfeprozesses. Das Prinzip der Freiwilligkeit, so seine Analyse, steigert die Motivation und damit die Vermittlungschancen der Teilnehmer, während zwangsrekrutierte Teilnehmer die Gruppendynamik negativ beeinflussen können und selbst weniger motiviert und erfolgreich sind. Die Vermittlung in ein differenziertes, am allgemeinen Arbeitsmarkt orientiertes Maßnahmespektrum anhand ausführlicher individueller Beratung entsprechend persönlichen Neigungen und Fähigkeiten erhöht den Erfolg der Beschäftigungsförderung. Ebenso trugen nach dieser Studie die Organisation mehrstufiger Systeme der Integration in Arbeit, versicherungspflichtige Beschäftigung nach § 19 Abs. 2 in Kombination mit vorgelagerter Arbeitserprobung in der Mehraufwandsvariante, bedarfsorientierte Qualifikationsanteile sowie Lohnkostenzuschüsse nach § 18 Abs. 4 zur Stabilisierung des Übergangs in ungeförderte Beschäftigung bei.[105] Bemühungen zur Vermittlung in ungeförderte Arbeit sollten bereits mit Maßnahmeantritt beginnen und bei Bedarf über deren Ende hinausgehen. Sowohl ein möglichst frühes Herstellen von Kontakten zu potentiellen Arbeitgebern über Praktika und Probebeschäftigungen als auch die Gewährung von Lohnkostenzuschüssen seien förderlich.

Böckmann-Schewe und *Röhrig* (1999) vergleichen anhand von Experteninterviews unterschiedliche Konzepte und Maßnahmeinhalte der Hilfe zur Arbeit in 20 deutschen Kommunen im Hinblick auf ihre arbeitsmarktintegrative Wirkung Mitte der 1990er Jahre. Dabei ergaben sich erhebliche Unterschiede in den Integrationserfolgen, deren Bewertung durch die uneinheitliche Evaluationspraxis erschwert war. Aus dem Vergleich ziehen die Autorinnen den Schluss, dass Arbeits-

---

104 Die geringe Amortisationsdauer wird damit erklärt, dass aufgrund relativ hoher Nettoeinkommen lediglich 5 Prozent der Haushalte während der Beschäftigung ergänzende Sozialhilfe bezogen.
105 Dabei betont der Autor, dass Beschäftigung nach der Mehraufwandsvariante als erste Förderphase sinnvoll sei, als alleinige Förderstrategie dagegen kontraproduktiv wirke.

marktintegration durch einen abgestuften Instrumenteneinsatz und ausführliche Beratungsprozesse gefördert wird, während Maßnahmen im traditionellen Bereich zusätzlicher kommunaler Beschäftigung eher geringe nachhaltige Wirkung erzielen. Mit integrierten Gesamtansätzen sind nach dieser Studie auch in Regionen mit hoher Arbeitslosigkeit für rund ein Drittel der Maßnahmeteilnehmer Integrationserfolge in den ersten bzw. zweiten Arbeitsmarkt zu verzeichnen.[106] Die Autorinnen betonen die Notwendigkeit einer umfangreichen Ausstiegsberatung für Sozialhilfeempfänger, der Förderung sozialer Kompetenzen der langzeitarbeitslosen Hilfeempfänger, der Fokussierung auf Arbeitsmarktnähe sowie der Organisation der Beschäftigungsförderung als Querschnittsaufgabe. Von großer Bedeutung für die Verbesserung der Maßnahmekonzipierung seien ferner der beschäftigungspolitische Erfahrungsaustausch zwischen den Kommunen und die Entwicklung von Standards für Wirkungsanalysen als eine Grundlage für Wissenstransfer zwischen den Beschäftigungsträgern.

Die Recherche von *Empter* und *Frick* (2000) konzentriert sich auf die Ermittlung erfolgreicher Maßnahmen kommunaler Beschäftigungsförderung sowie auf erfolgreiche Steuerungsstrategien in mehr als 30 Kommunen in Deutschland und sieben anderen Ländern. Sie nimmt sowohl eine ökonometrische als auch eine organisationssoziologische Perspektive ein und prüft Wege der Mobilisierung lokaler Ressourcen für die Beschäftigungsförderung. Dabei arbeiten die Autoren die Bedeutung einer klaren strategischen Zielbestimmung und einer an diesen Zielen orientierten regelmäßigen und differenzierenden Erfolgsmessung heraus. Sie plädieren für eine Trennung von Planung und Umsetzung beschäftigungspolitischer Maßnahmen, wobei die Steuerung in der Verwaltung verortet bleiben und die operationale Umsetzung mittels finanzieller Anreizsteuerung an im Wettbewerb stehende Dritte übertragen werden soll. Die Kooperation von Wirtschaftsförderung und Sozialverwaltung in einer Regiestelle eröffnet in den Augen von Empter und Frick Synergieeffekte bei der Zugangssteuerung in die Sozialhilfe wie bei der Ausstiegsberatung.

Für die aktuelle Reformdiskussion besonders relevant sind die Aussagen der Autoren zur Kooperation zwischen der Bundesagentur für Arbeit und kommunalen Sozialverwaltungen: Aufgrund der historischen Entwicklung und der Unterschiede in den Verwaltungsmentalitäten halten sie die möglichen Synergieeffekte durch gemeinsame Ressourcennutzung nur bei erklärtem beiderseitigen Willen der Handelnden für realisierbar. Zur Aktivierung lokaler Akteure und Ressourcen schlagen sie vor, bürgerschaftliche Netzwerke zu initiieren. Für den Erfolg konkreter Maßnah-

---

106 Hier verweisen die Autorinnen auf die Ergebnisse aus Chemnitz, Dresden, Rostock und dem Jerichower Land.

men werden die Bedeutung von zielgruppenorientierter Teilnehmerauswahl über Profiling, Hilfeplan und Fallmanagement, die umfassende Information über die Angebote als Hilfe zur Selbsthilfe für mündige Bürger, eine frühzeitig einsetzende Vermittlung nach dem Maatwerk-Konzept[107] in Kombination mit möglichen Lohnkostenzuschüssen sowie modulare und auf den regionalen betrieblichen Bedarf zugeschnittene Qualifizierungsangebote betont. Befristete Beschäftigung auf dem zweiten Arbeitsmarkt befürworten die Autoren für schwer vermittelbare Zielgruppen nur dann, wenn sie dem Prinzip der Bezahlung von Arbeit statt Arbeitslosigkeit gehorcht und der Wiederherstellung der Beschäftigungsfähigkeit dient.

Die Berichte des Netzwerkknotens „Kommunen und lokale Beschäftigungsförderung" im *Netzwerk „Kommunen der Zukunft"* (Brülle 2002, Radloff 2002, Roberg 2002, Oppen/Strassheim 2002, Schulze-Böing 2002b) sind auf Fragen der Steuerung lokaler Beschäftigungsförderung, des Fallmanagements als Steuerungsinstrument und der Kooperation in lokalen Netzwerken gerichtet. Dabei wird die Bedeutung von Gesamtstrategien betont, die klare kurz- und langfristige Zielsetzungen, eine dieser Ausrichtung entsprechende Organisation der Beschäftigungsförderung und regelmäßige Berichterstattung beinhalten (vgl. Brülle 2002, Radloff 2002). Zielvereinbarungen zwischen Steuerungseinheiten und Einrichtungen, die eine operationale Umsetzung verantworten, werden dabei als ebenso grundlegend beschrieben wie eine strikte Nachfrageorientierung der Beschäftigungsförderung und ein komplexes System aus Profiling, Hilfeplanung und Berichterstattung (vgl. Radloff 2002, Roberg 2002). Akteursnetzwerke werden angesichts der komplexen Aufgaben kommunaler Beschäftigungsförderung für notwendig gehalten. Entscheidungsnetzwerke dienen dabei zur Initiierung von Willensbildungsprozessen unter Einbeziehung verschiedener gesellschaftlicher Interessen. Innovationsnetzwerke können den Informationsaustausch und kollektive Lernprozesse unterstützen. Die Autoren verweisen auf die Diskrepanz zwischen erhöhtem Abstimmungsbedarf, flexibler Organisation und kooperativen Verhandlungen in Netzwerken und traditionell hierarchischer Verwaltungsmentalität (vgl. Oppen/Strassheim 2002, Schulze-Böing 2002b).

---

107 Das aus den Niederlanden stammende Maatwerk-Konzept basiert auf einer intensiven individuellen Analyse der Kompetenzen, Ziele und Perspektiven von Langzeitarbeitslosen. Für jeden Arbeitslosen wird ein passender Arbeitsplatz gesucht. Zwischen Arbeitgeber und Arbeitsuchendem wird der persönliche Kontakt hergestellt, was in der Regel dazu führt, dass einmal geschlossene Arbeitsverträge von relativ langer Dauer sind. Das Konzept setzt allerdings voraus, dass es Arbeitsplätze gibt und im konkreten Fall tatsächlich Sucharbeitslosigkeit vorliegt. Wozu der Einsatz eines Ende der 1990er Jahre als erfolgreich und modern geltenden Konzeptes unter veränderten Prämissen führen kann, belegt die Insolvenz von Maatwerk infolge der massenhaften Übernahme von Aufträgen zur Umsetzung von Personal-Service-Agenturen im Frühjahr 2004.

Der Evaluationsbericht zur Umsetzung der 33 MoZArT-Modellprojekte von *Hess et al.* (2003) ist auf die Synergieeffekte verbesserter Kooperation zwischen Arbeits- und Sozialämtern gerichtet. Bei starker organisatorischer Verzahnung der Aktivitäten beider Verwaltungen wurden mit Integrationsquoten von durchschnittlich 52 Prozent Netto-Integrationseffekte für Sozialhilfeempfänger von rund 18 Prozentpunkten ermittelt (vgl. ebd.: 79). Ein am individuellen Bedarf orientierter Einsatz der Instrumente beeinflusste die Vermittlung in Arbeit positiv. Abbrecherquoten in den Maßnahmen lagen bei durchschnittlich 16 Prozent, wobei etwa ein Drittel der betroffenen Sozialhilfeempfänger in Erwerbstätigkeit überging. Die Kombination von bewerber- und arbeitgeberorientierten Maßnahmen, aktiver Stellenakquisition und Nachbetreuung der Maßnahmeteilnehmer erhöhten die Integrationschancen von Soziahilfeempfängern deutlich. Die Mitarbeiter in den beteiligten Ämtern betonten die Wichtigkeit gemeinsamer EDV-Plattformen, des gemeinsamen Fallmanagements und der Bündelung der Instrumente von SGB III und BSHG. In den Augen der Nutzer genossen die gemeinsamen Anlaufstellen höhere Akzeptanz als die traditionellen Arbeits- und Sozialämter.

Saeed (1999) untersucht am Beispiel einer ostdeutschen Region Policy-Netzwerke auf ihre arbeitsmarktpolitische Problemlösungsfähigkeit. Als Erfolgsfaktoren macht diese Studie die gemeinsame Definition programmatischer Ziele, das Vorhandensein gestaltungswilliger und -fähiger Akteure, regionalisierte Entscheidungskompetenz der Beteiligten, ausreichende finanzielle Ressourcen der Kommunen und eine organisatorische Bündelung beschäftigungspolitischer Verwaltungseinheiten aus. Handlungsorientierungen und Wirklichkeitswahrnehmungen der Akteure erwiesen sich als entscheidend für die Erfolge der untersuchten Kooperationen. Punktuelle Akteurskoalitionen waren besser als Netzwerke in der Lage, akute arbeitsmarktpolitische Probleme zu lösen.

Huebner, Krafft und *Ulrich* (1992) richteten das Augenmerk ihrer Implementationsstudie zu Handlungsmöglichkeiten kommunaler Beschäftigungspolitik verschiedener Städte Niedersachsens vor allem auf das Verwaltungshandeln und dessen Veränderungspotential bei steigendem Problemdruck. Erfolge kommunaler Arbeitsmarktpolitik wurden dabei in Abhängigkeit von finanziellen und organisatorischen Ressourcen, institutionellen und administrativen Gegebenheiten und dem soziokulturellen Kontext der Akteure bestimmt.

Die Autoren unterscheiden zwischen einem konventionellen und einem transformierten Implementierungsmodell. Im konventionellen Modell orientieren sich die städtischen Akteure an Verwaltungsroutinen, bewerten Maßnahmen primär nach ihrem fiskalischen und aufgabenpolitischen Gewinn für die Kommune und minimieren zusätzliche Kosten für Betreuung, Qualifizierung und technische Ausstattung der Maßnahmen. Die Ansiedlungspolitik der Wirtschaftsförderung dominiert deutlich die Beschäftigungspolitik. Neben Kosten-Nutzen-Erwägungen beziehen die Akteure die Aussicht auf schnelle Integration der leistungsfähigen Hilfeempfänger in den ersten Arbeitsmarkt in ihre Entscheidungen ein. Im transformierten Modell werden mit der Wahrnehmung der Folgen struktureller Arbeitslosigkeit und der finanziellen Anreize durch Landes- und Bundesprogramme sozialpolitische Zielstellungen mit fiskal- und aufgabenpolitischen verknüpft sowie Kooperationsbeziehungen zwischen Sozialverwaltung und Wirtschaftsförderung entwickelt. Im Bereich der Wirtschaftsförderung gewinnt die Stärkung endogener Entwicklungspotentiale an Bedeutung. Kosten-Nutzen-Erwägungen spielen auch hier eine wichtige Rolle, sind aber längerfristig orientiert. Beschäftigungsförderung wird darüber hinaus als sozial- und arbeitsmarktpolitische Aufgabe verstanden, die ihre Legitimation in sich selbst findet. Die Bedeutung und die Organisation der Beschäftigungsförderung hängen nach dieser Studie weniger von den haushaltspolitischen Zwängen als vielmehr von den politischen Einstellungen und Wirklichkeitswahrnehmungen der Entscheider in Rat und Verwaltung ab. Die Verwaltungen erscheinen als die zentralen beschäftigungspolitischen Akteure. Impulse gingen insbesondere von sozial engagierten Personen in der Verwaltungsspitze aus, die kraft ihrer Autorität die relevanten beschäftigungspolitischen Akteure zu Zusammenarbeit und sozialem Konsens bewegen konnten.

4.2.3 Soziologische Wirkungsanalysen

Interessante Erklärungen für Erfolg und Misserfolg der Beschäftigungsförderung für Sozialhilfeempfänger liefern *Gebauer et al.* (2002), die individuelle Motive der Betroffenen für oder gegen den Ausstieg aus der Sozialhilfe über die Aufnahme einer Erwerbstätigkeit analysierten. Hierfür untersuchten sie die Anreizwirkungen von Sozialhilfeleistungen und Erwerbstätigkeit auf Sozialhilfeverläufe anhand der Daten des Sozio-oekonomischen Panels (SOEP) sowie problemzentrierter Interviews in Leipzig und Köln. Sie belegen, dass die verschiedenen Ursachen und Motive des Sozialhilfebezugs sich mit Vermittlung in ein Beschäftigungsverhältnis nicht immer auflösen. Durch die Auswertung spezieller Daten des SOEP der Jahre 1991 bis 1996 bestätigen sie u. a. die Benachteiligung von Alleinerziehenden mit kleinen Kindern. Gleichzeitig widerlegen sie die These, dass große Haushalte wegen der geringeren finanziellen Anreize länger im Bezug von Sozialhilfe verharren würden. Die Autoren weisen außerdem darauf hin, dass der Ausstieg aus der Sozialhilfe in den ersten zweieinhalb Jahren noch relativ einfach gelingt, während sich nach mehr als 30 Monaten Hilfebezug die Chancen auf Reintegration in Arbeit rapide verschlechtern.

4.2 Die Studien und ihre Ergebnisse

Auch die Arbeiten im Kontext der Bremer und Hallenser Längsschnittstudien zu Sozialhilfeverläufen[108] geben Hinweise auf den Einfluss kommunaler Beschäftigungspolitik auf die Erwerbsbeteiligung von Sozialhilfeempfängern. *Buhr et al.* (1998) und *Gangl* (2000) vergleichen die Arbeitsmarktchancen von Sozialhilfeempfängern in Bremen und Halle in den Jahren 1991 bis 1996. Dabei stellen die Autoren fest, dass Sozialhilfeempfänger in Halle den Leistungsbezug relativ häufig bereits nach wenigen Monaten über die Aufnahme einer Erwerbstätigkeit wieder verließen. Nach mehr als zwölf Monaten Hilfebezug bestand jedoch kaum noch die Chance, durch Arbeit die Abhängigkeit von Sozialhilfe zu überwinden. Während Hilfe zur Arbeit in Bremen, wo sie mehrheitlich in der Entgeltvariante angeboten wurde, das Verlassen der Sozialhilfe erheblich beförderte, führte in Halle die Beteiligung an Hilfe zur Arbeit, die lediglich in der Mehraufwandsvariante angeboten wurde, zu deutlich sinkenden Chancen, die Sozialhilfebedürftigkeit durch Erwerbstätigkeit zu überwinden.

Schulte et al. (1999) fragen anhand derselben Daten nach dem Einfluss struktureller und institutioneller Faktoren auf den Ausstieg aus der Sozialhilfe. Sie verweisen auf die Bedeutung der Sozialhilfepraxis und der Politik der lokalen Arbeitsämter bezüglich der Maßnahmen der aktiven Arbeitsmarktpolitik für die Integrationschancen von Sozialhilfeempfängern. Die Arbeitsmarktintegration wird durch restriktive Sozialämter, wenig Einsatz versicherungspflichtiger Beschäftigung nach dem BSHG und durch einen geringen Umfang aktiver Arbeitsmarktpolitik des Arbeitsamts erschwert. Eine liberale Sozialhilfepolitik und ein breit gefächertes und auf Freiwilligkeit beruhendes Arbeitsangebot über das Instrumentarium des BSHG erleichtern die berufliche Integration von Sozialhilfeempfängern. Den Daten der Hallenser Längsschnittstudie zufolge gelang zwischen 1991 und 1995 10 Prozent der aus dem Leistungsbezug ausgestiegenen Hilfeempfänger der Übergang in Erwerbstätigkeit, den meisten in ABM. Rund 17 Prozent der Hilfeempfänger brachen den Leistungsbezug ohne weitere Vorsprache ab; mehr als 40 Prozent verließen die Sozialhilfe wegen des Einsetzens vorrangiger Leistungen, zumeist der Arbeitsverwaltung.[109] Die durchschnittliche Nachhaltigkeit des Ausstieg aus der Sozialhilfe lag bei 6,5 Monaten.

---

108 Zwischen 1991 und 1996 wurden in einer Längsschnittstudie Sozialhilfeverläufe in Bremen und Halle untersucht. Die Daten stammen aus den Sozialverwaltungen der jeweiligen Stadt und aus Befragungen der Sozialhilfeempfänger. Das am Zentrum für Sozialpolitik (ZeS) Bremen angesiedelte Projekt liefert umfangreiches Material, das in den hier berücksichtigten Arbeiten vor allem unter dem Blickwinkel der Chancen der Sozialhilfeempfänger auf eine Reintegration in Arbeit ausgewertet wurde.'

109 Inwieweit die restriktive Sozialhilfepolitik zu einer Bemühung um Erwerbsintegration oder zu einem Rückzug in einen Kreislauf der Verarmung geführt hat, kann aus den Analysen nicht erkannt

Zusammengefasst kommen die Arbeiten mit den Daten der Hallenser und Bremer Längsschnittstudie zu dem Schluss, dass ein umfangreicher Einsatz derjenigen Instrumente des BSHG, die versicherungspflichtige Arbeitsverhältnisse begründen bzw. auf eine Integration in den ersten Arbeitsmarkt zielen, beschäftigungsfördernd wirkt. Eine restriktive Politik der Sozialämter führt zwar zu einem Absinken der Sozialhilfefälle, hat aber vermutlich unerwünschte Nebenfolgen.

Die Untersuchungen belegen, dass die These von den „faulen" Arbeitslosen bzw. Sozialhilfeempfänger in vielen Fällen der Realität entbehrt. Auf Sozialintegration zielende Beschäftigungspolitik sollte, wenn sie weitere Verarmung und Isolation gerade der langzeitarbeitslosen Hilfeempfänger verhindern will, auf Freiwilligkeit der Maßnahmen, versicherungspflichtige Beschäftigungsverhältnisse und individuelle Beratungsangebote setzen und dabei eine angemessene Bezahlung der geleisteten Arbeit sicherstellen.[110]

4.3 Problemorientierte und interaktionsorientierte Erfolgskriterien

Die vorgestellten Studien bieten eine Fülle von Informationen zu Zielsystemen, Maßnahmeinhalten und Strategien des Instrumenteneinsatzes, Verfahren der Erfolgsmessung, Ergebnissen sowie Organisationsstrukturen und Steuerungsmodi kommunaler Beschäftigungspolitik in der Bundesrepublik. In der Kombination dieser aus interaktions- und problemorientierter Perspektive gewinnbaren Kriterien ergibt sich ein komplexes Bild Erfolg versprechender Strategien und operationaler Umsetzungen sowie Ressourcen bündelnder Organisationsstrukturen kommunaler Beschäftigungspolitik.

4.3.1 Ziele

Als zentrale Ziele kommunaler Beschäftigungsförderung lassen sich Arbeitsmarktintegration, Wiederherstellung der Beschäftigungsfähigkeit, Sozialintegration und

---

werden. In der Diskussion über eine aktivierende Sozialpolitik wird die Verschärfung der Zumutbarkeitsregelungen und der Sanktionsdrohungen als Mittel zur Bekämpfung des Sozialstaatsmissbrauchs verstanden. Angesichts des Auftrags des § 1 BSHG, aber auch der kritischen Entkräftung dieser Logik bei Gebauer et al. (2002) oder Oschmiansky et al. (2003), kann dem hier nicht gefolgt werden. Restriktion als Mittel der Bereinigung der Statistik wird hier ausdrücklich nicht als Erfolgskriterium verstanden – dies umso mehr, wenn der Bedarf an Arbeitsgelegenheiten das Angebot kommunaler Beschäftigungsförderung übersteigt.

110 Zu den Forschungsergebnissen der dynamischen Armutsforschung vgl. auch Schmid/Buhr (2002).

Haushaltskonsolidierung durch fiskalisch effiziente Maßnahmen und die Verschiebung der teilnehmenden Sozialhilfeempfänger in den Leistungsanspruch des SGB III ausmachen. Seltener werden in den Studien Ziele wie die Integration der Hilfeempfänger in die Sozialversicherung oder die Kombination verschiedener Förderprogramme zur effizienten Stadt- oder Infrastrukturentwicklung genannt.

Wesentliche Grundlage für erfolgreiche Beschäftigungspolitik ist eine strategische Zielformulierung, die hieran orientierte Programme und Kriterien der Erfolgsmessung erst ermöglicht.[111] Eine solche Zielbestimmung setzt differenziertes Wissen über die Zusammensetzung der Zielgruppen ebenso voraus wie eine genaue Analyse regionaler Rahmenbedingungen und gute Kenntnisse über die instrumentellen Möglichkeiten. Entscheidungen über Zielkonflikte sind politische Fragen, die in Aushandlungsprozessen lokaler Akteure gelöst werden können und müssen.

Ob Arbeitsmarkt- oder Sozialintegration im Vordergrund steht, hängt von verschiedenen Faktoren ab: Erstens prägt die regionale Arbeitsmarktlage die Strategie. Zweitens beeinflussen unterschiedliche Landes- und Bundesprogramme den Instrumenteneinsatz.[112] Drittens setzt die Bundespolitik entscheidende Akzente. So schlägt sich z. B. die bundespolitische Ausrichtung der Arbeitsmarktpolitik auf „Aktivierung" in einer stärkeren Orientierung auf Arbeitsmarktintegration nieder.[113]

4.3.2 Instrumenteneinsatz und Maßnahmeninhalte

Die Studien kommen generell zu dem Schluss, dass integrierte Gesamtstrategien eine erfolgreiche Implementierung befördern. Empfohlen werden mehrstufige Verfahren, in denen Fallmanager die Hilfesuchenden individuell beraten und bedarfs-

---

111 Vgl. exemplarisch die Diskussion in Bertelsmann Stiftung et al. (2002a), Deutscher Städtetag (1999) und bei Brülle/Schleimer (1994).
112 So ermöglicht z. B. das Berliner Programm „IDA – Integration durch Arbeit" in besonderem Maße Lohnkostenzuschüsse nach §§ 18 Abs. 4 und 19 Abs. 1 BSHG zur Integration in den ersten Arbeitsmarkt. Sachsen-Anhalts Landesprogramm ist dagegen auf Maßnahmen nach § 19 Abs. 2 und § 20 BSHG ausgerichtet. Vgl. allgemein zu den Landesprogrammen Schmid/Blancke (2001).
113 Leipzig bildete mit seiner deutlichen Hinwendung zu marktnahen Qualifizierungen ein Beispiel dafür. Zu diesem Zweck wurde 2001 die PUUL GmbH gegründet, die Fachpersonal direkt im ersten Arbeitsmarkt qualifizieren soll, z. B. für die Automobilindustrie in der Region. Hinzu kommt die Schließung des wegen Verdrängungseffekten, mangelnder Effizienz und hoher Overheadkosten heftig kritisierten kommunalen Beschäftigungsbetriebs BfB. Kleinere städtische Beschäftigungsgesellschaften blieben aber erhalten. Die Umsetzung von Maßnahmen auf dem zweiten Arbeitsmarkt sollte nun stärker über eine direkte Kooperation mit freien Trägern und somit unter geringeren Overheadkosten erfolgen (vgl. Arbeitsmarktpolitische Strategie der Stadt Leipzig, in: http://62.156.180.195/de/business/wirtschaft/Arbeitsmarktstrategie.pdf).

gerecht in modulare Eingliederungsmaßnahmen lenken. Als Bestandteile eines optimalen Verfahrens gelten die umfassende Information der Hilfeempfänger über alle Angebote der Beschäftigungsförderung, Beratungsangebote als Hilfe zur Selbsthilfe, Profiling, ein Hilfeplan und die Behandlung der Sozialhilfeempfänger als mündige Rechtssubjekte. In den ersten Monaten wird der Vermittlung der Hilfesuchenden und der Aktivierung eigener Bemühungen Vorrang vor einer Integration in Beschäftigungsmaßnahmen eingeräumt, um die Selbsthilfepotentiale auszuschöpfen und Mitnahmeeffekte zu minimieren. Freiwilligkeit gilt als Voraussetzung für motivierte Teilnahme an beschäftigungspolitischen Maßnahmen und sollte angesichts des Bedarfs, der das Angebot ohnehin übersteigt, Grundprinzip der Beschäftigungsförderung sein.[114]

Aufeinander aufbauende Stufenmodelle beinhalten Probezeiten nach § 19 Abs. 2 (Mehraufwandsvariante) als Vorbereitung auf anschließende versicherungspflichtige Arbeit entweder mit Lohnkostenzuschuss nach § 18 Abs. 4 oder § 19 Abs. 1 auf dem ersten Arbeitsmarkt oder nach § 19 Abs. 2 BSHG auf dem zweiten Arbeitsmarkt. Alle Stufen sollten bedarfsgerechte Qualifikationsanteile enthalten. Als wesentlich für erfolgreiche Arbeitsmarkt- und Sozialintegration gelten eine umfassende sozialpädagogische Beratung und Betreuung, die auch eine Begleitung nach Abschluss von Integrationsmaßnahmen einschließt, sowie frühzeitige Vermittlungsbemühungen in den ersten Arbeitsmarkt. Als kontraproduktiv werden Vermittlungen in Maßnahmen als Kontrolle der Arbeitsbereitschaft bewertet, da demotivierte Teilnehmer die Qualität der Maßnahmen beeinträchtigen.

Vor allem auf *Arbeitsmarktintegration* zielende Beschäftigungspolitik muss nachfrageorientiert fachliche und soziale Qualifizierungsbausteine enthalten sowie frühzeitige Vermittlungsaktivitäten und begleitende Beratungsangebote auch auf die Phase nach dem Abschluss der Maßnahmen und erfolgreicher Vermittlung in ungeförderte Arbeit ausdehnen. Sie sollte besondere Lohnkostenzuschüsse für unbefristete Arbeitsverhältnisse gewähren, um die Nachhaltigkeit der Arbeitsmarktintegration zu erhöhen. Auch sollte sie mit intensiver Stellenakquisition einhergehen. Bei Bedarf können Direktvermittlungen mit Lohnkostenzuschüssen nach § 18 Abs. 4 und Abs. 5 sowie nach § 19 Abs. 1 BSHG und modularen Qualifikationsmöglichkeiten kombiniert werden. Auch gemeinnützige Arbeitnehmerüberlassung wird für sinnvoll gehalten.[115]

---

114 Allerdings wird in einigen Studien auch positiv erwähnt, dass durch repressive Sozialhilfepolitik über Leistungskürzungen bei Arbeitsverweigerung Einsparungspotentiale im Sozialhaushalt ausgeschöpft werden können.

115 In Regionen mit anhaltend hoher Arbeitslosigkeit muss eine Orientierung am ersten Arbeitsmarkt in der Praxis zu Verdrängungseffekten führen. Das kann allerdings nach Meinung einiger Autoren unter dem Aspekt der Sozialintegration hingenommen werden, wenn dadurch mehrfach ausge-

Steht hingegen die *Sozialintegration* im Vordergrund, werden vorrangig Maßnahmen auf dem zweiten Arbeitsmarkt durchgeführt. Die Studien kritisieren, dass in diesen Fällen die Implementationsstrategie oftmals eher der kommunalen Aufgabenerfüllung und der Verschiebung der Beschäftigten in den Leistungsbereich des SGB III dient als der Entwicklung der fachlichen und sozialen Kompetenzen der Beschäftigten. Insbesondere wenn sozialintegrative Ziele über Maßnahmen der Arbeitserprobung verfolgt werden, besteht die Gefahr, dass vor allem fiskalpolitische Interessen der Kommunen bedient werden, die Beschäftigten dagegen kaum reale Integrationschancen haben.

Bisher kaum entwickelt sind längerfristige Konzepte zur Schaffung zusätzlicher Dauerarbeitsplätze mit den Instrumenten der kommunalen Beschäftigungsförderung.[116] Dabei hatten einige Länder spezielle Förderprogramme für soziale Erwerbsbetriebe aufgestellt, die für die Umsetzung marktnaher und Arbeitsplätze schaffender Beschäftigungspolitik besonders geeignet erscheinen.

4.3.3 Verfahren der Erfolgsmessung

Eng an die Frage der Zielstellung ist die Erfassbarkeit der Ergebnisse gekoppelt. Controllingprozesse bedürfen neben klaren Zielvorgaben regelmäßiger, professioneller und langfristig angelegter Evaluation sowie der Vermittlung der Ergebnisse in den politischen Prozess. Erfolgskontrollen als Voraussetzung strategischer Planung sind in den Kommunen sehr unterschiedlich ausgeprägt. Einige arbeiten in Benchmarking-Kreisen zum Vergleich der Leistungen der Sozialhilfe, in denen auch Daten zur Beschäftigungsförderung erhoben werden (vgl. Bertelsmann Stiftung/Hans-Böckler-Stiftung et al. 2001: 18 ff., con_sens 2002).

Insgesamt sind die Wirkungskontrolle und die Berichterstattung sehr unterschiedlich verankert und kaum standardisiert. Die vorhandenen Berichte unterscheiden sich in ihren Methoden und in den Annahmen über Wirkungszusammenhänge und ergeben so kein einheitliches Bild, das die Grundlage eines Vergleichs der Wirkungen der dokumentierten Programme und Maßnahmen darstellen könnte. Dennoch sind die Verfahren der Benchmarking-Kreise weit entwickelte Versuche

---

grenzte Personen eine Zeit in Beschäftigung erleben und so soziale Kompetenzen neu oder wieder erwerben. Dennoch lösen derartige Verdrängungsmechanismen das Problem der Arbeitslosigkeit nicht.

116 Ein Beispiel für die erfolgreiche Schaffung von Arbeitsplätzen über kommunale Beschäftigungsförderung ist die Bremerhavener Beschäftigungsgesellschaft Unterweser (BBU), die mit Sozialhilfeempfängern innovative Geschäftsideen umsetzt und funktionierende Projekte dann am Markt verkauft (vgl. Süddeutsche Zeitung Nr. 199/2003: 24).

der Standardisierung.[117] Inwieweit die Ergebnisse der Berichterstattung in den lokalpolitischen Prozess einfließen, dürfte die Modifizierung der beschäftigungspolitischen Programmatik entscheidend beeinflussen.

4.3.4 Organisationsstrukturen und Steuerungsmodi

Die Organisationsstrukturen kommunaler Beschäftigungspolitik unterscheiden sich beträchtlich. Auch wenn wegen historischer Entwicklungsunterschiede und teilweise kreativer Kombination verschiedener Organisationsformen keine klaren Grenzen zu ziehen sind, lassen sich drei Grundmodelle der *Aufbauorganisation* unterscheiden:

- Die Beschäftigungspolitik kann als eigenständige Abteilung an die Wirtschaftsförderung
- oder an die Sozialverwaltung, zumeist unmittelbar an das Sozialamt, gekoppelt sein
- oder als Stabsstelle mit Querschnittsfunktionen beim Bürgermeister verankert sein, in der Sozialamt, Wirtschaftsförderung und Jugendberufshilfe zusammenarbeiten.

Bezogen auf die *Ablauforganisation* sind wiederum drei Varianten zu finden:

- Einige Kommunen halten die Steuerung im Amt und gliedern die operative Umsetzung in Form von Eigenbetrieben oder Beschäftigungsgesellschaften aus.
- Andere wiederum konzentrieren neben der Steuerung auch die Umsetzung in der Verwaltung, zumeist im Sozialamt.
- Eine dritte Gruppe verzichtet auf die Ausgliederung einer operativen Abteilung und weitgehend auf eine eigene Umsetzung von Maßnahmen, sondern beauftragt vor allem Dritte damit.

Schließlich gibt es auch in Fragen der *Steuerungsmodi* unterscheidbare Modelle:

- In einigen Kommunen wird Beschäftigungspolitik über hierarchische Steuerung betrieben. Die Maßnahmeträger sind in diesen Fällen nicht an der Programmentwicklung beteiligt. Die Kommunalverwaltung ist der zentrale Akteur.

---

117 Als Beispiel für intensive Erfolgskontrolle sei auf die Berichte zur Kommunalen Arbeitsförderung der Stadt Offenbach verwiesen (vgl. Stadt Offenbach a. M. 2001).

4.3 Problemorientierte und interaktionsorientierte Erfolgskriterien

♦ In anderen Kommunen ist die Politikarena durch Netzwerke und Verhandlungssysteme in Form von Zusammenschlüssen freier Träger, politischen Beiräten von Beschäftigungsgesellschaften, themenspezifischen Arbeitskreisen oder regionalen Beschäftigungsbündnissen charakterisiert. Manche dieser Entscheidungs-, Innovations- oder Leistungsnetzwerke wurden aktiv von Seiten der kommunalen Selbstverwaltung befördert oder initiiert, andere durch spezielle Förderprogramme angeregt.[118]

Die Autoren der vorgestellten Studien befürworten mehrheitlich die Organisation der Beschäftigungsförderung als Querschnittsaufgabe. Kooperation wird als entscheidend für eine Optimierung der Erfolge angesehen. Besondere Bedeutung wird einer engen Zusammenarbeit mit der lokalen Agentur für Arbeit zugeschrieben. Auch die Auslagerung der operativen Ebene an im Wettbewerb stehende Dritte und die Pflege lokaler Netzwerkstrukturen wird empfohlen.

Welche Organisationsstrukturen sich vor Ort durchsetzen, hängt neben den Zielstellungen nicht zuletzt von der Kooperationsbereitschaft der kommunalen Akteure ab. Die Aktivitäten und die Haltungen der Verwaltungsspitzen werden als entscheidend für die Gestaltung der Politikarena angesehen. Veränderungen der Organisationsform und innovative Projekte werden zumeist durch finanzielle Anreize aus speziellen Förderprogrammen angeregt.

4.3.5 Fiskalische Ergebnisse und Wirkungen auf Zielgruppen

Wie angesichts der Vielfalt der Maßnahmen, Rahmenbedingungen sowie der angewandten Evaluationsmethoden nicht anders zu erwarten, zeigen die Studien hinsichtlich der Ergebnisse eine große Bandbreite der relevanten quantitativen Kategorien zur Erfolgsmessung: Die Rückkehrquoten in die Sozialhilfe nach durchlaufenen Maßnahmen liegen zwischen 5 und 37 Prozent, die Abbrecherquoten bewegen sich um 15 Prozent, die Vermittlungsraten in den ersten Arbeitsmarkt liegen bei 11 bis 60 Prozent. Die Maßnahmen amortisieren sich nach einem Zeitraum von zwei bis vier Jahren. Die Ergebnisse müssen an den lokalen Zielvorgaben gemessen werden. Nur so lassen sich Zielerreichung oder Misserfolg feststellen und die speziellen lokalen Rahmenbedingungen in die Beurteilung integrieren. Während ein hoher Krankenstand in den Maßnahmen oder hohe Abbrecherquoten als Indizien für unangemessene Arbeitsinhalte, Über- oder Unterforderung, un-

---

118 Zur Differenzierung von Netzwerken der Beschäftigungspolitik nach Strukturen und Funktionen vgl. Oppen/Strassheim (2002).

günstige Gruppenzusammensetzung oder schlechte Anleitung interpretiert werden können, sind Unterschiede in der Rückkehrquote und der Vermittlungsrate auch auf die lokale Arbeitsmarktlage zurückzuführen.

4.4 Zwischenfazit

Für die Betrachtung konkreter kommunaler Beschäftigungspolitik, wie sie im Folgenden am Beispiel der Stadt Halle durchgeführt wird, ließen sich aus der Literaturstudie neben zahlreichen Einzelhinweisen vor allem grundlegende Systematisierungsvorschläge für die Erfassung und Bewertung von Prozessen und Ergebnissen im Politikfeld gewinnen. Hierbei sind zwei Ebenen zu unterscheiden.

- Entscheidende Outputindikatoren für die *quantitative Erfolgsmessung* sind die Rückkehrquote in den Leistungsbezug nach Ende der Maßnahme, die Vermittlungsquote in den regulären Arbeitsmarkt, die Abbrecherquote sowie die Amortisationsdauer der Maßnahmen.

- Als Inputindikatoren für die Bewertung der *qualitativen Prozessebene* können die jeweils spezifische Lösung des Zielkonflikts, die Maßnahmeinhalte und der Instrumenteneinsatz, die Verfahren der Erfolgsmessung sowie die Organisationsstrukturen und Steuerungsmodi genutzt werden.

Diese Indikatoren dienen der deskriptiven Analyse des speziellen empirischen Falls. Erklärungen für die vorgefundenen Ergebnisse bietet – im Rückgriff auf den Ansatz des akteurzentrierten Institutionalismus – eine Untersuchung der kommunalpolitischen Entscheidungsprozesse, die nach

- dem Einfluss der ökonomischen und politischen Rahmenbedingungen, der institutionellen Regelungsstrukturen und Steuerungsmodi sowie
- dem Einfluss der Handlungsorientierungen und Wirklichkeitswahrnehmungen der individuellen Akteure

auf die Gestaltung des Politikfeldes, also auf die Nutzung der Handlungsspielräume durch die Akteure, fragt.

5 Halle (Saale): Haushaltskonsolidierung statt Arbeitsmarktintegration

Die Beschäftigungspolitik der Stadt Halle in ihrer Gesamtheit evaluieren zu wollen würde bedeuten, sämtliche Aktivitäten der Unternehmensansiedlung, Gründungsförderung und Bestandspflege der städtischen Wirtschaftsförderung, des Personalabbaus innerhalb der Stadtverwaltung, alle Maßnahmen der aktiven Arbeitsmarktpolitik der Agentur für Arbeit, die Implementierung europäischer Sonderprogramme für strukturschwache Regionen, die Aktivitäten der Jugendberufshilfe sowie der freien Träger, der Bildungsträger, der lokalen Wirtschaft usw. zu untersuchen. Angesichts dieser Komplexität war eine Eingrenzung des Gegenstandes notwendig. Mit der hier vorgestellten Fallstudie wurde analysiert, wie und mit welchen Erfolgen die Stadt Halle zwischen 1999 und 2003/04 die Beschäftigungsbeteiligung von Sozialhilfeempfängern gesteuert hat.

5.1 Ökonomische und institutionelle Rahmenbedingungen

5.1.1 Ökonomische Rahmenbedingungen

Die Stadt Halle ist mit rund 238 000 Einwohnern die größte Stadt Sachsen-Anhalts (vgl. Stadt Halle 2003: 38).[119] Als ehemaliges Zentrum der Chemieindustrie leidet sie unter dem Zusammenbruch der industriellen Strukturen nach 1990. Zwischen 1991 und 2002 gingen netto mehr als 20 000 Arbeitsplätze im produzierenden Gewerbe verloren (vgl. ebd.: 118 ff.). Allerdings wächst am Campus Weinberg seit Mitte der 1990er Jahre ein Wissenschafts- und Innovationspark, in dem in enger Kooperation der kommunalen Wirtschaftsförderung mit der Universität und den in

---

119 Seit 1990 hat die Stadt rund 70 500 Einwohner verloren. Sank die Einwohnerzahl in der zweiten Hälfte der 1990er Jahre jährlich um zwischen 6700 und 7800 Personen, reduzierte sich der Einwohnerrückgang im Jahre 2002 auf 3759 Personen. Mit der Einführung einer Zweitwohnsitzsteuer 2003 wurde der Bevölkerungsrückgang künstlich gestoppt. Nachdem die dadurch bewirkten Ummeldungen nach Halle abgeschlossen sind, kann ab 2004 wieder von einem negativen Bevölkerungssaldo ausgegangen werden.

der Stadt angesiedelten naturwissenschaftlichen Forschungsinstituten bislang rund 1000 Arbeitsplätze im Bereich von Bio- und Werkstofftechnologie, Pharmazie und Ingenieurwissenschaften entstanden. Darüber hinaus versucht Halle, sich als Standort für Neue Medien zu profilieren und mit neuen Ansiedlungen hoch qualifizierte Arbeitsplätze in diesem Bereich zu schaffen. In jüngster Zeit setzt die Wirtschaftsförderung der Stadt auf die Ansiedlung von Callcentern.

Die Zahl der Erwerbstätigen nach dem Arbeitsortprinzip sank zwischen 1991 und 2001 um 23 100 auf 131 600 Personen. Die Zahl der sozialversicherungspflichtig Beschäftigten nach dem Wohnortprinzip verringerte sich allein zwischen 1997 und 2002 um 18 721 auf 77 649 Personen. Den enormen Arbeitsplatzverlusten im produzierenden Gewerbe steht seit Mitte der 1990er Jahre ein leichter Anstieg an Arbeitsplätzen im Dienstleistungssektor, in dem nun rund 80 Prozent der Erwerbstätigen beschäftigt sind, gegenüber. Auch wenn die Entwicklung im Dienstleistungssektor die angespannte Arbeitsmarktlage bisher nicht entschärfen konnte, ist dieser Anstieg beachtenswert, wurden doch im öffentlichen Dienst als Teil dieses Sektors zwischen 1993 und 2002 mehr als 7600 Stellen abgebaut, davon allein 3947 Stellen in der Stadtverwaltung. Dennoch beschäftigt der öffentliche Dienst in Halle mit 24 000 Personen insgesamt immer noch knapp 20 Prozent aller abhängig Erwerbstätigen (vgl. ebd.: 151 ff.).

Die Stadt sah sich im Untersuchungszeitraum einer der höchsten Arbeitslosenraten in mittleren Großstädten Deutschlands gegenüber. Ende 2002 waren 26 065 Arbeitslose registriert, was einer Arbeitslosenquote von 21,6 Prozent entsprach. Unter ihnen befanden sich 43,7 Prozent Langzeitarbeitslose, 12,8 Prozent Jugendliche unter 25 Jahre und 13,8 Prozent Arbeitslose älter als 55 Jahre. Die Zahl der Arbeitslosen stieg zwischen 1995 und 2002 um 7574 Personen, was – auch angesichts der anhaltenden Abwanderung – einem Anstieg der Arbeitslosenquote um mehr als 8 Prozentpunkte entspricht (ebd.: 135 ff.).[120] Besonders stark wuchs die Zahl arbeitsloser Jugendlicher. Jeder siebente Jugendliche hatte 2002 die Schule ohne Hauptschulabschluss verlassen. Auf eine Ausbildungsstelle kamen zwei Bewerber. Von rund 4000 arbeitslosen Jugendlichen verfügten mehr als 1800 nicht über eine abgeschlossene Berufsausbildung.[121]

Die Zahl der Empfänger von Hilfe zum Lebensunterhalt außerhalb von Einrichtungen stieg von 8672 Ende 1994 auf 14 767 Personen Ende 2002. Unter ihnen

---

[120] Bei den Angaben zu Arbeitslosen ist zu beachten, dass die Daten der Arbeitsagentur die Dienststelle Halle, also die Stadt Halle und den Saalkreis, umfassen. Die Zahlen für die Stadt wurden zum Teil separat errechnet. Soweit vorhanden, wurden hier die auf die Stadt bezogenen Daten verwendet.

[121] Vgl. Lokaler Jugendhilfebericht 2002, in: Ratsbeschluss Nr. III/2002/02538 vom 1.8.2002. Die Zahlen stammen aus der Statistik der Dienststelle Halle des Arbeitsamtes.

5.1 Ökonomische und institutionelle Rahmenbedingungen   81

befanden sich 2318 Jugendliche zwischen 18 und 25 Jahren und 6168 Personen zwischen 25 und 65 Jahren, von denen 79,7 Prozent beim Arbeitsamt gemeldet waren.[122] Während sich die Mehrzahl der jungen Soziahilfempfänger in verschiedenen Ausbildungsabschnitten befand oder wegen der Betreuung von Kindern Sozialhilfe bezog, galten rund 400 von ihnen als erwerbsfähig.[123]

Abbildung 4: Entwicklung von Arbeitslosigkeit, Sozialhilfebezug und Nettokosten der Sozialhilfe in Halle 1994–2002

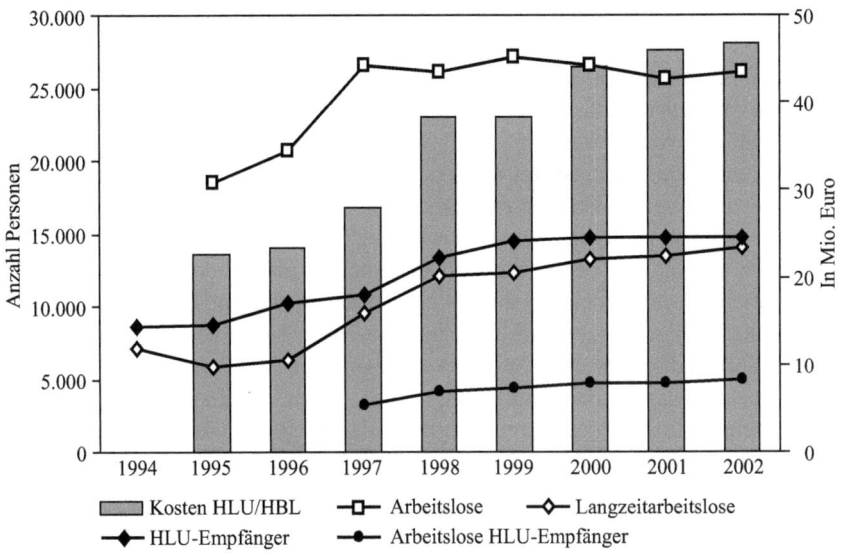

Quellen: Stadt Halle (2003); Stadtrats-Drucksache III/2003/03407 vom 24. 9. 2003.

Im Vergleich zu anderen ostdeutschen Großstädten war in Halle ein überdurchschnittlicher Anstieg der Arbeitslosigkeit, der Sozialhilfedichte, der Ausgaben für allgemeine Sozialleistungen wie auch speziell für Sozialhilfe außerhalb von Einrichtungen zu verzeichnen. Ende 2002 waren 6,2 Prozent der Einwohner auf Hilfe zum Lebensunterhalt angewiesen. Halle verzeichnete damit nach Schwerin unter allen ostdeutschen Städten die höchste Sozialhilfedichte.[124]

---

122 Vgl. Stadt Halle (2003: 249 ff.). Die Angaben zum Anteil der arbeitslosen Sozialhilfeempfänger erstrecken sich auf Personen im Alter von 15 bis 65 Jahre.
123 Vgl. lokaler Jugendhilfebericht 2002, Stadtrats-Drucksache III/2002/02538 vom 1. 8. 2002.
124 Vgl. Stadt Halle (2003: 383) und Losse (2004: 24 ff.).

Die Nettoausgaben der Stadt für Sozialhilfe stiegen zwischen 1995 und 2002 von 22,6 Mio. auf 46,8 Mio. Euro.[125] Sie bildeten damit rund 38 Prozent der Nettobelastungen des Verwaltungshaushalts im Bereich der sozialen Sicherung (vgl. Stadt Halle 2003: 353).

Seit 1996 konnte die Stadt lediglich in zwei Jahren einen ausgeglichenen Haushalt aufstellen. Entsprechend hoch war der Druck, im Bereich der Sozialleistungen zu sparen. Da Hilfe zum Lebensunterhalt nach dem BSHG eine Pflichtleistung der Kommunen als örtlichen Trägern der Sozialhilfe darstellte, konnten Einsparungen nur durch eine nachhaltige Absenkung der Fallzahlen erzielt werden.

Die Realsteuereinnahmen sanken zwischen 1997 und 2002 leicht von 27,9 auf 27,1 Mio. Euro, obwohl im Jahre 2001 die Hebesätze für die Grundsteuer B und die Gewerbesteuer erhöht wurden. Die Zahl der Gewerbetreibenden stieg zwischen 1997 und 2002 von 5000 auf 16 565, obwohl seit 1999 mehr Gewerbeabmeldungen als Neuanmeldungen registriert wurden. Der absolute Anstieg seit 1997 ging aber nicht mit einer steigenden Zahl zahlungspflichtiger Unternehmen einher, teils weil die Unternehmen zu geringe Gewinne erzielten, um gewerbesteuerpflichtig zu werden, teils weil sie von der Reform der Unternehmensbesteuerung im Jahre 2000 profitierten. Trotz des deutlichen Anstiegs der angemeldeten Gewerbe zahlten im Jahre 2002 weniger Unternehmen zusammen weniger Gewerbesteuern als 1997.[126]

Während die schwierige Situation am regionalen Arbeitsmarkt und die angespannte Haushaltslage der Stadt kommunalpolitischen Handlungsdruck erzeugten, eröffneten die finanziellen Anreize durch Mittel der Bundesanstalt für Arbeit, arbeitsmarkpolitische Landesprogramme und Fördermittel der Europäischen Union beschäftigungspolitischen Handlungsspielraum.

Über die *Bundesanstalt für Arbeit* wurden vor allem ABM, SAM, Kurzarbeit und die Förderung der beruflichen Weiterbildung finanziert.[127] Seit September

---

125 Diese Angaben umfassen die Hilfe zum Lebensunterhalt (HLU) und die Hilfe in besonderen Lebenslagen (HBL) nach dem Bundessozialhilfegesetz, jeweils außerhalb von Einrichtungen. Dabei sind die durchschnittlichen Kosten pro Hilfeempfänger und Jahr zwischen 1997 und 2002 von 2581 auf 3170 Euro gestiegen, was nur zu einem kleinen Teil mit gestiegenen Regelsätzen und Mietkosten begründbar ist.

126 Während 1997 noch 1365 Unternehmen Gewerbesteuer in Höhe von 26,9 Mio. Euro entrichteten, sank der Steuerertrag im Jahre 2002 auf 25,8 Mio. Euro, die durch 1335 Unternehmen erbracht wurden. Besonders drastisch entwickelte sich die Gewerbesteuer im Jahre 2001, als ein Drittel der geplanten Einnahmen wegbrach (vgl. Stadt Halle 2003: 359 ff.).

127 Im Jahre 2001 wurden im Arbeitsamtsbezirk Halle 500 Vollzeitäquivalente Kurzarbeit, 4600 ABM und SAM sowie 4700 Weiterbildungsmaßnahmen gefördert. Dabei waren zwischen 1997 und 2001 ein starker Rückgang der ABM und SAM um 2200 Teilnehmer und ein Rückgang der Weiterbildungsmaßnahmen um 1300 Teilnehmer zu verzeichnen (vgl. Bach et al. 2002: 31–37). Im März 2004 waren 425 Vollzeitäquivalente Kurzarbeit, 1391 ABM und SAM sowie knapp

2003 standen über die Sonderprogramme Jump Plus und AfL zusätzliche finanzielle Mittel für die Beschäftigung von Langzeitarbeitslosen in Maßnahmen nach dem BSHG zur Verfügung. Seit 1997 stellte das *Land Sachsen-Anhalt* mit verschiedenen Rahmenprogrammen zur Beratung, Beschäftigung und Qualifizierung von Sozialhilfeempfängern und Langzeitarbeitslosen Mittel zur Beschäftigungsförderung bereit.[128]

Die Fördermittel des Arbeitsamtes für Regie-ABM bei städtischen Ämtern, für SAM bei freien Trägern und die Landesmittel für Qualifizierung und Beschäftigung von Sozialhilfeempfängern mussten von den Kommunen kofinanziert werden. Deshalb stellte die Stadt finanzielle Mittel für Beschäftigungsförderung in den Haushalt ein.[129] Diese Mittel von Bund, Land und Kommunen wurden in Halle zu einem großen Teil von dem im Jahre 2000 eigens zur Umsetzung von Beschäftigungsmaßnahmen gegründeten Eigenbetrieb für Arbeitsförderung (EfA) bewirtschaftet.

Zusätzlich zu diesen konventionellen Instrumenten setzte die *Europäische Union* über weiche Steuerungsinstrumente neue beschäftigungspolitische Anreize (vgl. Europäische Kommission 2000 und 2001, Huget 2002). So wurden z. B. „Territoriale Beschäftigungspakte" (vgl. Buchegger-Traxler et al. 2003) angeregt oder die Aktivierung lokalen Kapitals für soziale Zwecke stimuliert. Um diese Gelder verfügbar zu machen, mussten Bund und Länder darauf zugeschnittene Programme aufstellen.[130] Kommunen und freie Träger entwickelten Maßnahmekonzepte, um die Mittel dieser von der EU finanzierten Bundes- oder Landesprogramme für sich zu gewinnen. So gelang es der Stadt Halle, für das lokale „Bündnis für Innovation und Beschäftigung Halle" 5,9 Mio. Euro aus dem Landesprogramm „Pakte für Arbeit" für die Jahre 2003–2006 zu akquirieren. Außerdem warb die Stadt für die Jahre 2003 und 2004 je 130 000 Euro aus dem Landesprogramm „Lokales Kapital für soziale Zwecke" (LKSZ) ein.[131] Für denselben Zweck konnte die Stadt zudem Zu-

---

3000 Weiterbildungsmaßnahmen registriert (vgl. dies. 2004: 9–10). Auf die Verteilung der SAM hatte die Stadt insofern Einfluss, als dass nur jene Maßnahmen gefördert wurden, die eine kommunale Kofinanzierung erhielten. Auf die Verteilung der ABM nahm die Stadt über Empfehlungen zur Förderwürdigkeit Einfluss (vgl. dazu Kapitel 5.4.2).

128 Diese Gelder entstammten nicht notwendig dem Landeshaushalt, sondern vor allem den Europäischen Strukturfonds (vgl. Land Sachsen-Anhalt 2003: 117–126 und 216–219, Landtag von Sachsen-Anhalt 1999).

129 Zu den für Beschäftigungsförderung zur Verfügung stehenden kommunalen Haushaltstiteln vgl. Anlage 1.

130 Zu den Programmen des Landes Sachsen-Anhalt für den Förderzeitraum 2000–2006 vgl. Land Sachsen-Anhalt (2003).

131 Vgl. Informationsvorlage des Stadtrates Nr. III/2003/03532 vom September 2003 und Anlage 1 zu den Verwaltungskosten des Paktes.

schüsse von insgesamt 200 000 Euro aus dem ebenfalls von der EU finanzierten Bundesprogramm „Lokales Kapital für soziale Zwecke" (LOS) gewinnen.[132]

Tabelle 1: Budget des Eigenbetriebs für Arbeitsförderung (EfA) für die Beschäftigung von Sozialhilfeempfängern und für Regie-ABM in den Jahren 2000–2003 (in Euro)

Jahr	Kommunale Zuschüsse[a]	ESF/Landes-programme[b]	Zuschüsse Arbeitsamt[c]	Insgesamt
2000	3.613.351	39.290	2.438.445	6.091.086
2001	2.790.834	954.851	1.677.406	5.423.091
2002	3.483.700	2.518.645	1.268.700	7.271.045
2003	3.200.000	4.090.000	656.100	7.946.100
Insgesamt[d]	13.087.885	7.602.786	6.040.651	26.731.322

a Zuschüsse für ABM und für das Programm zur Beschäftigung von Sozialhilfeempfängern; für ABM sind dabei ca. 25 Prozent Eigenmittel veranschlagt, für das Landesprogramm 35 Prozent.[133]
b Für 2002 sind hier auch geringe zusätzliche Mittel des Landesamtes für Arbeitsschutz aufgeführt.
c Für 2003 inklusive Jump Plus und AfL, aber mit deutlich weniger ABM.
d In den Jahren 2001 und 2002 wurden insgesamt 280.258 Euro nicht verbrauchte städtische Zuschüsse in den allgemeinen kommunalen Haushalt zurückgeführt.
Quellen: Jahresabschlussberichte des EfA 2000–2002; Haushaltsansatz des EfA 2003.

Im Untersuchungszeitraum hatten sich die ökonomischen Rahmenbedingungen teilweise massiv verändert. So kürzte die Bundesanstalt für Arbeit die Mittel für die aktive Arbeitsförderung, das Land legte 1997 ein neues Rahmenprogramm zur Beschäftigungsförderung von Sozialhilfeempfängern auf, die europäische Beschäftigungsstrategie setzte zur gleichen Zeit auf neue Steuerungsinstrumente. Vor Ort verschärften sinkende Gewerbesteuereinnahmen und steigende Arbeitslosigkeit die ohnehin angespannte Haushaltslage. Diese Entwicklung konnten die Akteure nicht im Einzelnen antizipieren. Eine Tendenz sinkender Zuschüsse des Arbeitsamtes für ABM war aber im Jahre 1999 ebenso bereits abzusehen wie die Möglichkeit, über das seit 1997 aufgelegte Rahmenprogramm des Landes zur Förderung der Beschäftigung und Qualifikation von Sozialhilfeempfängern zusätzliche Mittel aus dem ESF für kommunale Beschäftigungsförderung einzusetzen.

---

132 Vgl. www.sozialestadt.de und Protokolle des Jugendhilfeausschusses vom 3.7.2003 und vom 4.9.2003.
133 Die geringen Unterschiede zwischen den Angaben in Tabelle 1 und Anlage 1 ergeben sich aus den Abweichungen zwischen den Angaben der Jahresabschlussberichte des EfA und den kommunalen Haushaltstiteln 1.8410.715000.9, 1.8410.715100.5 und 1.8410. 715200.1.

5.1.2 Politische Mehrheiten und Akteure in der Politikarena

Innerhalb der Stadt Halle waren verschiedene komplexe Akteure an der Ausgestaltung der Beschäftigungspolitik beteiligt. Die zentrale Rolle kommt der Stadtverwaltung und dem Stadtrat als Teilen der kommunalen Selbstverwaltung zu.[134] Oberbürgermeister wie Stadtrat werden von den Bürgern gewählt und sind damit die direkt politisch legitimierten Vertreter der Bürgerschaft.

Dem *Stadtrat* gehörten in der Wahlperiode von 1999 bis 2004 56 Abgeordnete an.[135] Die Stadträte arbeiteten Ende 2003 in 14 ständigen Ausschüssen sowie verschiedenen Beiräten und Aufsichtsräten. Von den im Kontext dieser Untersuchung relevanten Ausschüssen wurde der Sozial- und Gesundheitsausschuss von der CDU geleitet, im Ausschuss für Wirtschaftsförderung, Beschäftigung und Liegenschaften hatte die PDS und im Jugendhilfeausschuss die SPD den Vorsitz inne. Im Betriebsausschuss des Eigenbetriebs für Arbeitsförderung waren CDU, SPD, PDS und HAL mit je einem Stadtrat vertreten. Die Mehrheitsverhältnisse im Stadtrat waren nicht eindeutig. Zwar stellte die CDU die stärkste Fraktion, aber SPD und PDS hielten zusammen schon 47 Prozent der Stimmen. So spielten in kontroversen politischen Fragen die kleinen Fraktionen als Mehrheitsbeschaffer eine entscheidende Rolle.

Die *Stadtverwaltung* wird seit Mai 2000 von einer sozialdemokratischen Oberbürgermeisterin geleitet. Zuvor standen zwei CDU-Oberbürgermeister an der Spitze der Verwaltung, die bis 1999 in sieben Dezernate gegliedert war. Seit der Verwaltungsreform und der Neuwahl der Beigeordneten durch den Stadtrat in den Jahren 2001 und 2002 bestehen fünf Geschäftsbereiche und spezielle Ämter im unmittelbaren Zuständigkeitsbereich der Oberbürgermeisterin.[136]

---

134 Die Kommunalverfassung Sachsen-Anhalts regelt die Organisation der kommunalen Selbstverwaltung als „duale Rat-Bürgermeister-Verfassung mit Doppelspitze" (vgl. Knemeyer 1998: 115).

135 Die CDU hatte 16 Sitze, die PDS 14, die SPD zwölf, die HAL-Fraktion sieben, die Unabhängige BürgerFraktion (UBF) fünf und die FDP zwei Sitze. Die HAL-Fraktion (Halles Alternative Liste) setzte sich aus zwei Räten von Bündnis 90/Die GRÜNEN, zwei des Neuen Forums und je einem von Grauen Panthern, Volkssolidarität und der WG Mitbürger zusammen. Die UBF war ein Zusammenschluss des ehemaligen Fraktionsvorsitzenden der SPD mit den vier Räten der Mieter- und Bürgerliste (MBL).

136 Da jede der Parteien Anspruch auf Vertretung in der Konferenz der Beigeordneten erhob, vollzog sich die Wahl der Beigeordneten stärker nach parteipolitischem Kalkül als nach fachlichen Kriterien. Die Geschäftsbereiche gliederten sich zum Zeitpunkt der Untersuchung in den Zentralen Service (besetzt von der SPD), Planen und Bauen (UBF), Ordnung und Sicherheit (CDU), Bildung, Kultur und Sport (PDS) sowie Jugend, Soziales und Gesundheit (SPD). Die Arbeits- und Beschäftigungsförderung war als Ressort dem Fachbereich Soziales im Geschäftsbereich V zugeordnet, die Wirtschaftsförderung als eine Stabsstelle an das Büro der Oberbürgermeisterin angebunden.

Freie Träger der Jugendhilfe, Bildungsträger, Wohlfahrtsverbände und gemeinnützige Vereine waren als Implementeure von Maßnahmen und als Projektentwickler in der beschäftigungspolitischen Arena aktiv. Die Liga der Wohlfahrtsverbände und der Stadtjugendring sind als Vertreter der Interessen ihrer Mitgliedsvereine politische Lobbyarbeiter und in dieser Rolle stimmberechtigte Mitglieder im Jugendhilfeausschuss. Ein institutionalisiertes Netzwerk zur Koordination der Akteure oder zur Lobbyarbeit für die Interessen der Arbeitslosen war im Zeitraum der Untersuchung nicht ausgebildet. Ein genaues Bild von der Vielfalt der freien Träger war kaum zu gewinnen. Allein im Jahre 2003 wurden von mindestens 67 freien Trägern ABM, von mehr als 50 Trägern SAM und von drei Bildungsträgern Qualifikationsmaßnahmen mit städtischer Beteiligung für jugendliche Sozialhilfeempfänger sowie von mehreren freien Trägern Beschäftigungsmaßnahmen für Sozialhilfeempfänger durchgeführt.[137]

Der Fokus der vorliegenden Entscheidungsprozessanalyse lag auf den kollektiven Akteuren Stadtverwaltung, Stadtrat und im Politikfeld tätige freie Träger. Sie agierten unmittelbar, ihnen können Entscheidungen und Entwicklungen zugerechnet werden, und außerdem tragen die Stadträte und die Spitze der Stadtverwaltung die politische Verantwortung für die Ausgestaltung der Beschäftigungsförderung.

Weitere, nicht aktiv in die Untersuchung einbezogene Akteure der Politikarena sind die Vertreter von Arbeitgeber- und Arbeitnehmerinteressen, die vor allem über ihre Beteiligung an der Selbstverwaltung des Arbeitsamtes eine zentrale Rolle in den politischen Prozessen spielten. Gewerkschaftliche Interessen wurden besonders bei der Tarifpolitik im öffentlichen Dienst und beim Kampf um den Erhalt industrieller Arbeitsplätze sichtbar. Die Rolle der Gewerkschaften in der städtischen Personalpolitik wurde von Stadträten und der Verwaltung als problematisch beschrieben, da die ausgehandelten Tarifverträge für den öffentlichen Dienst in der Kommunalverwaltung junge und gut qualifizierte Menschen benachteiligten und die Gefahr gesehen wurde, dass die Verwaltung ohne qualifizierten Nachwuchs die an sie gestellten Anforderungen nicht erfüllen könne.

Die lokale Agentur für Arbeit nimmt, obwohl strukturell der Bundesebene zuzuordnen, eine wichtige Rolle in der lokalen beschäftigungspolitischen Arena ein, da sie – im Zuge der Dezentralisierungsbestrebungen sogar zunehmend – über

---

137 Angesichts der Vielzahl der Projekte und eines gering entwickelten Berichtswesens lassen sich hier keine genauen Angaben machen. Zu ABM und SAM vgl. Stadtrats-Drucksache III/2003/03402 vom 24.9.2003, zu Maßnahmen für Sozialhilfeempfänger vgl. die Jahresabschlussberichte des Eigenbetriebs für Arbeitsförderung. Hinweise zur Struktur der Jugendberufshilfe lieferte das von der Clearingstelle herausgegebene „Dschungelbuch". Ein Überblick über Angebote der beruflichen Bildung fand sich im Weiterbildungswegweiser der Stadt Halle (Saale).

5.1 Ökonomische und institutionelle Rahmenbedingungen

die regionale Umsetzung bundespolitischer Programme im Bereich der aktiven Arbeitsmarktpolitik relativ eigenständig entscheiden kann.[138]

Zur Erfassung und Bewertung der Interaktionsbeziehungen zwischen den Akteuren und damit der Steuerungsmodi in der kommunalen Politikarena ist auf das Organisationskonzept des „Neuen Steuerungsmodells" (vgl. Banner 1991, KGSt 1993) hinzuweisen. Dieses betont die Artikulations- und Initiativfunktion der Gemeindevertretungen, die als „parlamentsähnlich arbeitende Gremien" (Naßmacher/ Naßmacher 1999: 275, Fn 51) die kommunalen Verwaltungen vor allem programmatisch steuern sollen und sich so vor Überlastung durch die Beschäftigung mit vielen Einzelentscheidungen schützen könnten.

Inwieweit diese Vorstellungen mit der Praxis ehrenamtlicher Kommunalvertretungen vereinbar sind, wurde vielfach diskutiert (vgl. Wollmann 1998, Naßmacher/Naßmacher 1999: 276 ff., Bogumil 2001, Götz 2001). Als zutreffender kann wohl folgende Einschätzung gelten:

> „Dadurch, daß sich die Kommunalvertreter, als ehrenamtliche Feierabendpolitiker ohnedies zeitlich sehr eingeschränkt und bedrängt, in Detailfragen verzetteln und das strategische Geschäft der Kommunalparlamente am Rande bleibt, schlägt die potentielle Allmacht der Kommunalvertretungen in eine aktuelle und faktische Ohnmacht um, zumal sie es in der Verwaltung und deren Verwaltungsspitze mit einem Gegenspieler zu tun haben, der ihnen durch seine hauptamtlich tätigen, professionell ausgebildeten Verwaltungsstäbe und die Verfügung über Informationsressourcen allemal machtstrukturell überlegen ist" (Wollmann 1998: 64).

Dem Verhältnis von Verwaltung und Stadtrat als einem Indikator für kommunale Steuerungsmodi muss bei der Entscheidungsprozessanalyse besondere Aufmerksamkeit geschenkt werden. Die Beziehungen zwischen Stadtverwaltung, Stadtrat und zivilgesellschaftlichen Akteuren werden im Neuen Steuerungsmodell als kooperative Netzwerke konzipiert. In der Realität werden diese Beziehungen, folgt man den Einschätzungen der Verwaltungsforschung, eher durch die Dominanz der Kommunalverwaltungen und durch hierarchische Steuerungsmechanismen geprägt (vgl. Götz 2001, Bogumil 2001).

---

138 Da sich die Bundesagentur für Arbeit Ende 2003 in einer tiefen Umstrukturierungsphase im Zuge der „Hartz-Gesetze" befand und weil der Fokus der vorliegenden Untersuchung auf kommunalpolitische Entscheidungsprozesse gerichtet war, wurde auf Interviews mit Experten der Arbeitsagentur verzichtet.

5.1.3 Organisationsstrukturen

Zu Beginn des Untersuchungszeitraums im Jahre 1999 bestand die organisatorische Landschaft der Beschäftigungspolitik der Stadt Halle aus

- der Abteilung Arbeitsförderung[139] im Amt für Wirtschaftsförderung (Dezernat VII – Wirtschaftsförderung, Beschäftigung und Liegenschaften),
- der Abteilung Hilfe zur Arbeit im Sozialamt (Dezernat V – Jugend, Soziales und Gesundheit),
- der 1994 gegründeten Beschäftigungsgesellschaft „HAL-Sanierungs- und Entwicklungsgesellschaft Halle GmbH" (HAL-Sanierung),
- vier Jugendwerkstätten, in denen vor allem Jugend-ABM durchgeführt wurden,
- einer unbestimmten Zahl an Bildungsträgern, die u. a. im Auftrag der Abteilung Hilfe zur Arbeit Qualifizierungsmaßnahmen für Sozialhilfeempfänger organisierten, und
- sonstigen freien Trägern, die ABM, SAM oder Beschäftigungsmöglichkeiten zumeist nach § 19 Abs. 2 BSHG (Mehraufwand) durchführten.

Die *Abteilung Arbeitsförderung* koordinierte mit anfangs fünf Mitarbeitern die Entwicklung von Konzepten für Regie-ABM in den Ämtern der Stadt. Darüber hinaus verwaltete sie die städtischen Zuschüsse für die Jugendwerkstätten und für SAM bei freien Trägern. Zwischen der Abteilung Arbeitsförderung und dem übrigen Amt für Wirtschaftsförderung und Liegenschaften gab es kaum inhaltliche Berührungspunkte. Die Arbeitsförderung war für die strategische Entwicklung der Beschäftigungsförderung im kommunalen zweiten Arbeitsmarkt verantwortlich, die operative Umsetzung und der größte Teil der Ressourcen lagen in den Händen der HAL-Sanierung.

Die *HAL-Sanierung* führte Vergabe-ABM und SAM über ihre Tochter, die „HAL-Arbeitsförderungsgesellschaft" GmbH (HAL-AFG), aus und kooperierte mit der Stadt im Bereich der Regie-ABM, indem sie städtische Aufgaben mit eigenem, befristet beschäftigtem Personal erledigte.

Diese arbeitsteilige Organisation erwies sich in vielerlei Hinsicht als problematisch. Zum einen gelang es der Abteilung Arbeitsförderung nicht, strategische Verbindungen zur auf den ersten Arbeitsmarkt gerichteten Wirtschaftsförderung zu knüpfen, weil sie sich im Wesentlichen auf die Förderung des zweiten Arbeits-

---

139 Sie ist heute Teil des Ressorts Beschäftigungsförderung. Zur Entwicklung der Organisationsstruktur vgl. Kapitel 5.5.1.

marktes konzentrierte. Zum anderen stand der operative „Arm" im Bereich des zweiten Arbeitsmarktes, die HAL-Sanierung, wegen der enormen öffentlichen Zuschüsse insbesondere des Arbeitsamtes sowie der Konkurrenz zur ungeförderten Wirtschaft politisch immer in der Kritik. Aus beiden Gründen fristete kommunale Arbeitsförderung funktional wie normativ lange ein Schattendasein. Ein Ausdruck dieser generellen Geringschätzung ist die mehrfache Neuzuordnung der Arbeitsförderung zu je anderen Verwaltungseinheiten.

Die im Sozialamt angesiedelte *Abteilung Hilfe zur Arbeit* organisierte mit zunächst zwei Mitarbeitern die Beschäftigungsförderung nach dem BSHG. Dabei wurden vor allem Maßnahmen nach § 19 Abs. 2 (Mehraufwand) durchgeführt, in denen die Teilnehmer 3 DM pro Arbeitsstunde zur Sozialhilfe hinzuverdienen konnten. Darüber hinaus kooperierte die Abteilung mit verschiedenen Bildungsträgern bei der Entwicklung von Qualifikationsmaßnahmen nach dem Europäischen Sozialfonds, da die Kommunen diese Programme mit anfangs 10 bis 15 Prozent kofinanzieren mussten.[140] Außerdem suchte zeitweise ein Mitarbeiter nach Möglichkeiten für eine Direktvermittlung von Sozialhilfeempfängern in Arbeit. Die Abteilung Hilfe zur Arbeit bildete mit ihren zwei Mitarbeitern und ohne Computertechnik, also ohne direkte Vernetzung mit der Abteilung Hilfe zum Lebensunterhalt, lange eine nachrangige Organisationseinheit innerhalb des Sozialamtes, die den steigenden Anforderungen durch die wachsende Zahl von erwerbsfähigen und arbeitsuchenden Hilfeempfängern kaum noch gerecht werden konnte. Zwar hatte sie durch die räumliche Verortung im Sozialamt einen unmittelbaren Bezug zur Klientel ihrer Tätigkeit. Wollten sich die Mitarbeiter der Hilfe zur Arbeit aber einen Überblick über die beruflichen Fähigkeiten der Hilfeempfänger verschaffen, um gemeinsam mit Trägern möglichst geeignete Beschäftigungsmaßnahmen zu entwickeln, mussten sie die einzelnen Sachbearbeiter jeweils persönlich um Informationen zu den von ihnen betreuten Personen bitten. Der anfänglich noch vorhandene Bedarf an gering qualifizierten Arbeitskräften in bestimmten Segmenten des Arbeitsmarktes war bald gesättigt. Angesichts der Lohnentwicklung in der Region wurde die Vermittlung in geförderte Arbeit zudem immer wieder als ambivalent erlebt.

Die *freien Träger* waren bei der Durchführung ihrer Projekte in erster Linie auf stabile Kooperationsbeziehungen mit dem Arbeitsamt angewiesen, denn die Bundesanstalt für Arbeit finanzierte einen Großteil der Beschäftigungs- und Qualifizierungsmaßnahmen als ABM und SAM. Die Kommune leistete indirekte Beiträge, indem sie zusätzliche Mittel für die Deckung von Overheadkosten bereitstellte oder Träger mit Referenzen gegenüber dem Arbeitsamt ideell unterstützte.

---

140 Später mussten die Kommunen 35 Prozent der Fördermittel für diese Maßnahmen aufbringen.

War Beschäftigungspolitik in der ersten Legislaturperiode des Stadtrates vor allem auf die Bewältigung des Personalabbaus innerhalb der Verwaltung gerichtet, so wurde in der zweiten Wahlperiode von 1994 bis 1999 die HAL-Sanierung zum entscheidenden Akteur. Sie hatte die Aufgabe, die Beschäftigung von Arbeitslosen über ABM und SAM, ab 1997 auch die Beschäftigung von Sozialhilfeempfängern nach dem Rahmenprogramm des Landes im Sinne der Stadt und der beteiligten Gesellschafter abzuwickeln.[141] Mitte der 1990er Jahre beschäftigte die HAL-Sanierung über ihre Tochtergesellschaft jährlich bis zu 1000 Personen in ABM, zwischen 1997 und 1999 zusätzlich etwa 300 Sozialhilfeempfänger über das Landesprogramm.[142] Die Beschäftigungsgesellschaft blieb umstritten. Der fehlende Wettbewerb angesichts ihrer Monopolstellung wurde in den Expertengesprächen ebenso problematisiert wie Verdrängungseffekte bezüglich des ersten Arbeitsmarktes. Die HAL-Sanierung erwies sich darüber hinaus als schwer kontrollierbar und politisch nicht steuerbar. Von ihr profitierten nach Aussagen der meisten Gesprächspartner vor allem die beteiligten Gesellschafter, weniger diente sie der Arbeitsmarktintegration der Beschäftigten. Es wurde zwar von einer exemplarischen Evaluation ausgewählter Maßnahmen der HAL-Sanierung berichtet, von regelmäßiger Berichterstattung kann aber nicht die Rede sein. Nachdem im Jahre 1999 finanzielle Schwierigkeiten entstanden waren, weil das Arbeitsamt Fördermittel zurückforderte und sich dieser Konflikt weder in Verhandlungen mit dem Arbeitsamt noch mit einem Umsteuern der Gesellschaft beheben ließ, entschlossen sich die Mitglieder des Aufsichtsrates im Jahre 2002, mit einem Insolvenzantrag das Ende der Beschäftigungsgesellschaft und ihrer Tochtergesellschaft zu besiegeln (vgl. Stadtrats-Drucksache III/2003/03413 vom 25. 6. 2003).

Das Ende der HAL-Sanierung wurde von weiteren Veränderungen der ökonomischen und politischen Rahmenbedingungen, die ebenfalls zu einem Wandel der Organisationsstrukturen beitrugen, begleitet. Die Reduktion der Zuschüsse und

---

141 An der HAL-Sanierung waren die Stadt mit 55 Prozent, die Stadtwerke mit 30 Prozent, die Sparkasse Halle mit 10 Prozent und die IG BCE mit 5 Prozent beteiligt. Die HAL-Sanierung hatte eine Tochtergesellschaft HAL AFG, die die Vergabe-ABM abwickelte.

142 Die Möglichkeit der versicherungspflichtigen Beschäftigung über § 19 Abs. 1 oder Abs. 2 BSHG (Entgeltvariante) bestand auch zuvor. Sie wurde jedoch nur in Einzelfällen genutzt, wenn sich Träger darum bemühten, eine Person, die bereits nach der Mehraufwandsvariante beschäftigt wurde, für ein Jahr befristet einzustellen. Die verschwindend geringe Anwendung dieser Möglichkeit hatte zum einen finanzielle Gründe, da die unmittelbaren Kosten für die Entgeltvariante deutlich höher sind als für die Mehraufwandsvariante, zum anderen lässt sie sich aber auch mit einer fehlenden beschäftigungspolitischen Strategie begründen. Im Gegensatz zu Halle führten die meisten ostdeutschen Städte bereits Anfang der 1990er Jahre einen großen Anteil ihrer Beschäftigungsmaßnahmen für Sozialhilfeempfänger über Entgeltvarianten durch und eröffneten ihnen so den Zugang zu den Leistungen der Bundesanstalt für Arbeit (vgl. Fuchs/Spengler 1995).

5.1 Ökonomische und institutionelle Rahmenbedingungen 91

Abbildung 5: Organisation der Beschäftigungsförderung in Halle im Jahre 2003

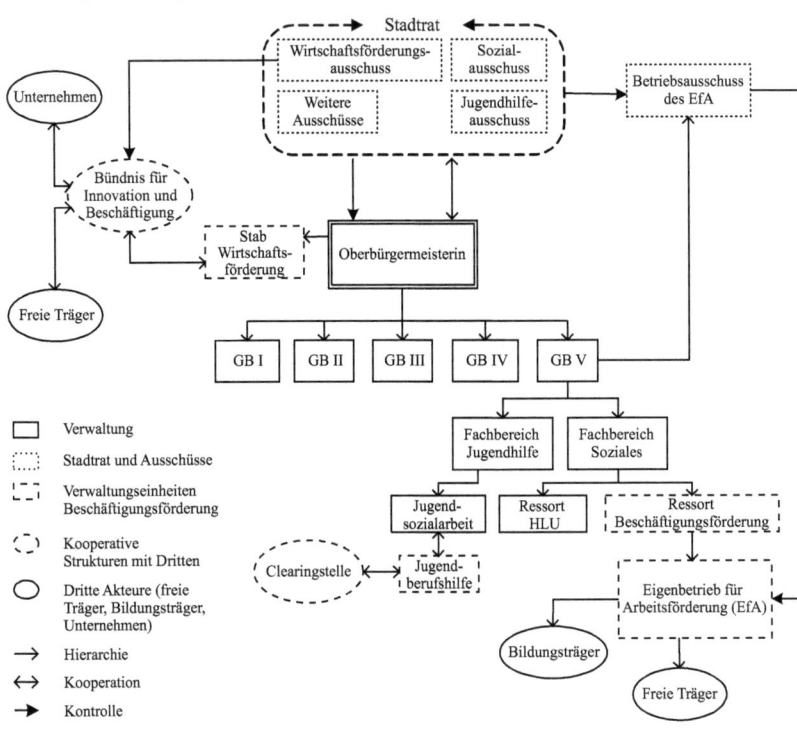

Quellen: Angaben der Stadtverwaltung; eigene Darstellung.

die Verschärfung der Zugangsvoraussetzungen für ABM durch die Bundesanstalt für Arbeit machten es für die städtischen Ämter zunehmend unattraktiv, ihre Arbeitsabläufe mit ABM zu planen. Zugleich bot die europäische Beschäftigungspolitik nach 1997 neue finanzielle Anreize für die Beschäftigung von Langzeitarbeitslosen und Sozialhilfeempfängern.

Veränderungen der lokalen politischen Rahmenbedingungen kamen hinzu. Die anhaltend hohe Arbeitslosigkeit wurde im Ergebnis der Landtagswahlen 1998 politisch thematisiert. Die sich verschärfende Jugendarbeitslosigkeit erzeugte kommunalpolitischen Handlungszwang.[143] Die Kommunalwahl 1999 und die Neuwahl

---

143 Vor dem Jahr 2000 waren Anfragen und Anträge des Stadtrates hinsichtlich der Koordination aller Aktivitäten der Ausbildungs- und Beschäftigungsförderung auf Ablehnung der Verwaltung gestoßen. Es wurde darauf verwiesen, dass die Stadt über Bedarf ausbilde und der Bürgermeister die Kammern regelmäßig auffordere, mehr Ausbildungsstellen zu schaffen. Ausbildungs- und Be-

des Oberbürgermeisters 2000 brachten Bewegung in die vorhandenen Organisationsstrukturen und politischen Mehrheiten. Im Ergebnis hatten sich zum Ende des Untersuchungszeitraums in den Jahren 2003 und 2004 die institutionellen Rahmenbedingungen im Vergleich zu 1999 deutlich verändert (vgl. Abbildung 5).[144] Zentrale Akteure waren nun

- das Ressort Beschäftigungsförderung, das die ehemaligen Abteilungen Arbeitsförderung und Hilfe zur Arbeit im Geschäftsbereich (GB) V (Jugend, Soziales und Gesundheit) vereint,
- der Eigenbetrieb für Arbeitsförderung (EfA) als Nachfolger der insolventen HAL-Sanierung,
- der lokale Beschäftigungspakt „Bündnis für Innovation und Beschäftigung" (BIB) sowie
- die freien Träger der Wohlfahrtspflege und die Bildungsträger.

5.2 Handlungsorientierungen der Akteure

Die Strategiefähigkeit komplexer Akteure steigt nach Fritz W. Scharpf (2000: 107) mit der Übereinstimmung der Handlungsorientierungen, also der „(politisch relevanten) Wahrnehmungen und Präferenzen", „zwischen den (politisch relevanten) Mitgliedern des komplexen Akteurs" und mit der Fähigkeit zur Konfliktlösung durch Integration verschiedener Präferenzen innerhalb komplexer Akteure.[145] Neben den internen Interaktionsformen bestimmen also die Handlungsorientierungen ihrer Mitglieder das politische Handeln komplexer Akteure.

Betrachtet man den Stadtrat sowie die Vereine und Verbände als kollektive Akteure und die Stadtverwaltung als korporativen Akteur, dann lassen sich aus deren kollektiven Identitäten[146] und den normativen und kognitiven Orientierungen

---

chäftigungsbündnisse aller relevanten Akteure wurden als überflüssig abgelehnt (vgl. Stadtrats-Drucksachen III/1999/00118 vom Oktober 1999 und III/2000/00431 vom 26. 1. 2000).

144 Die Veränderung der Organisationsstruktur ist Gegenstand der Entscheidungsprozessanalyse im Kapitel 5.4.1. Die Struktur des Jahres 2003 wird hier zur besseren Übersicht dargestellt.

145 Präferenzen lassen sich in institutionelles Eigeninteresse, normative Orientierung und identitätsbezogene Präferenzen unterscheiden. Wirklichkeitswahrnehmungen werden als sozial konstruiert und institutionell geformt verstanden (Scharpf 2000: 42). Zu den verschiedenen Typen komplexer Akteure vgl. Scharpf (ebd.: 101–107). Interne Konfliktlösung wird durch institutionelle Rahmenbedingungen, insbesondere Interaktionsformen, beeinflusst (ebd.: 108).

146 Kollektive Identitäten entstehen, wenn spezifische Aspekte des Eigeninteresses der komplexen Akteure und der normativen Rollenerwartungen in ihrem Namen Handelnder zusammenfallen (ebd.: 117).

der in ihnen politisch relevant Handelnden Erklärungen für den Einfluss des jeweiligen komplexen Akteurs auf die Gestaltung des Politikfeldes finden.

Betrachtet man Kommunalpolitik gleichzeitig als komplexen Akteur, der Kommunalverwaltung und Gemeindevertretung, im erweiterten Sinne auch Verbände als Interessenvertreter, aufeinander bezieht, so eröffnen die Erkenntnisse zu den Handlungsorientierungen der Akteure – kombiniert mit den Interaktionsformen zwischen ihnen – Erklärungen für die Gestaltung des kommunalen beschäftigungspolitischen Prozesses und seiner Ergebnisse:

- Als Indikator für die *normativen Orientierungen* der befragten Experten wurden ihre Haltungen zu den Zielgruppen der Beschäftigungsförderung erfasst.

- *Kognitive Orientierungen* ließen sich aus den Wahrnehmungen der Rahmenbedingungen und Gestaltungsspielräume der kommunalen Beschäftigungspolitik eruieren.

- *Kollektive Identitäten* wurden über Aussagen zu institutionellen Eigeninteressen der komplexen Akteure und zum – die normativen Rollenerwartungen an in ihnen tätige Individuen reflektierenden – Rollenverständnis der jeweiligen Gesprächspartner erschlossen. Rollenspezifische Handlungsorientierungen können durch Rollenkonflikte oder durch ausgeprägte individuelle Eigeninteressen überlagert werden.

5.2.1 Einstellungen zu den Zielgruppen

Zur Kategorisierung der normativen Orientierungen der befragten Experten wird hier auf Herbert Kitschelt zurückgegriffen. „Different views of citizenship, decision models, and resource allocation", so Kitschelt (1997: 4), „... provide the critical dimensions along which opinions and beliefs in democracies may vary."

Die Einstellungen zu den Zielgruppen der Beschäftigungsförderung wird deshalb in zwei Dimensionen erfasst: bezüglich der Haltung zu sozialstaatlicher Umverteilung und im Hinblick auf bevorzugte Entscheidungsmodi und Umgangsformen mit den Hilfebedürftigen.

Für die Dimension der sozialstaatlichen Umverteilung wird gefragt, in welchem Ausmaß die Experten Arbeitsbereitschaft als Voraussetzung für Unterstützungsleistungen fordern. Mit „Welfare" wird eine Position kategorisiert, die sozialstaatliche Unterstützungsleistungen bei Arbeitslosigkeit als Grundsicherung begreift, auf die unabhängig von der Arbeitsbereitschaft ein Rechtsanspruch bestehen

Abbildung 6: Normative Orientierungen der Experten

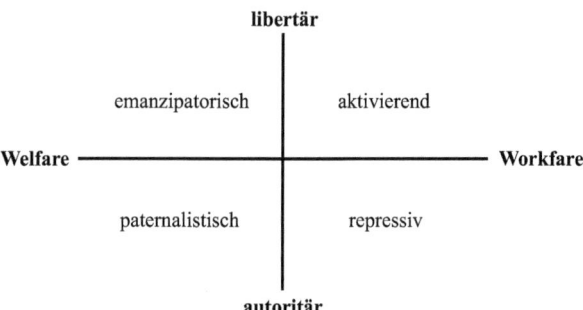

soll und die ein menschenwürdiges Leben ermöglicht. „Workfare" steht hingegen für die Idee, sozialstaatliche Unterstützung nach dem Gegenleistungsprinzip an den Nachweis der Arbeitsbereitschaft zu koppeln.

Die Dimension der Entscheidungsmodi und Umgangsformen zwischen öffentlicher Beschäftigungsförderung und Hilfesuchenden wird mit den Kategorien „libertär" und „autoritär" abgebildet. Vertreter libertärer Haltungen befürworten Konzepte von Selbstverwirklichung, Selbstbestimmung, Partizipation und dialogischer Kommunikation. Demgegenüber verweist die Befürwortung sozialer Unterordnung, eindeutiger Verhaltensstandards und der Setzung sozialer Normen über hierarchische Kommunikationsstrukturen auf autoritäre Orientierungen (vgl. Kitschelt 1994: 17).

Die Akteure berichteten von unterschiedlichen privaten und professionellen Erfahrungen mit Sozialhilfeempfängern und Arbeitslosen. Das Spektrum der entwickelten normativen Orientierungen reicht von einer differenzierenden emanzipatorischen Position gegenüber den Hilfebedürftigen über paternalistische bis hin zu repressiven Einstellungen.

Repressive Einstellungen fanden sich bei Mitarbeitern des Ressorts Beschäftigungsförderung und des Eigenbetriebs für Arbeitsförderung sowie bei CDU-Stadträten. Ihnen erschienen Sozialhilfeempfänger als Objekte staatlicher Fürsorge und als Fremde, mit deren Kultur und sozialer Disposition man sich nicht auseinander setzen mochte. Die Mehrzahl der Hilfeempfänger wurde als suchtkrank, verschuldet, arbeitsentwöhnt oder arbeitsunwillig wahrgenommen. Sie tauchten in den Gesprächen kaum als individuelle Persönlichkeiten auf. Pünktlichkeit und morgendliches Aufstehen wurden aus dieser Perspektive zu zentralen Qualifizierungszielen. Wenn überhaupt, dann wurden lediglich einzelne gut qualifizierte Hilfeempfänger als Individuen beschrieben, denen es ein Sprungbrett zu schaffen galt. Die Vorstellung, dass Sozialhilfebezug eine Lebenslage ist, in der das BSHG den Betrof-

5.2 Handlungsorientierungen der Akteure 95

fenen das Recht auf ein Leben in Würde garantiert und sie bei der Integration in Erwerbsarbeit unterstützen soll, wurde von keinem dieser Experten beschrieben. Sie vertraten im Gegenteil die Meinung, wer nicht arbeite, obwohl er oder sie dies könne, solle auch keine Hilfeleistung erhalten.

> „… wenn in New York jemand kein Dach überm Kopf hat, nichts zu essen hat, dann wendet er sich vertrauensvoll an seinen für ihn zuständigen Bereich. Da kriegt er einen Zettel in die Hand, und wenn er mit dem Zettel zurückkommt und einen Stempel vom Ranger Central Park drauf hat, dass er dort aufgeräumt hat, kriegt er was zu essen, kriegt er ein Dach überm Kopf. Und ich denke mal, das ist nichts Ehrenrühriges oder Unsoziales, wenn ich sage: Bitte schön, du möchtest was zu Essen haben, das kostet 5 Euro. Du möchtest ein Dach über dem Kopf – 5 Euro. Dafür verlange ich von dir, angesetzt die Arbeit mit 5 Euro, zwei Stunden Straße fegen. Bums. Und wenn dir das reicht und du also nicht noch 5 Euro Taschengeld haben möchtest, dann kannst du nach den zwei Stunden wiederkommen, und dann regeln wir das. Das ist ein faires Geschäft, denke ich mal. Das wird hier durch einige Personen natürlich anders eingestuft, wie ich über diese Sache denke. Man ist eben noch auf so einem sozialen Trip, auch wenn die finanziellen Möglichkeiten nicht da sind, ich verstehe es nicht." (V 6)[147]

> „Ja, wenn ich könnte, würde ich für alle Arbeitsfähigen die Zahlung der Sozialhilfe von einer gemeinnützigen Tätigkeit abhängig machen." (R 4)

Die Ambivalenz einer repressiven Politik gegenüber den Hilfeempfängern wurde von einigen Vertretern dieser Gruppe zwar beschrieben, aber kaum weitergehend reflektiert.

> „Ich habe immer wieder dafür plädiert, mehr Leuten wenigstens die Hilfe zur Arbeit anzubieten, auch mit Zwang durch Kürzung der Sozialhilfe, weil ich denke, es kann nicht sein, dass ein gesunder, arbeitsfähiger Mensch nur Geld kriegt und dafür nichts machen muss. Es ist keine Schande, Laub zu harken und Papier aufzulesen. Wenn man die Sozialhilfe sperrt für den Betreffenden in der Familie, wird nicht *der* weniger Geld haben – meist ist es der Mann, der dann die Sozialhilfe der Familienmitglieder behält –, sondern die Kinder haben weniger Geld, und dann stehen die vorm Sozialamt. Dann hat das Sozialamt wieder ein neues Problem." (R 4)

Bei befragten Stadträten des PDS, SPD und HAL-Fraktion, bei Gesprächspartnern der Abteilung Hilfe zur Arbeit, in der Leitungsebene der Sozialverwaltung und bei mehreren freien Trägern waren *paternalistische* Einstellungen verbreitet. Sie plä-

---

147 In den folgenden Zitaten aus den Experteninterviews kennzeichnet „V" Experten aus der Stadtverwaltung, „R" Stadträte und „T" Experten von freien Trägern und Wohlfahrtsverbänden. Die Nummerierung dient der Anonymisierung, nicht einer hierarchischen Reihenfolge.

dierten in der Gesamtheit für eine öffentliche Beschäftigungsförderung, bei der Unterstützungsleistungen nicht an den Nachweis der Arbeitsbereitschaft gekoppelt sind, und forderten zugleich die aktive Mitarbeit der Hilfebedürftigen. Nachrangig schien diesen Experten, ob Beschäftigung mit persönlicher Entwicklung oder der Stärkung von Selbsthilfepotentialen einhergeht. Ambivalente Äußerungen dieser Akteure bezogen sich nicht auf die Diskussion um den Grad der Repression und des Arbeitszwangs, sondern vielmehr auf die Kompetenz der Sozialhilfeempfänger als Bürger und als Beteiligte der Beschäftigungsförderung.

> „Ich hab da [in einem Problem-Stadtbezirk] gelebt. Und ich halt es eben manchmal nicht mehr aus. Das muss ich auch sagen. Das ist das Problem. Mit dummen, armen Leuten kannst du keinen Staat machen. Und die müssen wir irgendwie beschäftigen. Denen eine Hoffnung zu geben, denen einen Glauben zu geben, hat auch viel mit Spiegelfechterei zu tun, Vorgaukelei falscher Tatsachen." (R 1)

Wesentlich seltener wurde eine *emanzipatorische* Haltung eingenommen. Sie fand sich bei den Gesprächspartnern der Jugendberufshilfe, wenigen Stadträten sowie einigen freien Trägern. Die Hilfeempfänger wurden aus einer professionell-sozialpädagogischen oder politisch-emanzipatorischen Perspektive wahrgenommen. Sie erschienen als Personen mit individuellen Problemen in einer speziellen Lebenslage, denen durch Qualifikation und Beschäftigung sowie durch begleitende sozialpädagogische Betreuungsangebote Entwicklungsmöglichkeiten eröffnet werden sollten. Als Defizite wurden geringe Bildungsfähigkeit, Schulden, Drogenprobleme, Orientierungs- und Motivationsmangel benannt. Ein Vertreter der Beschäftigungsträger beschrieb den Bedarf an grundlegender staatsbürgerlicher Bildung. Die Experten mit emanzipatorischer Orientierung befürworteten mehrfach und entschieden den Einsatz präventiver Maßnahmen.

Eine *aktivierende* Position, die libertäre Grundwerte mit dem Gegenleistungsprinzip verbindet, nahm keiner der Gesprächspartner ein. Für den Stadtrat insgesamt wurde von den Experten eine paternalistisch-repressive Orientierung als dominierend beschrieben. Die Leitungsebene der Sozialverwaltung tendierte zu paternalistischen Positionen; auf der operativen Ebene innerhalb der Stadtverwaltung gab es funktional geprägt repressive, paternalistische und emanzipatorische Haltungen, die miteinander in Konflikt standen. Bei den Experten der freien Träger, Bildungsträger und Wohlfahrtsverbände fanden sich emanzipatorische und paternalistische Orientierungen.

Insgesamt war auffällig, dass auf Sozialhilfeempfänger vor allem als globale Kategorie Bezug genommen wurde. Wenn spezielle Gruppen erwähnt wurden, dann handelte es sich um besondere Problemgruppen. Alle Befragten nannten Jugendliche ohne Schul- oder Ausbildungsabschluss als besonders schwierige Klientel.

Gerade für Jugendliche sei – durch eine familiäre Kultur der Arbeitslosigkeit – wegen einer zunehmenden Partykultur und des mangelnden gesellschaftlichen Drucks Ausbildung und Arbeit kein erstrebenswertes Lebensziel mehr. Es wurde von erheblichen Bildungsdefiziten berichtet.

> „Und das schlimmste Klientel sind unsere Jugendlichen. [...] Die wollen nicht arbeiten, ein Großteil davon will nicht." (V 2)

> „Ich bin seit fast 20 Jahren im Beruf und konnte diesen ganzen Prozess verfolgen. Der Wechsel von DDR auf westdeutsche Berufsausbildung war in dem Punkt für mich sehr schwierig, dass sich die Grundeinstellung geändert hat von: ‚Es ist ganz normal und selbstverständlich, dass ein junger Mensch eine Berufsausbildung macht und einen Beruf anfängt' in: ‚Jeder junge Mensch kann tun und lassen, wozu er Lust hat.' Das ist mir sehr schwer gefallen. Aber das ist die Politik, die hier zehn Jahre praktiziert wurde, die sich auch im Selbstverständnis festgesetzt hat und an der jetzt alle Beteiligten sehr zu kauen haben, aus dieser Schere wieder rauszukommen. Das ist so, weil sich eine Versorgungsmentalität entwickelt hat, die ist phantastisch. Ich muss ja nicht [arbeiten], ich habe Anspruch auf Sozialhilfe, und wenn mir das reicht für meine Grundversorgung, dann ist das in Ordnung." (T 2)

Auf die Frage nach anderen Zielgruppen kommunaler Beschäftigungsförderung wurden Probleme der Beschäftigungsfähigkeit Geringqualifizierter und Suchtkranker, der Überforderung allein erziehender junger Mütter durch ihre Kinder sowie die aktiven Integrationsbemühungen vor allem der älteren Aussiedlergenerationen beschrieben.

5.2.2 Kognitive Orientierungen

Übereinstimmend urteilten alle Akteure über die *Situation am Arbeitsmarkt*. Angesichts der hohen Arbeitslosigkeit bliebe Betroffenen nur der Weg in die alten Bundesländer. Gleichzeitig beklagten sie den Wegzug gerade der Aktiven, der Qualifizierten und der Jungen. Vermittlung in Arbeit galt als extrem schwierig, zumal seit Ende der 1990er Jahre in den geringe Qualifikation erfordernden Tätigkeitsbereichen kaum noch Personalbedarf bestehe. Konnten bis Ende der 1990er Jahre Teilnehmer an Qualifizierungsmaßnahmen zu Altenpflegehelfern, zu Helfern im Bereich Logistik oder zu einfachen Dienstleistungstätigkeiten noch relativ gut vermittelt werden, kam es später wegen der Verschärfung der Zumutbarkeitsregeln des SGB III und der Einschnitte bei der Arbeitslosenhilfe zu Verdrängungseffekten im Niedriglohnsektor durch besser qualifizierte Arbeitslose. Dennoch wurde – mit einzelnen Erfolgsbeispielen illustriert – darauf verwiesen, dass die Chancen für Bewerbungen aus einer kommunalen Beschäftigungsmaßnahme im Vergleich zu Bewerbungen aus der Arbeitslosigkeit stiegen. Der Bedarf an Beschäftigungsmaßnahmen galt als hoch. Es konnten nicht ausreichend Plätze zur Verfügung gestellt werden.

Die Vorstellung, dass der *zweite Arbeitsmarkt* minderwertig und deshalb im Grunde nicht zu fördern sei, hatte sich allen Akteuren eingeprägt, auch wenn die meisten diese Bewertung gleichzeitig hinterfragten. Viele Gesprächspartner forderten die Einrichtung eines öffentlich geförderten zweiten Arbeitsmarktes für jene, die keine Chancen auf reguläre Beschäftigung (mehr) haben. Erwerbsarbeitszentrierung wurde dabei als selbstverständlich vorausgesetzt. Konzepte von Bürgerarbeit oder Ehrenamt tauchten in den Gesprächen nicht auf. Die Schaffung von Arbeits- oder Ausbildungsplätzen durch kommunale Beschäftigungspolitik, z. B. durch soziale Erwerbsbetriebe, wurde nur von Seiten der Jugendberufshilfe für möglich gehalten.

Die finanziellen Anreize durch *Landes- und Bundesprogramme* waren, erst recht angesichts der dringend notwendigen Haushaltskonsolidierung, in den Augen der Akteure das wesentliche Handlungsmotiv.

„Uns interessierte vor Hartz IV bei der Umsetzung der Maßnahmen lediglich, wie viel Sozialhilfe gespart wird und wie viele Leute wir zum Arbeitsamt kriegen." (V 1)

„Die Spielräume sind äußerst eng. Es gibt einige wenige Nischenprogramme, die Mikrobeschäftigungsprojekte ermöglichen. Ich nehme hier das Programm ‚Lokales Kapital für soziale Zwecke', was als Landesprogramm ‚Pakt für Arbeit' hier in unserer Stadt realisiert wurde. Es kam zu etwa 30 Bewilligungsbescheiden in der Größenordnung von 5000 bis 20 000 Euro, mit denen in kleinem Maßstab 30 Viertel-Beschäftigungsverhältnisse geschaffen werden konnten. Überall da, wo solche Programme existieren, sehe ich die Bereitschaft unserer Kommune, sich zu engagieren. Da sehe ich auch die Bereitschaft der Verbände. Darüber hinaus bewegt sich eigentlich nichts." (T 3)

Diejenigen, die eine präventive und emanzipatorische Beschäftigungspolitik befürworteten, sahen die *politischen Mehrheiten* im Stadtrat als hierfür hinderlich an. Sozialpolitische Argumente schienen schwer durchsetzungsfähig. Sozial- und Arbeitsmarktintegration als Ziel von Beschäftigungspolitik wurden deshalb in Konzepte zur Haushaltskonsolidierung verpackt. Strategische Ziele kommunaler Beschäftigungsförderung waren unter diesen Bedingungen im politischen Raum des Stadtrates kaum diskutierbar.

Die *Umstrukturierung der Beschäftigungsförderung* zwischen 1999 und 2003 beurteilten die Gesprächspartner hinsichtlich der Veränderung des jeweiligen Handlungsspielraums sehr unterschiedlich. Während das Ressort Beschäftigungsförderung einen erheblichen Zuwachs an Ressourcen, eine Statusverbesserung und damit verbunden wesentlich größere Handlungsmöglichkeiten erlebte, berichteten

5.2 Handlungsorientierungen der Akteure

Vertreter freier Träger von sinkenden Beteiligungsmöglichkeiten an der zielgenauen Entwicklung von Maßnahmekonzepten. Mit der Einführung von Wettbewerbselementen schienen vorherige Kooperationsmöglichkeiten zwischen Trägern und der Sozialverwaltung verstellt. Die Beziehungen zwischen diesen Akteuren wurden als einseitige Abhängigkeiten der Träger beschrieben, Entscheidungen als nicht transparent erlebt. Die Stadträte berichteten, dass mit der Einrichtung des kommunalen Eigenbetriebs für Arbeitsförderung im Vergleich zur Situation während der Existenz der HAL-Sanierung mehr Übersichtlichkeit Einzug gehalten habe und die Möglichkeiten politischer Kontrolle gestiegen seien. Dennoch wurden die neuen Organisationsstrukturen zwar als quantitative, nicht aber als qualitative Erweiterung der Handlungsmöglichkeiten erfahren.

„... solche Programme wie AfL oder Jump Plus werden über so eine Struktur, weil sie halt einfach da ist, natürlich ganz anders abgewickelt als in anderen Kommunen, die darüber nicht verfügen und das sozusagen verwaltungstechnisch machen müssen. Andere Kommunen und Landkreise haben sehr, sehr große Probleme. [...] Die Kommunen sind [...] in der Regel nicht in der Lage, diese Sonderprogramme in der Art und Weise wie ABM oder SAM durchzuführen. Das sind, glaube ich, strukturelle Probleme, die z. B. in der Stadt Halle durch die Möglichkeit, das über die Struktur des EfA abzuwickeln, weitestgehend gelöst sind. Wobei auch da, das hat die letzte Betriebsausschusssitzung auch ein Stück ergeben, nicht ausgeschlossen ist, [...] dass wir eine hohe Abbrecherquote haben." (R 2)

Handlungsalternativen blieben weitgehend unerwähnt. Lediglich die Stadt Leipzig und einmal die Stadt Magdeburg wurden als Beispiele anderer Organisation der Beschäftigungsförderung erwähnt. Wissen um die Aktivitäten anderer Kommunen schien zumindest unter den Stadträten kaum vorhanden. Auch der rechtliche Spielraum, z. B. die Vielfalt der beschäftigungspolitischen Instrumente des BSHG, war nicht gut bekannt. Die Stadträte bemängelten fehlende Expertise in den Ausschüssen des Rates wie auch im Betriebsausschuss des Eigenbetriebs.

„In Wirklichkeit ist es so: Die so genannten sachkundigen Einwohner sind nicht sachkundig, zumindest nicht so, wie man es vom Namen her erwarten müsste. Die wirklich Sachkundigen, die kriegt man nicht für so 'ne Arbeit, dass sie sich da hinsetzen und ihre Sachkunde einbringen. Das ist für die zu zeitaufwändig oder zu popelig – ich weiß es nicht. Das kann ich auch nicht interpretieren. Meist werden die berufenen sachkundigen Einwohner als eine Personalreserve für zukünftige Stadträte in die Ausschüsse entsendet. Dort können sie sich selbst sachkundig machen, können schon mal gucken, wie es läuft. Es wäre natürlich ein Glücksfall, wenn wir jemanden hätten, der mal ein Sozialamt geleitet hätte, oder den Leiter [eines Wohlfahrtverbandes]. Die kommen zu so etwas nicht. Das ist für die zu zeitaufwendig. Da kriegen wir keinen." (R 4)

5.2.3 Eigeninteresse komplexer Akteure und Rollenverständnis der Experten

Nach Fritz W. Scharpf sind komplexe Akteure vor allem an Selbsterhaltung, Autonomie und Wachstum interessiert. Kollektive Identitäten[148] erleichtern den in ihnen Handelnden die Entscheidung zwischen Handlungsoptionen, erschweren aber zugleich Strategiewechsel (vgl. Scharpf 2000: 117–120).

Für die *Kommunalverwaltung* als korporativen Akteur fanden sich in Bezug auf die Beschäftigungsförderung vielfältige, teilweise gegenläufige Eigeninteressen von Untereinheiten und ein funktional unterscheidbares Rollenverständnis der Akteure.

Besonders wirkungsmächtig war das Interesse der *Leitungsebene der Sozialverwaltung*, die Ausgaben für Sozialhilfe bei gleichzeitigem Erhalt bzw. Ausbau des Personalbestands im Fachbereich Soziales zu senken. Das Rollenverständnis der Akteure war durch eine Kombination paternalistischer Orientierungen und hierarchischer Interaktionsformen geprägt und orientierte sich stark an der fiskalischen Zielstellung der Haushaltskonsolidierung.

Innerhalb *des Ressorts Beschäftigungsförderung und des Eigenbetriebs für Arbeitsförderung* ließ sich eine aufgabenpolitisches Rollenverständnis beobachten, das auf die Etablierung der im Untersuchungszeitraum noch jungen Struktureinheiten und ihre größtmögliche Eigenständigkeit zielte. Das professionelle Selbstverständnis der befragten Akteure basierte sowohl innerhalb der Geschäftseinheiten als auch in Bezug auf ihre Einbindung in die Kommunalverwaltung auf traditionell-hierarchischen Interaktionsformen und wurde durch repressiv-paternalistische Orientierungen geprägt. Die Verbindung von operativer und strategischer Ebene in Personalunion führte angesichts dieses Rollenverständnisses zu einer deutlichen Betonung der operativen auf Kosten der strategischen Orientierung.

Die befragten Mitarbeiter der *Abteilung Hilfe zur Arbeit* und der *Jugendberufshilfe* orientierten sich an sozial- und arbeitsmarktintegrativen Zielstellungen, die wegen der teilweise anfallenden hohen Kosten als den Interessen des Sozialamtes an sinkenden Fallzahlen und Sozialhilfeausgaben zuwider laufend beschrieben wurden. Da beide Bereiche über wenig eigene Ressourcen verfügten, entfalteten ihre emanzipatorische bis paternalistische Orientierung, ihr sozialpädagogisches Rollenhandeln und ihre eher kooperativen Interaktionsformen eine geringe Wirkungsmacht.

---

148 Kollektive Identitäten entstehen beim Zusammenfallen spezifischer Aspekte des Eigeninteresses komplexer Akteure mit den normativen Rollenerwartungen der in ihrem Namen Handelnden (vgl. Scharpf 2000: 119–122).

5.2 Handlungsorientierungen der Akteure

„[Die Abteilung Hilfe zur Arbeit] hat versucht, sehr viel stärker auf die Träger zu orientieren als auf die städtischen Projekte. Ich musste sie immer ein bisschen rumkriegen und sagen: Politisches Erfordernis, tut mir Leid, wir müssen die Jungs da verheizen." (V 1)

Die Sozialverwaltung und die Wirtschaftsförderung verfolgten unterschiedliche Interessen in Bezug auf Beschäftigungsförderung. Während die *Wirtschaftsförderung* auf die Schaffung von Arbeitsplätzen für hoch qualifizierte Arbeitnehmer zielte und wenig Augenmerk auf die Entwicklung im Bereich der gering qualifizierten Tätigkeiten legte, versuchte die *Sozialverwaltung* mit allen zur Verfügung stehenden Mitteln, befristete Beschäftigung für langzeitarbeitslose Sozialhilfeempfänger zu schaffen und dabei ein Abgleiten in den extremen Niedriglohnsektor zu vermeiden.

Der *Stadtrat* als kollektiver Akteur wurde in seiner Mehrheit als fiskalpolitisch orientiert beschrieben. Zentrales Ziel schien die Haushaltskonsolidierung. Die Stadträte verstanden sich in einem traditionellen Sinn als Kontrolleure der Verwaltung, fühlten sich aber schlecht informiert und verfügten nicht über eigene Ressourcen, die Ergebnisse zu kontrollieren bzw. sie überhaupt abzufragen.

„Also, die Probleme sind schwieriger, als man manchmal denkt. Und das ist es eben, auch Fachwissen gehört dazu und Erfahrung, und da ist im Stadtrat bzw. im Ausschuss niemand, der da wirklich mitreden kann. Wir müssen uns auf die Verwaltung verlassen, dass sie uns das auch so erläutert, wie die Probleme zusammenhängen." (R 4)

„Der Handlungszwang, der uns vorgespielt wird, ist oft keiner." (R 1)

Von den Stadträten wurde zudem die geringe Transparenz der Strukturen bemängelt.

„Wir haben viele Dinge ja nicht gewusst. Wie die Stadtverwaltung eigentlich so strukturiert ist, das erfährst du ja immer erst hinterher, wenn die Stellen streichen müssen. Welche Stellen da sind, erfährst du erst, wenn sie gestrichen werden, das ist so." (R 1)

Ein dem neuen Steuerungsmodell entsprechendes Rollenverständnis von Ratsmitgliedern als strategischen Gestaltern von Politik, die strategische Ziele definieren und die Verwaltung auf Abstand kontrollieren, war unter den befragten Stadträten nicht zu finden. Stattdessen orientierten sie sich an einzelnen Beschwerden und Hinweisen von Bürgern oder Vereinen, für deren Interessen sie dann mit der Verwaltung stritten.

Die *Träger* von Beschäftigungs- und Qualifizierungsmaßnahmen sahen sich als Nutzer der Fördermittel zum Wohle der lokalen Gemeinschaft oder als Dienstleister für die kommunale Beschäftigungsförderung. Gleichzeitig lag es in ihrem originären Interesse, für die Erfüllung ihrer Aufgaben Arbeitskräfte zu gewinnen. Vereinzelte Bemühungen der Vernetzung scheiterten hauptsächlich an Konkurrenz zwischen den Trägern. Die kommerziellen Bildungsträger zielten stärker auf Arbeitsmarktintegration, da ihre Beteiligungschancen an der Vergabe von Aufträgen von ihrem vorherigen Vermittlungserfolg abhingen. Sie nahmen auch Abstand von Beschäftigungsmaßnahmen für bestimmte Zielgruppen, wenn diese sich aus ihrer Sicht nicht mehr rechneten. Die nichtkommerziellen, zumeist kirchlichen Jugendwerkstätten verfolgten mit ihren Projekten stärker sozialintegrative Ziele, versuchten aber ebenfalls bereits während der Maßnahmen, aktiv in Ausbildung oder Arbeit zu vermitteln. Die städtische Jugendwerkstatt sah sich dagegen eher als Dienstleister für die Stadt.

Die Verbandsvertreter thematisierten auch den hohen Aufwand und den geringen eigenen Nutzen bei der Durchführung von Beschäftigungsmaßnahmen.

„Für die Verbände ist Arbeitsbeschaffung selten ein lohnendes Unterfangen. Es ist immer ein Zusatzgeschäft, das ganz schlecht passt und nicht mal ideell entlohnt wird. Es gibt keine Prämien, nicht mal einen Zeitungsartikel oder so etwas für eine gut gelungene Arbeitsbeschaffungsmaßnahme. […] Finanziell lohnt es sich schon gar nicht. Im Gegenteil, ein Verband muss sehr viel an Organisationsaufwand und Anleitungsaufwand in eine Arbeitsbeschaffungsmaßnahme investieren. Diese Investition ist umso verlorener, je kürzer die anschließende Verweildauer ist. Kein Unternehmen würde einen Lehrling ausbilden, wenn man schon wissen würde, dieser Lehrling ist ein halbes Jahr, nachdem wir ihn ausgebildet haben, auch schon wieder weg. Insofern wird hier mit hohem Aufwand etwas getan, was für die Verbände wenig nützlich ist. Jetzt muss man die Frage stellen: Ist es denn wenigstens für die Menschen nützlich? Und auch hier lassen sich Fragezeichen anbringen. Der größte Nutzen würde meines Erachtens entstehen, wenn Maßnahmen so gestrickt sind, dass sie eine ‚Win-Win-Situation' darstellen. Dass die Maßnahme für den Maßnahmeteilnehmer, aber auch für das Unternehmen oder den Verband, der die Maßnahme durchführt, ein Gewinn ist. Dazu aber haben wir immer weniger Möglichkeiten. Auch sonst sind Maßnahmen kritisch danach zu beurteilen: Bedeuten sie für Menschen wieder nur eine zusätzliche Warteschleife?" (T 3)

Die Rolle der Wohlfahrtsverbände als Lobby ihrer Mitgliedsvereine wurde von diesen mehrfach als zu schwach kritisiert. Es wäre den Wohlfahrtsverbänden nicht gelungen, grundsätzliche öffentliche Debatten um die politischen Ziele der Beschäftigungsförderung auszulösen. Statt politischer Interessenvertretung versuchten sie in den Ausschüssen des Stadtrates, für ihre jeweilige eigene Klientel möglichst gute Förderkonditionen zu erzielen.

Aus den vorgefundenen institutionellen Rahmenbedingungen und Handlungsorientierungen lässt sich die These herleiten, dass die kommunale Sozialverwaltung als zentrale Organisationseinheit mit erheblichen finanziellen Ressourcen für Beschäftigungsförderung die Gestaltung des Politikfeldes dominierte und dabei vor allem darauf zielte, die Ausgaben für Sozialhilfeleistungen zu senken. Berücksichtigt man die fehlenden strategischen Aktivitäten des Stadtrates und die mangels Vernetzung schwache Position der freien Träger, so dürften sich die Interessen der Sozialverwaltung relativ leicht durchgesetzt haben.

5.3 Die Gestaltung des Politikfeldes

Die Entwicklung der kommunalen Beschäftigungspolitik der Stadt Halle zwischen 1999 und 2003/04 wird im Folgenden entlang des Policy-Zyklus-Modells in den Kategorien Programmatik, Implementation und Verfahren der Erfolgsmessung erfasst. Um zu einem Verständnis der Entscheidungsprozesse im komplexen Politikfeld zu gelangen, werden diese Prozessschritte aus analytischen Gründen so weit wie möglich isoliert betrachtet, auch wenn sie faktisch nicht klar voneinander zu trennen waren und meist auch synchron abliefen.

5.3.1 Strategien und Ziele

Eine politisch legitimierte beschäftigungspolitische Gesamtstrategie wurde in Halle bis Mitte 2004 nicht entwickelt.

Die *Jugendberufshilfe* orientierte sich seit 1992 am „Sonderprogramm zur Bekämpfung der Jugendarbeitslosigkeit in Halle – Halle 500", das den Aufbau und Betrieb von Jugendwerkstätten und die Beschäftigung von jährlich 500 Jugendlichen in befristeten Arbeitsverhältnissen auf der Basis von ABM zum Ziel hatte (vgl. Sauermann 2001: 4 f.). Dieses Programm war in seinem Ausmaß zugeschnitten auf die Arbeitsmarktsituation junger Menschen, so wie sie sich Anfang der 1990er Jahre darstellte. Mit seiner Orientierung auf Jugend-ABM, einem inflexiblen arbeitsmarktpolitischen Instrument,[149] war das Programm „Halle 500" von der Geschäftspolitik der Bundesanstalt für Arbeit abhängig und konnte den spezifischen Anforderungen an die Integration Jugendlicher in den Arbeitsmarkt kaum gerecht werden. 1999 beschloss der Stadtrat mit dem „Konzept der Flexiblen Jugendberufshilfe" zwar eine Erweiterung, aber weder wurde die Erfüllung des Programms

---
149 Jugend-ABM ermöglichten die Beschäftigung für zwölf Monate in einer Maßnahme; modulare Programme, wie sie für die dauerhafte Integration von gering qualifizierten und/oder sozial benachteiligten Jugendlichen notwendig gewesen wären, waren in diesem Rahmen nur schwer umsetzbar.

„Halle 500" in diesem Zusammenhang evaluiert, noch das neue Konzept mit finanziellen Mitteln unterlegt.[150]

Beschäftigungsförderung für Sozialhilfeempfänger war erst seit 1999 eine konzeptionell angelegte kommunalpolitische Aufgabe, die darin bestand, eine Erst- und Ausstiegsberatungsstelle innerhalb des Sozialamtes zu schaffen und jährlich 500 bis 600 befristete versicherungspflichtige Arbeitsplätze für Sozialhilfeempfänger zur Verfügung zu stellen.[151]

Mit dem vom Sozialamt entwickelten und vom Stadtrat bestätigten Fachkonzept „Hilfe zum Lebensunterhalt" (HLU-Konzept) aus dem Jahr 2002 wurde die Einschätzung des beschäftigungspolitischen Bedarfs bestätigt. Indirekt bedeutete dies auch ein Eingeständnis des Misserfolgs der bisherigen Beschäftigungsförderung. Das Konzept entstand in Reaktion auf die in einer Studie der Roland Berger Strategy Consultants zur Haushaltskonsolidierung geäußerte Kritik an der ungenügenden Nutzung von Hilfe zur Arbeit.[152] Ein neuer Beschluss des Stadtrates verpflichtete die Stadt auf die Schaffung und Finanzierung von jährlich 500 sozialversicherungspflichtigen Arbeitsplätzen mit den Instrumenten des BSHG, von denen die Hälfte für Jugendliche zur Verfügung stehen sollte. Deutlich wies die Sozialverwaltung auf zwei zentrale Probleme der Umsetzung hin: auf die unzureichende finanzielle Ausstattung des Eigenbetriebs für Arbeitsförderung mit entsprechenden Projektmitteln und auf die Notwendigkeit einer inhaltlichen Umorientierung weg von städtischen Maßnahmen wie Grünflächenpflege hin zu Maßnahmen mit Qualifizierungsanteilen und hohem Praxisbezug zum ersten Arbeitsmarkt. Als Ziel wurde die Reduktion der Fallzahlen der Sozialhilfeempfängerhaushalte um 250 auf 7750 im Jahre 2003 definiert. Da jedoch keine genauen Zielvereinbarungen abgeschlossen und keine Berichterstattungsregelungen getroffen wurden, stellen die Konzepte ohne entsprechende finanzielle Unterlegung und politische Beachtung eher Absichtserklärungen als Leitlinien des Handelns dar. Als beschäftigungspolitische Gesamtstrategie können sie nicht verstanden werden, fehlten doch verbindende Elemente und eine ganzheitliche Ausrichtung. Die Konzepte waren vor allem Organisationsentwicklungsmodelle und Kosten-Nutzen-Rechnungen, deren Umsetzung immer wieder auch durch haushaltspolitische Engpässe behindert wurde.

---

150 Vgl. Flexibles Jugendberufshilfesystem „Integration durch Bildung und Arbeit" (Ratsbeschluss Nr. 98/I-47/1236 vom 18. 11. 1998).
151 Vgl. „Kommunales Beschäftigungsprogramm für Sozialhilfeempfänger und flexibles Sozialhilfesystem zur Integration durch Arbeit" (Ratsbeschluss Nr. 98/I-47/1234 vom 18. 11. 1998).
152 In der Studie wurde festgestellt, dass zur Konsolidierung der Sozialhilfekosten verstärkt in Arbeitsprojekte für Sozialhilfeempfänger investiert werden sollte. In ähnlicher Weise hatte zuvor der Landesrechnungshof kritisiert, dass durch einen zu späten Einsatz von Personal die Einsparpotentiale im Bereich der Vermittlung in Hilfe zur Arbeit nicht ausgeschöpft wurden.

5.3 Die Gestaltung des Politikfeldes

> „Aus meiner Sicht gab und gibt es noch immer keine kommunale Strategie der Beschäftigungspolitik. Es wird zwar in irgendeiner Weise Beschäftigungspolitik gemacht, indem einzelne Felder bedient werden, aber so eine abgestimmte kommunale Strategie, vielleicht auch noch politisch legitimiert, gibt es in der Stadt Halle nicht. [...] Kurz und knapp gesagt: Jeder macht Seins." (V 4)

> „Ein wichtiger Schlüssel wäre eine klare Zielformulierung. Was wollen wir mit Beschäftigungsförderung wirklich erreichen? Und zwar nicht eine Zielformulierung, die in Euro und aktuell laufenden Maßnahmen, sondern in den langfristig damit zu erreichenden Effekten besteht. Wäre man sich des Ziels klarer, dann könnte man unter den von den Trägern auf den Weg gebrachten Maßnahmen auch gezielter auswählen. Im Augenblick werden die wenigen Programme, die es gibt, [...] durchaus auch zweckwidrig genutzt, um Träger zu bedienen, zu befriedigen, wegfallende Fördermittel, etwa aus dem Jugendbereich, wieder zu ersetzen und ähnliche Dinge. Das heißt, die Maßnahmen kommen in einen Strudel unterschiedlicher Interessengemengelagen, die zu einer nicht optimalen Verteilung der Gelder und dann auch nicht zu einem optimalen Wirksamkeitseffekt führen können. Hier wäre eine wirkliche Zielbeschreibung sehr hilfreich, wenn anschließend dann die Maßnahmen auch an dieser Zielformulierung ausgerichtet vergeben würden." (T 3)

> „Dadurch, dass wir diesen Eigenbetrieb haben, ist eine bestimmte Spezialisierung auf den [Betriebs-]Ausschuss erfolgt. Der Stadtrat nimmt in der Arbeitsförderung ja die Dinge wahr, die er wahrnehmen muss, Wirtschaftsplanung, Lageplan und Bilanz, die Dinge, die im Haushalt eingestellt sind. Aber dass wir im Stadtrat mal eine ausführliche Debatte über die Arbeitsförderung hatten, kann ich mich nicht erinnern, außer mal 'ner Anfrage. [...] Aber als einheitliches Konzept oder so? Damals, als wir diese Vorlage zum Eigenbetrieb hatten, ja, da wurde in Anfängen darüber diskutiert. Aber seitdem gibt's den Eigenbetrieb, und seitdem war das Stadtrat auch nicht noch mal in einer grundsätzlichen Thema. Also, der Stadtrat nimmt das schon wahr, über die Dinge, die er wahrnehmen muss." (R 7)

Trotz fehlender Gesamtstrategie lassen sich *Zielstellungen* kommunaler Beschäftigungspolitik zwischen 1999 und 2004 ausmachen. Die *Konsolidierung des Sozialhaushalts* bildete das zentrale handlungsleitende Ziel, das durch die finanziellen Anreize diverser Bundes- und Landesprogramme angeregt wurde.

> „... dann fallen die [versicherungspflichtig Beschäftigten nach Maßnahmenende] von der Sozialhilfe praktisch in die Arbeitslosenhilfe. Aber sie belasten den kommunalen Haushalt nicht mehr. Das ist das Einzige, was bei uns strategisch wohl durchdacht ist und wo viel Geld reingesteckt wird. Alles andere wird letztlich dem Zufall überlassen." (V 4)

Der *Erfüllung kommunaler Aufgaben* im Bereich der öffentlichen Ordnung und Sauberkeit sowie im sozialen und kulturellen Bereich, die aufgrund des vorangetriebenen Personalabbaus ohne den Einsatz von ABM und von Sozialhilfeempfängern nicht möglich gewesen wäre, kam ebenfalls zentrale Bedeutung zu.

„Wir wohnen ja in der Stadt und sehen auch, was zu tun ist. Wissen, dass also draußen, sagen wir mal im Grünflächenbereich, sehr viel Müll und so was rumliegt oder dass viele städtische Gebäude abbruchreif sind. [...] Jedenfalls sehen wir erst mal, was in der Stadt zu tun ist, und das haben wir dann den Ämtern vorgeschlagen. Und von der Seite kamen dann die direkten ABM-Maßnahmen, was wir also machen sollten. Im Laufe der Zeit änderte sich auch das Arbeitsrecht. Das SGB III, oder vorher das AFG, wurde geändert, und damit wurden verschärfte Forderungen an ABM gestellt bzw. hieß es, bestimmte Maßnahmen sind nicht mehr förderfähig. [...] Aus diesem Grund wurden die ersten Projekte für Sozialhilfeempfänger entwickelt. Also als Ersatz für ABM-Maßnahmen." (V 2)

„Dann werden diese Projekte häufig natürlich, ich sage mal, missbraucht, um irgendwelchen aktuellen Anlässen zu begegnen. [...] Hundekot auf den Straßen wegmachen zum Beispiel – das war eine ganz große Diskussion, ging monatelang durch die Zeitung. Jeden zweiten Tag stand was drin. Der Bürger hat sich beschwert, die Politesse hat keine Verwarnung ausgesprochen ... Dann kommt das Ordnungsamt und sagt, wir brauchen mal eine Truppe, 50 Leute oder so; Grünflächenamt, klar, das ist in jeder Stadt so; oder wenn wir Liegenschaften erfassen, die der Stadt gehören, und das Liegenschaftskataster auf Vordermann bringen, das ist auch so ein Job; oder wir, als wir unser Archiv neu aufgebaut haben, gut, das war ein Vier-Wochen-Job; Winterdienste zum Teil. Also sehr viel auf aktuelle Anlässe bezogen. Irgendwer schreit. Die Politik sagt Hilfe zu. Keiner weiß, wie. Keiner weiß, wovon. Also, Sozialamt, stell uns die Kräfte. Auf diese Weise kommen natürlich viele Projekte zusammen." (V 1)

Das aufgabenpolitische Ziel wurde vor allem von den befragten Mitarbeitern des Eigenbetriebs für Arbeitsförderung bzw. des Ressorts Beschäftigungsförderung positiv bewertet, wobei die Erfüllung kommunaler Aufgaben zugleich als Legitimation der beschäftigungspolitischen Aktivitäten verstanden wurde. Beschäftigungspolitik schien trotz hoher Arbeitslosigkeit für sich allein noch nicht legitim zu sein.

„So, und ich konnte den Beweis antreten, dass es hier nicht bloß darum geht, Beschäftigung um der Beschäftigung willen, sondern es kommt auch was bei raus." (V 6)

Sozialintegrative Ziele hatten zwar bei vielen Gesprächspartnern hohe individuelle Bedeutung, in der öffentlichen Diskussion standen sie jedoch hinter haushaltspolitischen Argumenten weit zurück, auch weil sie als schwer durchsetzungsfähig galten. Innerhalb der Sozialverwaltung standen sozialintegrative und aufgabenpolitische Zielstellungen im Widerstreit. Verfolgte die Abteilung Hilfe zur Arbeit eher eine am Bedarf der Hilfeempfänger orientierte Strategie, konzentrierte sich die Abteilung

5.3 Die Gestaltung des Politikfeldes

Beschäftigungsförderung mit dem Eigenbetrieb für Arbeitsförderung stark auf die Erfüllung kommunaler Aufgaben.

„Wir beschneiden uns bei den versicherungspflichtigen Varianten. Da muss ich immer ein bisschen kämpfen, dass ich so was wie Praktikumsmaßnahmen, so was auf den ersten Arbeitsmarkt unmittelbar führendes, noch finanzierbar machen kann, weil seit Jahren der Trend in der Stadtverwaltung, oder der Leitung, besteht: [Wenn schon Beschäftigungsförderung], dann bitte auch für uns, also städtische Projekte und Programme. Ist ja unser Geld." (V 5)

Sozialintegration als Ziel, kombiniert mit ganzheitlicher Hilfestellung, war nur im Bereich der Jugendberufshilfe zu finden.

„In der Jugendberufshilfe geht es natürlich um den einzelnen jungen Menschen, der also mit seinen Problemen, vorrangig, dass er in der Arbeitswelt nicht Fuß fasst, wie man gemeinsam mit diesen Jugendlichen das Problem lösen kann. Der junge Mensch steht im Mittelpunkt und nicht so sehr die Statistik und dass wir kommunale Mittel einsparen und das Arbeitsamt dann letzten Endes die Kosten trägt." (V 4)

„Bei den jungen Leuten, da muss man sehr viel stärker auf gezielte Projekte und Qualifikationen zusteuern, einmal damit sie überhaupt für den Arbeitsmarkt reif werden und damit sie sich selber weiterentwickeln können. Bei den Älteren geht es in erster Linie erst mal um einen Arbeitsvertrag. Ich bin nicht mehr Sozialhilfeempfänger! Ich habe was zu tun! Und selbst als Arbeitslosenhilfeempfänger fühlen sie sich besser als als Sozialhilfeempfänger." (V 1)

Arbeitsmarktintegration im Sinne einer nachhaltigen Vermittlung in dauerhafte Beschäftigung war ein nur nachrangiges Ziel. Die Schaffung zusätzlicher Arbeitsplätze wurde nicht erkennbar angestrebt. Nur bei den Bildungsträgern fanden sich systematische Versuche, in Kooperation mit Dritten einzelne Personen aus den Beschäftigungsmaßnahmen heraus in Lehrstellen oder Arbeit zu vermitteln. Auch die Jugendwerkstätten versuchten dies im Rahmen ihrer Möglichkeiten. Obwohl BSHG und KJHG die Möglichkeiten boten, in solchen Fällen Eingliederungszuschüsse und andere Unterstützungsleistungen zu zahlen, waren maßnahmebegleitende Vermittlungsaktivitäten innerhalb des Ressorts Beschäftigungsförderung nicht institutionalisiert.

Auch die Möglichkeiten des Landesprogramms zur Schaffung von Arbeitsplätzen in sozialen Erwerbsbetrieben blieben ungenutzt. Der einzige strategische Ansatz zur Umsetzung dieser Fördermöglichkeit, die im „Konzept der Flexiblen Berufshilfe" verankerte Idee eines Jugendbetriebs, wurde bis Mitte 2004 nicht umgesetzt.

Seitens des Stadtrates war der Ausschuss für Wirtschaftsförderung, Beschäftigung und Liegenschaften institutionell für Aktivitäten der Arbeitsmarktintegration zuständig. Dieser Ausschuss richtete seine Arbeit strategisch auf die Gewerbeansiedlung und damit auf Arbeitsplätze im sog. ersten Arbeitsmarkt. Beschäftigungsförderung auf dem zweiten Arbeitsmarkt spielte keine Rolle, obwohl er formal auch hierfür verantwortlich war.

„Das ist ja gerade das Problem, dass wir eigentlich uns ganz selten um Fragen der Wirtschafts- und Arbeitsmarktförderung ... sagen wir es mal so, wir kümmern uns mehr um den ersten Arbeitsmarkt als um alles andere. Wir haben den Eigenbetrieb für Arbeitsförderung, der ja einen Betriebsausschuss hat, so dass praktisch die Fragen dann dort geklärt worden sind oder geklärt werden. Genauso war es mit unserer Sanierungsgesellschaft [HAL-Sanierung], die ja nun das Zeitliche gesegnet hat, auch dort gab es ja einen entsprechenden Beirat oder Aufsichtsrat, der die Frage geklärt hat, so dass wir eigentlich zwar den Namen Beschäftigung mit im Namen des Ausschusses tragen, uns aber eigentlich ganz wenig damit befassen." (R 5)

Mögliche Synergieeffekte zwischen Wirtschafts- und Beschäftigungsförderung wurden folglich gar nicht in Betracht gezogen. Die Schaffung neuer Arbeitsplätze erwartete man ausschließlich von Dritten.

In Bezug auf das Trilemma der Zielstellungen zeichnete sich eine klare Prioritätensetzung zugunsten der fiskalpolitischen Ziele ab, denen die Sozialintegration untergeordnet wurde. Die Wahrnehmung der ökonomischen Rahmenbedingungen, vor allem der Lage am Arbeitsmarkt, rückte das Ziel der Arbeitsmarktintegration in den Hintergrund. Das für die Stadtverwaltung wichtigste Ziel war die Konsolidierung des Sozialhaushalts durch die Verschiebung befristet beschäftigter Sozialhilfeempfänger in den Leistungsanspruch nach dem SGB III. Diese Strategie gewann durch die kostengünstige Erledigung kommunaler Aufgaben im Rahmen der Hilfe zur Arbeit zusätzlich an Mehrheitsfähigkeit. Um aber diese für die Arbeitsmarktintegration der Betroffenen kontraproduktive Ausrichtung der Beschäftigungspolitik durch die Sozialverwaltung nicht zu öffentlich zu machen, wurde die Diskussion um eine generelle (Neu-)Ausrichtung der Beschäftigungsförderung vermieden.

Da die Zielstellung kommunaler Beschäftigungspolitik unklar blieb bzw. die Sozialverwaltung eigene, nicht vollständig offen gelegte Interessen verfolgte, mangelte es auch an einer systematischen Situationsanalyse. Ein Folgeproblem war eine große Unsicherheit über die Zusammensetzung der *Zielgruppen*. So wurde beispielsweise der immense Anstieg der Zahl jugendlicher Sozialhilfeempfänger erst relativ spät als Problem wahrgenommen.

In der Praxis unterschied die Sozialverwaltung nach den Kriterien Alter, Qualifikation und sichtbare Vermittlungsprobleme intern zwischen Gruppen von Hilfeempfängern. Personen mit relativ guter Ausbildung und ohne sonstige Vermittlungshemmnisse galten zunächst, da sie zumeist nur ergänzende Sozialhilfe erhielten, nicht als Zielgruppe des städtischen Beschäftigungsprogramms. Sie sollten über die Qualifikationsmaßnahmen der Bildungsträger auf den ersten Arbeitsmarkt vermittelt werden. Später wurden gerade gut ausgebildete Sozialhilfeempfänger auch für anspruchsvollere Aufgaben in Vereinen eingesetzt. Ihnen sollte mit der Beschäftigung in erster Linie ein individuelles Sprungbrett in Arbeit, zumindest aber in die Zuständigkeit der Bundesagentur für Arbeit geboten werden. Langzeitarbeitslose mit mehreren Vermittlungshemmnissen wie Suchtproblemen oder mangelnden sozialen Kompetenzen kamen vor allem bei einfachen Arbeiten in den städtischen Beschäftigungsmaßnahmen zum Einsatz, in denen es weniger wichtig war, dass jeder Einzelne täglich zur Arbeit erschien. Jugendliche ohne Berufs- und teilweise ohne abgeschlossene schulische Ausbildung wurden zumeist in die Qualifikations- und Praktikumsprojekte der Jugendwerkstätten oder des Eigenbetriebs gelenkt.

Die Maßnahmen waren in den ersten Jahren stark auf Männer konzentriert, bis einzelne Mitglieder des Stadtrates die Forderung nach einer höheren Zahl von Teilnehmerinnen erhoben. Auch dies wurde wesentlich durch die damalige Förderpolitik des Landes induziert.[153] Seit 2002 bildeten Jugendliche bis 25 Jahre eine besonders beachtete Zielgruppe. Ob die Konzentration auf diese Zielgruppe mit den Ergebnissen des ersten Jugendberufshilfeberichts, mit der veränderten Prioritätensetzung landes- und bundespolitischer Rahmenprogramme oder einer verbesserten Situationsanalyse innerhalb der Sozialverwaltung zu begründen ist, kann nicht eindeutig nachgewiesen werden. Der erste Jugendberufshilfebericht 2002 hatte aber mit Sicherheit die Schwierigkeiten arbeitsloser Jugendlicher deutlich gemacht. Auch die veränderten finanziellen Anreize regten nun die Schaffung spezieller Maßnahmen für Jugendliche an.

Ob allerdings die Trennung in reine Jugendmaßnahmen und Maßnahmen für Erwachsene angesichts der ohnehin geringeren Motivation der Jugendlichen sinnvoll war, wurde in den Expertengesprächen infrage gestellt.

„Natürlich, die Ballung von Jugendlichen bringt es immer mit sich, dass da ein eigenes altersspezifisches Spektrum entsteht, wo sich dann junge Erwachsene anders verhalten, als wenn sie in der intergenerativen Geschichte drin sind. Aber auch da beschreiten wir seit knapp einem Jahr neue Wege, indem wir versuchen, ältere Arbeitnehmer mit jüngeren Arbeitnehmern in Maßnahmen zu mischen und dann diese Echtzeiterfahrung

---

153 Das Landesprogramm sah eine höhere Förderung für Frauen als für Männer vor, um die strukturellen Benachteiligungen auszugleichen. Das bedeutete zusätzliche kommunale Einsparmöglichkeiten bei der Beschäftigung eines höheren Anteils von Sozialhilfeempfängerinnen.

zu machen. Das wirkt sich noch mal in die Richtung Steigerung der Arbeitsqualität und der Anspruchshaltung an Arbeit aus. Also, das muss ich gerade im letzten Jahr meiner Tätigkeit als sehr positiv einschätzen. Es ist einfach so, dass junge Leute, die im Prinzip Schwierigkeiten haben mit leistungsorientierter Arbeit, einfach mitziehen müssen, und dann ist eben nicht mehr alle halbe Stunde eine Pause, sondern dann gibt's nur noch eine Frühstücks- und eine Mittagspause, und dann ist es gut." (T 2)

Auch wurde die Wirkung der unspezifischen Instrumente der Beschäftigungsförderung gerade für Jugendliche bezweifelt.

„Wir können doch hier nur noch Pflaster verteilen. Ich muss viel mehr in die Prävention gehen für solche Geschichten, nicht in die Sekundärprävention, wo wir uns hier befinden. Wir können nur noch punktuell Einzelne rausfischen. Und solche Illusionen vom Arbeitsamt, aus Qualifizierungsmaßnahmen oder aus solchen Maßnahmen wie bei uns 50 Prozent Vermittlungsrate in den ersten Arbeitsmarkt zu bringen – na ja, träumt weiter." (T 2)

„Und das nächste Problem ist die Maßnahmedauer. Wenn die hier ein halbes Jahr arbeiten, nach diesem Jump-Plus-Programm, bringt das für die Jugendlichen sehr wenig. Sie können zwar wieder soziale Kompetenzen erlangen, werden zum Teil auch in Arbeit vermittelt, aber der größte Teil sieht das als, tja, eine notwendige Pflichtaufgabe an." (V 2)

5.3.2 Maßnahmetypen, Arbeitsplätze und Umsetzungsprobleme

Die Projektentwicklung zur Umsetzung der Beschäftigungsprogramme für Sozialhilfeempfänger fand innerhalb des Geschäftsbereichs V zwischen dem Leiter des Ressorts Beschäftigungsförderung, dem Leiter des Sozialamtes und der Beigeordneten für Soziales, Jugend und Gesundheit statt. Die Koordination der Umsetzung der geplanten Regie-ABM und der versicherungspflichtigen Maßnahmen für Sozialhilfeempfänger lag in der Verantwortung des Eigenbetriebs. Er bediente sich dabei der Mitarbeiter des Ressorts Beschäftigungsförderung. Wenn auch formal eine Aufgabentrennung definiert war,[154] konnte diese in der Praxis jedoch nicht klar ausgemacht werden.

---

154 Das Ressort war für die Vergabe und Abrechnung der Fördermittel verantwortlich. Die Abteilung Hilfe zur Arbeit war für die Auswahl der möglichen Teilnehmer zuständig. Der Eigenbetrieb organisierte die Durchführung der Maßnahmen, stellte das Personal ein und organisierte für die städtischen Maßnahmen die Arbeitsmaterialien und die Technik. Er konnte Dritte mit der Durchführung von Maßnahmen beauftragen, vor allem die Jugendwerkstätten und Bildungsträger. Die Berichterstattung erfolgte über die Jahresabschlussberichte des Eigenbetriebs.

5.3 Die Gestaltung des Politikfeldes

Mit der Einführung des Rahmenprogramms des Landes Sachsen-Anhalt zur Beschäftigung und Qualifizierung von Sozialhilfeempfängern im Jahre 1997 wurden die städtischen Aktivitäten der Hilfe zur Arbeit ausgeweitet. Bis dahin standen jährlich rund 400 Arbeitsmöglichkeiten für Sozialhilfeempfänger über die *Mehraufwandsvariante* nach § 19 Abs. 2 BSHG zur Verfügung, in denen sie maximal sechs Monate lang bis zu 80 Stunden im Monat je 3 DM pro Stunde durch gemeinnützige Arbeit bei Vereinen hinzuverdienen konnten.[155] Nun kamen, zunächst über die HAL-Sanierung organisiert, *versicherungspflichtige Arbeitsverhältnisse* nach § 19 Abs. 2 BSHG in der Entgeltvariante hinzu. Die Teilnehmer wurden zu einem kleineren Teil von Bildungsträgern und zum größeren vom Eigenbetrieb beschäftigt. Dieser wiederum lenkte seine Beschäftigten entweder in städtische Maßnahmen oder lieh sie an freie Träger aus.

Die *städtischen Beschäftigungsmaßnahmen* zielten vorwiegend auf den Ersatz der wegbrechenden ABM in verschiedenen Ämtern der Stadtverwaltung. Sie wurden zumeist in sog. Kolonnen zu ca. 20 Teilnehmern in den Bereichen Grünanlagenpflege, Abriss städtischer Liegenschaften, Sanierung von Sportstätten, Schulen und Kindereinrichtungen, Unterstützung städtischer Archivierungsarbeiten, Vorbereitung der Freibäder auf die Saison, Verkehrszählungen oder Herstellung von Sauberkeit bei Messen und Märkten durchgeführt. Ferner gab es eine in der Präsentation des Nutzens kommunaler Beschäftigungspolitik besonders gern aufgeführte Maßnahme zur Graffiti-Bekämpfung mit zwei Arbeitsplätzen und eine politisch umstrittene, aber von der Verwaltung durchgesetzte Maßnahme zur Pausenversorgung in städtischen Kindertageseinrichtungen mit 72 Arbeitsplätzen für Frauen.[156]

---

155 Seit Anfang der 1990er Jahre wurden von Bildungsträgern Qualifikationsmaßnahmen für Sozialhilfeempfänger durchgeführt, die in Kooperation mit der Abteilung Hilfe zur Arbeit entwickelt und von der Stadt im Rahmen der jeweils geltenden ESF-Richtlinien mit 10 bis 15 Prozent bezuschusst wurden. Allerdings waren die Sozialhilfeempfänger in diesen Maßnahmen nicht in versicherungspflichtigen Arbeitsverhältnissen angestellt, sondern erhielten einen Unterhaltszuschuss. Dennoch gelang es Teilnehmern aus diesen Maßnahmen, mit der erworbenen Qualifikation Arbeit zu finden. Angaben zu Erfolgsquoten sind aber nicht verfügbar. Ein Mitarbeiter der Abteilung Hilfe zur Arbeit war über einige Jahre mit direkter Stellenakquisition beschäftigt. Über diesen Weg wurden nach den Angaben der Sozialverwaltung jährlich etwa 100 Personen wieder in Arbeit vermittelt; genaue Angaben dazu fehlen. Die Mehraufwandsvariante wurde bis 2004 noch immer für bis zu 1000 Personen pro Jahr über die Abteilung Hilfe zur Arbeit durchgeführt. Auch hier erfolgte jedoch keine eigenständige und kontinuierliche Berichterstattung zu Einsatzorten oder der Zusammensetzung der Gruppe der beschäftigten Hilfeempfänger.

156 Zwar wurde die Konzipierung der Kita-Maßnahme damit begründet, den Frauenanteil in den städtischen Maßnahmen angesichts der geringen Beteiligung von Frauen an Beschäftigungsprojekten erhöhen zu wollen. Bei genauerem Nachfragen stellte sich aber heraus, dass die Beseitigung eines Personalmangels in den städtischen Kindertageseinrichtungen das zentrale Ziel dieser Maßnahme war.

Vom Eigenbetrieb wurde die technische Professionalisierung der Maßnahmen vorangetrieben. Nach langjähriger Erfahrung hatte sich die Zusammenarbeit mit den Fachbereichen eingespielt. Wurden die Leistungen der Sozialhilfeempfänger anfangs gering geschätzt, nutzten die Fachbereiche der Stadtverwaltung sie gern, um die eigenen Budgets zu entlasten.

„Das ist jetzt wiederum eine Entwicklung, die eigentlich ungesund ist. Die Fachbereiche verstecken sich jetzt hinter ihren nicht vorhandenen Mitteln, und der Eigenbetrieb für Arbeitsförderung bekommt vom Prinzip her Mittel und erfüllt diese Aufgaben. Das kann es natürlich auch nicht sein. Also zusammenarbeiten und mitarbeiten, ja. Aber es kann nicht sein, dass dann, bezugnehmend auf die Stadtteilkonferenzen, Aufgaben, die eigentlich die Fachbereiche erfüllen müssen, dem Eigenbetrieb angeboten werden. Und das ist sehr häufig der Fall." (V 6)

Die Beschäftigung bei *freien Trägern* wurde 2004 ebenfalls über den Eigenbetrieb organisiert. Dieser entschied darüber, welche Beschäftigungsangebote der Vereine tatsächlich als Maßnahmen nach § 19 Abs. 2 (Entgeltvariante) BSHG gefördert werden sollten. Die freien Träger stimmten dann mit der Abteilung Hilfe zur Arbeit ab, welche Sozialhilfeempfänger bei ihnen beschäftigt werden konnten. Zur Arbeitserleichterung im verwaltenden Eigenbetrieb wurden diese Beschäftigungsmöglichkeiten in Maßnahmen mit je zehn bis 15 Teilnehmern zusammengefasst. Dieses Verfahren bedeutete zwar einen relativ großen Koordinierungsaufwand im Eigenbetrieb vor Maßnahmebeginn, da einzelne Arbeitsplätze bei verschiedenen Trägern zu einer gemeinsam verwalteten Maßnahme gebündelt werden mussten. Da die Teilnehmer vor der eigentlichen Maßnahme eine mehrmonatige Testphase beim jeweiligen Träger in der Mehraufwandsvariante durchliefen und so bereits in existierende Arbeitszusammenhänge eingebunden waren, reduzierte sich der Aufwand für den Eigenbetrieb in der Umsetzungsphase aber erheblich.

Je nach Einsatzort ergaben sich für die Teilnehmer bei den freien Trägern individuelle Betreuungs- und im Vergleich zu städtischen Maßnahmen wesentlich höhere Qualifikationsmöglichkeiten. Sie übten dort teilweise anspruchsvolle Tätigkeiten aus und hatten relativ gute Chancen, im Anschluss nicht in die Sozialhilfe zurückzufallen. Die zudem kostengünstigere Beschäftigung bei freien Trägern hätte deshalb für die Stadt eigentlich fiskalisch interessant sein müssen. Da bei den freien Trägern aber in den Augen der Mitarbeiter des Eigenbetriebs keine Aufgaben im Sinne der Stadt erfüllt werden konnten, wurden diese Möglichkeiten eher nachrangig gefördert.

Ein dritter Typ von Beschäftigungsverhältnissen wurde als *Qualifizierungsmaßnahmen* für spezielle Erfordernisse am lokalen Arbeitsmarkt von etablierten *Bildungsträgern* durchgeführt. Hier wurden Gruppen von je 24 Sozialhilfeempfängern mit einer Kombination von Ausbildungsabschnitten und Praktika auf eine Arbeit auf dem ersten Arbeitsmarkt vorbereitet und zum Teil auch nach den Maßnahmen von den Bildungsträgern in Arbeit vermittelt. Diese Qualifizierungsmaßnahmen wurden bis 2001 in Kooperation von Bildungsträgern und der Abteilung Hilfe zur Arbeit entwickelt. Die Stadt war bei dieser Praxis in die Entwicklung erfolgversprechender Maßnahmekonzepte direkt eingebunden, und gemeinsam versuchte man, arbeitsmarktnahe Konzepte zu entwickeln. Infolge eines Wechsels im zugrunde liegenden Landesprogramm sowie einer veränderten Finanzstruktur schrieb ab 2003 der Eigenbetrieb für Arbeitsförderung diese Maßnahmen aus und die Bildungsträger mussten sich den wettbewerblichen Vergabeverfahren stellen. Wirtschaftlichkeitskriterien standen nun stärker im Vordergrund, wobei in die Vergabeentscheidungen neben dem Preis auch von den Bildungsträgern vorgelegte Erfolgsbilanzen eingingen. Den Systemwechsel vom Zuwendungs- zum Vergaberecht beschrieben allen Beteiligten als ambivalent: Zwar konnte mit der neuen Praxis dem Verdacht der Kungelei entgegengewirkt werden, doch verzichtete die Stadt zugleich auf inhaltliche Mitgestaltung zugunsten einer vermuteten Effizienzsteigerung. Das Vergabeverfahren erzeugte mit seiner Berücksichtigung der Erfolgsbilanzen der Bildungsträger neue Intransparenzen, weil die Stadt selbst nicht über Evaluationsergebnisse verfügte und die Bilanzen der Anbieter sowohl vom Eigenbetrieb als auch von den Stadträten in Zweifel gezogen wurden.[157]

> „Von der Effizienz her, jetzt rein abrechnungstechnisch vom EfA, sieht es gar nicht so schlecht aus, also da sind die Partner [die Bildungsträger] schon kompetent. Und ich glaube nicht, dass die jetzt 60 Prozent vermittelt haben auf den ersten Arbeitsmarkt: Aber an der Zahl ist bestimmt gut, dass es vielleicht dann wirklich 30 Prozent sind. Die Zahl ist sicher geschönt, aber wenn es 30 Prozent sind, wenn es ein Drittel sind, dann halte ich das für ein gutes Ergebnis." (R 1)

Unabhängig von der Vergabepraxis war im Untersuchungszeitraum ein Anstieg der Qualifizierungs- und Praktikumsmaßnahmen bei den kommerziellen Bildungsträgern zu beobachten, der allerdings weniger mit ihren tatsächlichen Erfolgen, sondern vor allem mit veränderten Förderrichtlinien des Landesprogramms und der Arbeitsverwaltung sowie mit der Konzentration auf die Förderung von Jugendlichen in Verbindung zu stehen schien. Sämtliche Gesprächspartner betonten den prägenden Einfluss der *finanziellen Anreizstrukturen* für die Entwicklung konkreter Maßnahmen.

---

157 Deshalb wurde im Herbst 2003 vom Betriebsausschuss des Eigenbetriebs beschlossen, die Qualifizierungsmaßnahmen im Rahmen des Bundesprogramms Jump Plus evaluieren zu lassen. Ergebnisse lagen zum Ende der hier vorgestellten Studie nicht vor.

„Das Problem ist wirklich, dass für jedes einzelne Programm, sei es jetzt Jugend-ABM, sei es Arbeit statt Sozialhilfe, natürlich immer jemand der Geldgeber ist und der Geldgeber die Rahmenbedingungen vorgibt." (V 4)

Besonders deutlich wurde das an der Entwicklung im Jahre 2003: Bis dahin war es klare Strategie der Stadt Halle, die Sozialhilfeempfänger in Jahresarbeitsverträgen zu beschäftigen, um sie anschließend in den Leistungsbereich des Arbeitsamtes zu „verschieben". Mit den Sonderprogrammen der Bundesregierung Jump Plus und AfL standen den Kommunen zusätzliche Mittel für eine sechsmonatige Beschäftigung von jugendlichen Sozialhilfeempfängern zur Verfügung. Seither wurden Jugendliche nur noch für sechs Monate beschäftigt, obwohl sie danach größtenteils in den Etat des kommunalen Sozialhaushalts zurückfallen würden. Von bedarfsgerechter Qualifizierung und angemessener sozialpädagogischer Betreuung konnte unter diesen Bedingungen nicht mehr die Rede sein.

„Und in diesem Jahr [2003] ist es besonders schwierig gewesen. Wir haben eigentlich bis zum 30. Juni alle städtischen und EU-Mittel völlig ausgeschöpft. Und dann begann die Bundesregierung mit ihrem Sonderprogramm, Jump Plus und AfL, und wir mussten zu den Personen, die wir bereits in Lohn und Brot hatten, noch knapp 450 mit dazunehmen und sind damit auf die Summe von rund 950 gekommen. Wobei hier die Förderung Jump Plus und AfL gemeinsam mit dem EU-Fonds und dem Arbeitsamt erfolgt. Also hier bezahlt die Stadt nicht eine müde Mark." (V 6)

Tabelle 2: Anzahl der Teilnahmeplätze in ABM und Hilfe zur Arbeit (Entgeltvariante) in Halle, Soll-Ist-Vergleich 1999–2003

Jahr	ABM		HzA	
	Soll	**Ist**	**Soll**	**Ist**
1999	k. A.	k. A.	300–500	k. A.
2000	300	136	200–600	122[a]
2001	185–200	85	300–447	359
2002	100	72	541	268
2003	k. A.	k. A.	541	950[b]

a Hier fehlen Angaben zu den Maßnahmen in freier Trägerschaft.
b Es wurden 400 Plätze in klassischen HzA-Maßnahmen sowie 450 Plätze in Jump Plus- und AfL-Maßnahmen geschaffen. Diese 450 Plätze erfüllen nicht mehr das ursprüngliche Ziel, die Beschäftigten nach Ende der Maßnahme auch in die Zuständigkeit des Arbeitsamtes zu verschieben, weil sie auf sechs Monate befristet sind.

Quellen: Eigenbetrieb für Arbeitsförderung (EfA): Jahresabschluss 2000–2002; Wirtschaftsplan 2003 und Zwischenbericht 2003.

5.3 Die Gestaltung des Politikfeldes

In der Praxis wurde die Zahl der angestrebten versicherungspflichtigen Jahresarbeitsverhältnisse bis 2002 nicht erreicht. Bereits die geplante Stellenanzahl wurde jährlich mehrfach nach unten korrigiert. Außerdem erfuhren bereits beschlossene Budgets im Zuge von Nachtragshaushalten regelmäßig Kürzungen. Hinzu kommt, dass in der Ergebnisdarstellung der Jahresabschlussberichte des Eigenbetriebs ein Bezug zwischen Zielen und Ergebnissen fehlte, so dass auftretenden Differenz zwischen ursprünglichen Zielen und erreichten Ergebnissen nicht transparent und nachvollziehbar waren.

5.3.3 Praxis der kommunalen Erfolgsmessung

Was sich für die Berichterstattung des Eigenbetriebs konstatieren lässt, gilt auch generell für die lückenhafte und zurückhaltende *Sozialberichterstattung* der Stadt Halle: Statt kritischer Auseinandersetzung mit Zielen und Umsetzungsproblemen blieben Schwierigkeiten und Misserfolge nahezu unkenntlich. In den seit Mitte der 1990er Jahre in unregelmäßigen Abständen vorgelegten Sozialberichten wurden Zusammenhänge und Entwicklungen nicht systematisch dargestellt.[158] Die jeweils aktuellen Daten zur Anzahl der Sozialhilfeempfänger und zum Bedarf an Beschäftigungsförderung fanden sich lediglich in dicken, der Öffentlichkeit schwer zugänglichen Haushaltsplänen.

Ein ausgeprägtes Interesse an Sozialberichterstattung war in der Sozialverwaltung nicht zu finden. Mit jeder Berichterstattung wurde ein kritisches Hinterfragen seitens der im Allgemeinen für unwissend und unqualifiziert gehaltenen Stadträte und damit neuer Arbeitsaufwand erwartet sowie befürchtet, dass einzelne Misserfolge zu einer generellen Kürzung der Mittel für Beschäftigungsförderung führen könnten.

„Sie [das Sozialamt] hatten da so 25 Jugendliche [in Maßnahmen der Hilfe zur Arbeit], die sie da irgendwo im Zoo oder im Tierheim ein Jahr beschäftigt haben. Und Arbeit statt Sozialhilfe rechnet sich ja nur, wenn die auch wirklich das Jahr durchhalten und

---

158 Sozialhilfebericht 1995–1997 (Ratsbeschluss Nr. 98/I-46/1182 vom Oktober 1998), Sozialatlas 1999 (Ratsbeschluss Nr. III/2000/00852 vom September 2000) und Fachkonzept HLU (Ratsbeschluss Nr. III/2002/02546 vom 21. 8. 2002). Die umfangreichsten Angaben zur Beschäftigungsförderung finden sich in den Antworten der Verwaltung auf diverse Anfragen einzelner Stadträte, z. B. III/2003/03402 und III/2003/03407 vom September 2003, III/2001/01891 vom November 2001, III/2001/01712 vom September 2001, III/2001/01634 vom Juli 2001, III/2000/00691 vom Juni 2000 und III/1999/00376 vom Dezember 1999. Für die Zeit nach 1999 fehlt bisher ein zusammenhängender Bericht. Er wurde mit der Begründung mehrmals veränderter Erfassungsverfahren immer wieder verzögert.

dann in die Arbeitslosigkeit gehen, also vom Arbeitsamt betreut werden. Das hat weniger als die Hälfte durchgehalten. Und alle, die vor dem Jahr wieder ausscheiden, für die hat man mehr Geld ausgegeben, als wenn sie nur in der Sozialhilfe geblieben wären. Deshalb hat [man] sich damals auch geweigert, Zahlen zur Verfügung zu stellen – weil wir dann nach außen hin zeigen müssten, dass das also nicht erfolgreich war. [...] Was ja auch wichtig wäre. Das ist eben wieder, wir beschneiden uns selber, unsere zukünftigen Erfolge. Wenn man da ganz klipp und klar gesagt hätte, wir sind nicht erfolgreich gewesen, dann hätte man auch sagen können, warum. Weil wir z. B. keine Sozialpädagogen hatten. Und dann kann man bestimmte Fehler zukünftig vermeiden. Wenn man aber nicht bereit ist, sich selbstkritisch auseinander zu setzen, werden dieselben Fehler dann beim nächsten Mal wieder gemacht." (V 4)

Gleichzeitig war aus den Stadtratsunterlagen nicht zu erkennen, dass der Stadtrat eine regelmäßige Sozialberichterstattung eingefordert hätte. Möglicherweise wurde darin kein Sinn gesehen, vielleicht mangelte es an Sachkompetenz, entsprechende Aufträge auszulösen und Angaben auszuwerten. Die Angaben in den wenigen von der Verwaltung vorgelegten Berichten wurden von den befragten Stadträten teilweise in Zweifel gezogen. Erst mit dem erhöhten Volumen der Beschäftigungsförderung im Zuge von Jump Plus und AfL erhoben die Mitglieder des Betriebsausschusses Forderungen nach professioneller Evaluation.

Die *Praxis der internen Erfolgsmessung* der Hilfe zur Arbeit ist als unsystematisch und nicht professionell einzuschätzen. Unregelmäßig wurde von den Mitarbeitern des Sozialamtes der Anteil derjenigen, die nach einer Maßnahme wieder in die Sozialhilfe fielen, ermittelt. Da sowohl für die gelegentlichen Erfolgsmessungen verschiedene Methoden als auch für jede Berechnung von Beschäftigungsförderprogrammen andere Basiszahlen Verwendung fanden, lassen sich Ergebnisse kaum auf Zielvorgaben beziehen.[159] Wurden dennoch erfolgreiche Maßnahmekonzepte ausgemacht, war nicht garantiert, dass diese Maßnahmen auch bevorzugt umgesetzt werden konnten.

„Mein Maßstab war in der Vergangenheit nur, derjenige ist nicht mehr in der Sozialhilfe. Das war die Zielsetzung. Natürlich, es ist immer besser, und nach den Zahlen haben wir auch immer geguckt, wie viele sind denn wirklich im ersten Arbeitsmarkt

---

159 Unter den Konzepten der Beschäftigungsförderung (HLU-Konzept, Konzept Arbeit für Sozialhilfeempfänger von 1998, diverse Jahresberichte EfA) geht jedes von verschiedenen Annahmen in Bezug auf die Lohnhöhe, die Zahl der Teilnehmer, den Betreuerschlüssel oder die sonstigen Overheadkosten aus. Bei der Ermittlung von Ergebnissen wurden z. B. Maßnahmen unterschiedlichen Typs und verschiedener Jahrgänge mit abweichenden Förderbedingungen ohne Differenzierung nebeneinander betrachtet und Rückkehrer in den Leistungsbezug der Sozialhilfe von Hand ausgezählt.

5.3 Die Gestaltung des Politikfeldes

gelandet. Das bedeutet ja noch nicht, dass sie da bleiben, aber sie sind da angekommen. Die Zahlen haben wir uns auch immer angeguckt. Bei uns war das immer ein kleiner dreistelliger Betrag. Bei den freien Trägern hatten wir so Quoten von 40, manchmal 80 Prozent eines Kurses, die weggingen. Das ist natürlich gut. Deshalb hat die [Abteilung Hilfe zur Arbeit] versucht, sehr viel stärker auf die Träger zu orientieren als auf städtische Projekte. Ich musste [die] immer so ein bisschen rumkriegen und sagen: Politisches Erfordernis, tut mir Leid, wir müssen die Jungs da verheizen." (V 1)

Einzig der Jugendberufshilfebericht aus dem Jahr 2002 kann als ein Anzeichen ernsthafter Bemühungen um eine kontinuierliche Berichterstattung, die ihre Ergebnisse auch in den politischen Prozess einzubringen sucht, verstanden werden. Bis Mitte 2005 fehlte jedoch eine Fortsetzung, die erstmals auch einen Vergleich bzw. die Beurteilung des Verlaufs der Erfolge der Jugendberufshilfe ermöglichen würde.

Zusammenfassend lässt sich festhalten, dass der instrumentelle Handlungsspielraum der Beschäftigungsförderung nach dem BSHG und dem KJHG nicht voll ausgenutzt wurde. Zwar konnte eine relativ große Zahl von Sozialhilfeempfängern beschäftigt werden, die Maßnahmen beschränkten sich aber weitgehend auf die Förderung des zweiten Arbeitsmarktes, zumeist ohne bedarfsorientierten Qualifikationsanteil. Mittel zur Erhöhung der Qualität der Maßnahmen, z. B. ein angemessener Betreuerschlüssel und die entsprechende fachliche Kompetenz des Personals, spielten eine marginale Rolle. Die aufgaben- und haushaltspolitische Ausrichtung der Beschäftigungsförderung behinderte den Wettbewerb um innovative und effektive Konzepte.

In einer Atmosphäre der Desinformation durch Überfrachtung mit Informationen und mangelnde Vergleichbarkeit der Angaben können Verfahren einer effektiven und transparenten Erfolgskontrolle nicht entwickelt werden. Selbst wenn realistische Ergebnisse vorliegen sollten, lassen sich diese ohne eine transparente Darstellung durch die Stadtverwaltung nicht kritisch diskutieren. Die Chancen einer Reformulierung von Politik werden so verschenkt.

Sowohl bei der programmatischen Ausrichtung als auch bei der Implementierung bestätigte sich die These von der dominanten Position der Sozialverwaltung im Entscheidungsprozess. Teils mangels Information, teils aber auch mangels eigenen Engagements kam der Stadtrat seiner Kontrollfunktion nicht ausreichend nach.

Die Wohlfahrtsverbände nahmen aufgrund ihres jeweiligen Eigeninteresses an möglichst umfangreicher Förderung durch die Stadtverwaltung auf den politischen Prozess keinen sichtbaren Einfluss oder konnten sich nicht ausreichend Gehör verschaffen. Die einzelnen Träger zogen aus ihrer kritischen Sicht nicht den Schluss, sich gemeinsam in die Gestaltung der Beschäftigungspolitik einzubringen. Auch deshalb konnte der Eigenbetrieb für Arbeitsförderung seine ohnehin einflussreiche Stellung in der Politikarena zunehmend ausbauen.

5.4 Entscheidungsprozesse und Regelungsstrukturen

Angesichts des hohen Problemlösungsdrucks durch eine steigende Sozialhilfedichte und erhebliche Haushaltsdefizite hätte man vermuten können, dass die Kommune sowohl in die Kontrolle und Evaluierung bisheriger Maßnahmen als auch in ihre Verbesserung einige Energie investieren würde.

Ein genauerer Blick auf ausgewählte Entscheidungsprozesse zur Gestaltung der Regelungsstrukturen im Feld der Beschäftigungspolitik – auf die Entwicklung der Organisationsstrukturen, die Auseinandersetzungen um die sog. Leuchtturm-Liste und die Diskussion um die Maßnahmequalität – soll erklären helfen, warum die Ergebniskontrolle und die Weiterentwicklung beschäftigungspolitischer Konzepte eine derart untergeordnete Rolle spielte.

5.4.1 Die Entwicklung der Organisationsstruktur

Die Entwicklung der Organisationsstruktur der kommunalen Beschäftigungsförderung in Halle verlief unsystematisch und unkoordiniert. Sie wurde vor allem durch äußere Anreize angeregt.

Beschäftigungsförderung betrieben zum Zeitpunkt der Untersuchung mit unterschiedlichen Aufgaben folgende Institutionen:

- das Ressort Beschäftigungsförderung im Fachbereich Soziales,
- der Eigenbetrieb für Arbeitsförderung,
- die Abteilung Hilfe zur Arbeit im Sozialamt,
- die Erst- und Ausstiegsberatung im Sozialamt/Ressort HLU,
- die Clearingstelle,
- der Koordinator Jugendberufshilfe beim Jugendamt,
- der Arbeitskreis Jugendberufshilfe,
- die Stabsstelle Wirtschaftsförderung bei der Oberbürgermeisterin,
- die gemeinsamen Anlaufstelle mit dem Arbeitsamt und
- das Bündnis für Innovation und Beschäftigung (vgl. Abbildung 5, S. 91).

Inhaltlich ließen sich diese Institutionen verschiedenen Bereichen des Politikfeldes Beschäftigungsförderung zuordnen, nämlich

- der Beschäftigungsförderung für Sozialhilfeempfänger nach dem BSHG,
- der Jugendberufshilfe nach dem KJHG
- und der allgemeinen Wirtschaftsförderung.

5.4 Entscheidungsprozesse und Regelungsstrukturen

In jedem dieser Bereiche agierten zwischen zwei und vier verschiedene Institutionen. Wie bereits gezeigt, waren diese drei Teilbereiche der Beschäftigungsförderung nicht strategisch miteinander verzahnt. Mögliche Synergieeffekte beispielsweise zwischen Wirtschaftsförderung und Jugendberufshilfe wurden so nicht genutzt. Hinzu kam, dass sich auch innerhalb der jeweiligen Teilbereiche des Gesamtfeldes Beschäftigungsförderung die Kooperation und strategische Abstimmung der verschiedenen Institutionen nicht optimal gestalteten.

In der *Jugendberufshilfe* agierten die Clearingstelle, der Arbeitskreis Jugendberufshilfe und der Koordinator Jugendberufshilfe beim Jugendamt. Zentraler strategischer Akteur war der *Koordinator*, auf dessen Initiative hin sowohl die Clearingstelle als auch der gemeinsame Arbeitskreis mit Vertretern des Arbeits- und des Sozialamtes sowie des Schulverwaltungsamtes entstanden.[160]

In der seit 1999 existierenden *Clearingstelle* arbeitete professionelles sozialpädagogisches Personal, allerdings in befristeten und zumeist vom Arbeitsamt finanzierten Beschäftigungsverhältnissen. Sie war einerseits Anlaufstelle für die Jugendlichen, andererseits bündelte sie die Angebote aller Kooperationspartner der Jugendberufshilfe. Als einzige Institution im gesamten Politikfeld evaluierte die Clearingstelle ihre Arbeit regelmäßig und präsentiert die Ergebnisse öffentlich (vgl. www.clearingstelle-halle.de). Für die Arbeit der Clearingstelle als externe Einrichtung ergaben sich jedoch immer wieder Schwierigkeiten aus komplizierten innerstädtischen Kooperationsbeziehungen mit dem Eigenbetrieb für Arbeitsförderung und mit dem Sozialamt.[161]

Ohne eigenes Budget für Maßnahmen der Jugendberufshilfe waren die Aktivitäten des Jugendamtes auf die Zusammenarbeit mit anderen städtischen Ämtern, der Agentur für Arbeit und freien Trägern sowie auf die Erschließung zusätzlicher Fördermittel aus Bundes- und Landesprogrammen angewiesen. Während die interne Kooperation zwischen Jugendamt und Clearingstelle gut funktionierte, gestaltete sich die Zusammenarbeit mit den Akteuren, von denen die Jugendberufshilfe letztlich abhing, nämlich Sozialamt und Arbeitsamt, immer wieder schwierig. Auf Initiative des Koordinators Jugendberufshilfe wurde daher ein *Arbeitskreis Jugendberufshilfe* gegründet, um die Aktivitäten der städtischen Jugend- und Sozialverwaltung, der Berufsberatung des Arbeitsamtes und des Schulverwaltungsamtes zu

---

160 Das Jugendamt versuchte, trotz knapper Ressourcen Jugendberufshilfe zu betreiben. Ein Mitarbeiter wurde zum Koordinator Jugendberufshilfe ernannt, um einen zentralen Ansprechpartner zu installieren. Ihm oblag formal die strategische Entwicklung im Bereich der Jugendberufshilfe nach § 13 KJHG.

161 So konnten die Zuschüsse des Arbeitsamtes nicht optimal für die technische Ausstattung der Clearingstelle genutzt werden, da die über den EfA abgewickelten Verwaltungsverfahren bei der Beschäftigung von ABM-Kräften beispielsweise die Anschaffung von Computern behinderten.

koordinieren und eine regelmäßige Berichterstattung über die Ausbildungs- und Beschäftigungssituation Jugendlicher in der Stadt Halle einzuführen. Die Zusammenarbeit zwischen den Mitgliedern des Arbeitskreises wurde seitens des Jugendamtes als gut, die Interaktionsformen wurden als kooperativ beschrieben. Die emanzipatorischen Akteure der kommunalen Jugendberufshilfe im Jugendamt und der Clearingstelle prägten als inhaltlich federführende Akteure ein emanzipatorisches Rollenverständnis im gesamten Teilbereich. Die Durchsetzungsfähigkeit der Jugendberufshilfe war aber nicht ausreichend, um die in den Arbeitskreis zwar eingebundenen, aber ansonsten eigenständigen Akteure wie das Sozialamt und das Arbeitsamt zu einer selbständigen Unterstützung der Jugendberufshilfe außerhalb des Arbeitskreises zu bewegen.

Die Gründung des Arbeitskreises Jugendberufshilfe war auch dem wachsenden Problembewusstsein über die Jugendarbeitslosigkeit zu verdanken. Der in diesem Gremium erarbeitete Jugendberufshilfebericht lieferte erstmals für 2002 einen umfassenden Überblick über die Situation arbeitsloser Jugendlicher in der Stadt Halle.[162] Allerdings wurde die erfolgreiche Zusammenarbeit bereits 2003 unterbrochen, weil in der Berufsberatung des Arbeitsamtes nach mehrfachem Personalwechsel kein Ansprechpartner mehr zur Verfügung stand und sich weder das Sozialamt noch das Schulverwaltungsamt stark genug für die Fortsetzung des Arbeitskreises einsetzte.

Im Teilbereich *Beschäftigungsförderung für Sozialhilfeempfänger nach dem BSHG* agierten als zentrale Akteure das Ressort Beschäftigungsförderung im Fachbereich Soziales und der Eigenbetrieb für Arbeitsförderung, außerdem noch die Erst- und Ausstiegsberatung im Ressort HLU des Sozialamtes, die Abteilung Hilfe zur Arbeit im Sozialamt sowie die gemeinsame Anlaufstelle mit dem Arbeitsamt.

Der im Januar 2000 gegründete *Eigenbetrieb für Arbeitsförderung* sollte die damals entstandenen Schwierigkeiten der HAL-Sanierung abfedern (vgl. Kapitel 5.1.3), die zunehmende Überforderung der Abteilung Hilfe zur Arbeit mildern und die neuen Möglichkeiten des Landesprogramms zu Beschäftigung von Sozialhilfeempfängern nutzen. Vorgesehen war ein umfangreiches Aufgabenprofil.[163] Dazu wurde aus verschiedenen Bereichen der Verwaltung, die bis dahin mit Beschäftigungsförderung betraut waren, eine Organisationseinheit mit zwölf Personalstellen gebildet, die als Eigenbetrieb ausgegründet werden sollte. Den Ausschlag für die Organisationsform des Eigenbetriebs gaben vor allem fiskalische Argumente.

---

162 Vgl. Lokaler Jugendberufshilfebericht (Drucksache Nr. III/2002/02538 vom 1.8.2002).
163 Zu den in der Satzung vorgesehenen Aufgaben zählten die Koordination von Regie-ABM in städtischen Ämtern, von Vergabe-ABM im gewerblich-technischen Bereich, die Organisation und Koordination von Beschäftigungsmaßnahmen für Sozialhilfeempfänger, die Förderung freier Träger nach §§ 272–279 und 415 SGB III sowie die Förderung der Jugendwerkstätten.

5.4 Entscheidungsprozesse und Regelungsstrukturen

„Wir haben dann, um Steuern sparen zu können, das wäre in die Millionenhöhe gegangen, einen Eigenbetrieb aus dem Boden gestampft." (V 5)

Dem EfA war ein politischer Betriebsausschuss zugeordnet, der aus vier Mitgliedern des Stadtrates,[164] einem Vertreter der Beschäftigten[165] und der Beigeordneten für Jugend, Soziales und Gesundheit – die als stimmberechtigte Vorsitzende agierte – bestand. Der Betriebsleiter nahm beratend an den Sitzungen teil. Der Beigeordnete für Wirtschaftsförderung und der Beigeordnete für Finanzen und offene Vermögensfragen konnten mit beratender Stimme an den Ausschusssitzungen teilnehmen.[166]

Bei Beginn der Arbeit im Eigenbetrieb stellte sich aber heraus, dass es einerseits Widerstand der Beschäftigten gab, andererseits die vorgesehene Auslagerung hoheitlicher Aufgaben nicht rechtens war.

„Und das war natürlich erst mal eine kühne Idee, die damals in die Zeit passte: Alles, was wir aus der Stadt rausschmeißen können und zum Eigenbetrieb oder zur GmbH machen können, das schmeißen wir raus. [...] Und das Zweite war, dass die immer noch auf der Ebene der ABM dachten. Das HAL-Sanierungs-Konzept war ja auch für den EfA gedacht. Und das ging natürlich nicht. Das haben die bald gemerkt. [...] Erst haben die Leute Widerstand geleistet, die wollten nicht raus aus der Stadtverwaltung, und die haben dann auch gemerkt, dass sie mit dem Betriebsrat nicht zurechtkommen, wenn sie das so machen ..." (R 1)

„Dieser Eigenbetrieb sollte sich eigentlich aus dem Bereich Arbeitsförderung rekrutieren. [...] Es sollte am ersten Januar 2000 beginnen. Wir haben auch begonnen, und dabei stellte sich heraus, dass bestimmte Arbeiten, die der Bereich Arbeitsförderung gemacht hatte, durch den Eigenbetrieb nicht durchführbar waren. Das war die Vergabe von Fördermitteln, das sind hoheitliche Aufgaben, und das konnte also nicht ein Eigenbetrieb machen." (V 2)

Unter Umgehung des satzungsmäßigen Kontrollorgans des EfA billigte der damalige Oberbürgermeister zur Bewältigung dieser Probleme eine Restrukturierung: Elf der soeben ausgelagerten Personalstellen wurden durch die Neugründung des *Ressorts Beschäftigungsförderung* in den städtischen Stellenplan reintegriert. Dem Eigenbetrieb verblieben lediglich der Betriebsleiter und eine Buchhalterin. Seither war der EfA für die Koordination und Durchführung von Beschäftigungsmaßnahmen für Sozialhilfeempfänger im Rahmen des städtischen Sozialhilfeprogramms

---

164 Im Betriebsausschuss waren SPD, CDU, PDS und HAL vertreten.
165 Dieser wurde jedoch nie gewählt. Hier hätte es eine einzigartige Chance der institutionellen Verankerung der Zielgruppenbeteiligung gegeben, die aber nicht genutzt wurde und wahrscheinlich im Organisationsmodell auch nicht wirklich beabsichtigt war.
166 Vgl. Ratsbeschlüsse Nr. 99/I-52/1432 vom 28. 4. 1999 und Nr. III/1999/00151 vom 22. 11. 1999.

und von Regie-ABM in der Stadtverwaltung zuständig. Die übrigen Aufgaben oblagen nun wieder dem Ressort Beschäftigungsförderung. Dem zuständigen Betriebsausschuss des EfA wurden diese gravierenden Veränderungen der Organisationsstruktur erst nachträglich vorgestellt, eine den veränderten Strukturen angepasste Satzung erhielt der Stadtrat erst mit mehrmonatiger Verspätung zur nachträglichen Beschlussfassung.[167]

Mit der Umstrukturierung der Beschäftigungsförderung wurden die bis dahin zerstreuten Aktivitäten der städtischen Fachämter gebündelt.

„Das Instrument des Eigenbetriebs hat ja eine etwas andere Struktur [als eine GmbH] und soll im Grunde für die Stadt Maßnahmen organisieren, die zum großen Teil – das ist ja auch so ein Merkmal in Halle gewesen – dezentral über die einzelnen [...] Ämter beantragt worden sind bei der Arbeitsverwaltung und auch dezentral durchgeführt wurden. Das heißt mit anderen Worten, die Linke hat oft nicht gewusst, was die Rechte tut. Das ist über einen Prozess zentralisiert worden." (R 2)

Die Neubesetzung des Oberbürgermeisteramts führte zu einer Reduktion der Dezernate. Das Dezernat Wirtschafts- und Arbeitsförderung wurde aufgelöst und als Stabsstelle an das Büro der Oberbürgermeisterin angegliedert.[168] Im Zuge einer weiteren Umstrukturierung der Fachbereiche wurde im Jahre 2002 die Beschäftigungsförderung dem Geschäftsbereich V, Fachbereich Soziales, zugeordnet. Die Zahl der Mitarbeiter im Ressort stieg von anfänglich elf auf später 15. Häufig genannte Gründe für den Wechsel in den Geschäftsbereich V waren die zunehmende Konzentration auf Beschäftigungsförderung für Sozialhilfeempfänger im Zuge der seit 1997 aufgestellten Sonderprogramme des Landes Sachsen-Anhalt und die Verschlechterung der Förderbedingungen für ABM.

„Dann hieß es eben, mit dem Weggehen des Dezernenten, wurden wir [...] dem Sozialdezernat unterstellt. Und im Nachhinein wurde dann mit der Umstrukturierung der Stadt gesagt, die Abteilung Arbeitsförderung ist am besten aufgehoben im Sozialdezernat. [...] In der jetzigen Situation, dass in dem Bereich, in dem Eigenbetrieb, hauptsächlich Sozialhilfeempfänger betreut werden und die Beschäftigung – auch der ABM-Kräfte – dann mehr eine soziale Aufgabe der Stadt ist und keine wirtschaftliche Aufgabe, ist die Angliederung eigentlich dort gerechtfertigter als beim Wirtschaftsde-

---

167 Erst im Dezember 2000 wurde nach mehreren Nachfragen von Stadträten eine neue Vorlage zur Änderung der Satzung des Eigenbetriebs in den Stadtrat eingebracht und so die Satzung durch einen Ratsbeschluss dieser neuen Realität angepasst (vgl. Drucksache Nr. III/2000/00771 vom 13.12.2000). Zur Begründung der Veränderungen siehe auch die Antwort der Verwaltung auf die Anfrage Nr. III/2000/00796 vom 14.6.2000.
168 Vgl. auch Drucksachen III/2000/00796 vom 14.6.2000 und III/2001/01289 vom 21.3.2001.

zernat. [...] Das Sozialamt will, dass die Leute wieder in Arbeit kommen, und unsere Aufgabe ist dasselbe." (V 2)

Zum Zeitpunkt der Untersuchung waren das *Ressort Beschäftigungsförderung* und der Eigenbetrieb für Arbeitsförderung lediglich formal strukturell voneinander zu unterscheiden. Sie arbeiteten in den gleichen Räumlichkeiten, und ohne die Mitarbeiter des Ressorts hätte der Eigenbetrieb seine Aufgaben nicht erfüllen können. Sie organisierten und koordinierten die Projekte bei den städtischen Ämtern, betreuten die befristet beschäftigten Mitarbeiter, verwalteten die Projektmittel und die Maßnahmen in freier Trägerschaft. Zwar wurde in den Gesprächen betont, der Eigenbetrieb mit seinen zweieinhalb Stellen sei eine effiziente Struktur. Es erscheint jedoch aus funktionalen und personellen Gründen angebracht, beide strukturellen Ebenen mit insgesamt 17 Mitarbeitern als eine Einheit zu betrachten, zumal sie in Personalunion geleitet wurden: Der Leiter des Ressorts Beschäftigungsförderung ist gleichzeitig Betriebsleiter des Eigenbetriebs.[169]

„Wenn ich einen Eigenbetrieb nehme, wie z. B. das ‚neue theater', wäre es schon besser, es würde eine Trennung [zwischen EfA und Ressort Beschäftigungsförderung] geben, denn Abhängigkeitsverhältnisse des Betriebsleiters gegenüber der Stadtverwaltung bestehen ja nach wie vor." (R 7)

Strategische und operationale Ebene wurden über die Kopplung von Eigenbetrieb und Ressort eng miteinander verbunden. Angesichts der geringen Personalausstattung des Eigenbetriebs überlagerte die operative Ebene die strategische Arbeit des Ressorts. Die befragten Experten von Ressort und Eigenbetrieb verstanden Beschäftigungsförderung hauptsächlich paternalistisch-repressiv und orientierten ihre Beschäftigungsmaßnahmen vornehmlich auf die Erfüllung kommunaler Aufgaben.

Man hatte zwar in Anlehnung an andere Kommunen mit der Stabsstelle für Wirtschaftsförderung bei der Oberbürgermeisterin zunächst kooperative Strukturen geschaffen, konnte sie aber mangels Wissens und öffentlicher Debatte nicht ausreichend mit Inhalten füllen und kehrte schnell zur traditionellen Struktur zurück. Mit dem Wechsel der Beschäftigungsförderung in den Geschäftsbereich Soziales, Jugend und Gesundheit wurden die fiskalpolitische Orientierung gestärkt und die Abkehr vom Ziel der Arbeitsmarktintegration manifestiert.

---

169 Vgl. dazu Ratsbeschluss Nr. III/2001/01289 vom 21. 3. 2001. Diese Besetzung wurde zwar von einigen Stadträten wegen der Gefahr von Intransparenz und Interessenkollision infrage gestellt, die Verwaltung setzte ihre Vorstellungen aber mit dem Argument erzielbarer Synergieeffekte durch.

Im Zuge des „Gesetzes zur Verbesserung der Zusammenarbeit von Arbeitsämtern und örtlichen Trägern der Sozialhilfe" hatten die Stadt, der Saalkreis und das Arbeitsamt Halle eine Kooperationsvereinbarung zur Zusammenarbeit geschlossen, auf deren Grundlage seit Juni 2003 eine *gemeinsame Anlaufstelle* im Arbeitsamt Halle existierte. Sie beriet und betreute Arbeitslose nach dem Modell der Jobcenter.[170] In dieser Anlaufstelle arbeiteten zwei Mitarbeiterinnen des Sozialamtes, Sachgebiet Hilfe zur Arbeit, eine Mitarbeiterin der Clearingstelle und fünf Mitarbeiter des Arbeitsamtes zusammen. Von Seiten des Sozialamtes wurde dieser Zusammenarbeit mit großer Skepsis begegnet:

> „Dann kam das Gesetz. Aufgrund des Gesetzes [hat das Sozialamt] erst mal gar nichts gemacht. Das Gesetz sagt ja, wir sollen Kooperationsvereinbarungen abschließen. Aber wir haben ja nicht kooperiert, was sollten wir vereinbaren? Und dann kam das Thema Anlaufstelle auf. Aufgrund der Vorerfahrungen habe ich da genauso reagiert wie bei der Kooperationsvereinbarung oder dem ersten Vertrag, den wir da gemacht hatten. Wir haben gesagt, die Anlaufstelle ist Schall und Rauch. Wen haben wir hier im Amt übrig, wen können wir hier gar nicht gebrauchen? Den setzen wir da hin. Das Arbeitsamt hat das ein bisschen ernster genommen, hat ein bisschen mehr Personal da hingesetzt. Und dann kam Jump Plus. […] Und dann haben wir Jump Plus komplett über die Anlaufstelle laufen lassen. Damit war da plötzlich was los. Damit kam die Anlaufstelle zum einen in personelle Engpässe, denn wir hatten ja nur eine Kraft dort, und zum Zweiten hat uns das Arbeitsamt natürlich über den Tisch gefahren." (V 1)

Die Jugendberufshilfe hatte sich gegen die Interessen des Sozialamtes mit ihrem Wunsch nach Beteiligung an der Anlaufstelle durchgesetzt, da sie für ihr Anliegen die Unterstützung der Beigeordneten gewinnen konnte.

> „[Das Jugendamt] hat damals darauf gedrungen, dass Jugendhilfe mit rein kommt. Das Sozialamt wollte das nicht. Warum, weiß ich nicht. Wahrscheinlich, damit [das Jugendamt] nicht so sehr dahinter guckt." (V 4)

Die Zusammenarbeit in der Anlaufstelle schien die schwierigen Kooperationsbeziehungen zwischen den Beteiligten zu normalisieren. Insofern hatte sie das Potential, sich zum Ausgangspunkt eines gemeinsamen Jobcenters zu entwickeln. Dennoch wurden, nicht zuletzt infolge der Unsicherheiten über die künftige Ausführung des SGB II, die Beziehungen zwischen Sozial- und Arbeitsverwaltung von den meisten Befragten als angespannt beschrieben.

---

170 Vgl. Amtsblatt der Stadt Halle (08/2003: 1) und Stadtrats-Drucksache III/2003/03408 vom 25.6.2003.

Innerhalb des Sozialamtes kam es ebenfalls zu Umstrukturierungen. Zur besseren Betreuung gerade der erwerbsfähigen Sozialhilfeempfänger wurde die *Erst- und Ausstiegsberatung* (EAB) im Sozialamt eingerichtet. Allerdings verzögerte sich ihr Aufbau immer wieder. Erst im Jahre 2000 stand durch die Qualifizierung ehemaliger Kindergärtnerinnen zu Sachbearbeiterinnen ausreichend Personal zur Verfügung, das Konzept von 1998 auch umzusetzen.[171] In der EAB sollten alle Erstberatungsgespräche mit Antragstellern geführt, die Arbeitsfähigkeit der Hilfesuchenden beurteilt, individuelle Integrationsmaßnahmen erarbeitet und zusätzlicher finanzieller, psychosozialer oder gesundheitlicher Hilfe- und Beratungsbedarf ermittelt werden. Im ursprünglichen Konzept waren für diese individuelle Hilfeplanung 90-minütige Gespräche geplant, die sich in der Praxis Ende 2003 auf etwa 20 Minuten reduziert hatten.

„Die Erstberatung als solche, ja, die findet statt. Das macht insoweit Sinn, als wir auf Grund der Personalqualifikation [...] dort die besten Leute hingesetzt haben. Das heißt, ich kann nicht meine Hand dafür ins Feuer legen, dass jetzt jeder Fall hier richtig bearbeitet wird, aber ich kann eines weitgehend garantieren, dass er wenigstens einmal richtig bearbeitet wird. Und das ist wichtig, damit auch eine gewisse Einschätzung der Person vorliegt." (V 1)

Zum Zeitpunkt der Untersuchung erfüllte die Erst- und die Ausstiegsberatung nur einen Teil ihrer Funktionen. Aufgrund der ständig steigenden Zahl von Antragstellern hatten die zehn Mitarbeiterinnen kaum noch Zeit für ein ausführliches Beratungsgespräch. Ausstiegsberatung konnte unter diesen Bedingungen und ohne qualifiziertes sozialpädagogisches bzw. psychologisches Personal nicht geleistet werden. Selbst ein Profiling zu erstellen überforderte die personellen Möglichkeiten der EAB, die damit faktisch nur noch für die korrekte und schnelle Klärung des Anspruchs auf Sozialhilfe verantwortlich war.

„Wir schicken die Leute, die zu uns kommen, zum Arbeitsamt. Die kämmen sie durch, schicken sie erst mal zu uns zur Überbrückung und dann gehen sie wieder hin. Aber okay. In den Antragszahlen macht sich der Anstieg sehr drastisch bemerkbar, nicht in den Zahlen der Hilfeempfänger, die ist eher konstant. Aber die Antragszahlen, also

---

171 Zum Umstrukturierungsbeschluss vgl. Drucksache 98/I-47/1234, zum Stand der Umsetzung 1999 vgl. 99/I-53/A-571 vom 26.5.1999. Zu Beginn wurde die EAB noch Clearingstelle genannt; sie ist aber nicht zu verwechseln mit der Clearingstelle des Jugendamtes. Die Urheberschaft für das Modell der Erst- und Ausstiegsberatung ist unter den Befragten umstritten. Ein Stadtrat berichtete, die Idee aus Magdeburg mitgebracht zu haben. Eine Leitungskraft des Sozialamts beschrieb die Entscheidung für das Modell als Entscheidung für die schlechtere Alternative zur finanziell und personell nicht möglichen Teambildung.

die Zu- und Abgänge, sind angestiegen. Und das belastet natürlich die Erst- und Ausstiegsberatung. Da hätte man personell reagieren müssen. Konnten wir aber nicht. Selbst wenn wir das Personal hätten, hätten wir keine Räume." (V 1)

Die *Abteilung Hilfe zur Arbeit* hatte einerseits eine wichtige Funktion, andererseits eine schwache Stellung innerhalb der Sozialverwaltung. Sie war für die Auswahl der Teilnehmer an den Maßnahmen der Beschäftigungsförderung zuständig und kooperierte dabei mit den Trägern. Als emanzipatorisches Bindeglied zwischen dem Ressort Hilfe zum Lebensunterhalt und dem Ressort Beschäftigungsförderung existierte sie bis 2003 recht eigenständig im Sozialamt. Ab 2004 wurde sie schrittweise formal in das Ressort Beschäftigungsförderung eingegliedert und unterstand damit dessen paternalistischem Führungsstil. Inwieweit die widersprüchlichen Präferenzen beider Verwaltungseinheiten zu Veränderungen im Rollenverständnis des gesamten Ressorts führen würden, war zum Zeitpunkt der Untersuchung noch nicht zu erkennen.

Insgesamt war der Teilbereich der Beschäftigungsförderung nach BSHG durch hierarchisches Verwaltungshandeln geprägt. Kooperationsbeziehungen wurden nicht aktiv angestrebt, sondern entstanden durch externe Anreize. Die Akteure hatten mit Ausnahme der Abteilung Hilfe zur Arbeit paternalistisch-repressive Präferenzen. Dieser Teilbereich verfügte über die meisten Ressourcen und war verglichen zur Jugendberufshilfe auch strukturell höher angebunden. Das steigerte seine Durchsetzungsfähigkeit wesentlich. Innerhalb des Teilbereichs Beschäftigungsförderung für Sozialhilfeempfänger setzte sich die operative Ausrichtung des Eigenbetriebs durch. Die Abteilung Hilfe zur Arbeit bildete trotz ihres relativ emanzipatorischen Verständnisses von Beschäftigungsförderung kein starkes Gegengewicht.

Im Bereich der *allgemeinen Wirtschafts- und Beschäftigungsförderung* agierten die Stabsstelle Wirtschaftsförderung beim Büro der Oberbürgermeisterin und das Bündnis für Innovation und Beschäftigung. Die Wirtschaftsförderung konzentrierte sich vor allem auf Gewerbeansiedlung und den ersten Arbeitsmarkt. Die *Stabsstelle für Wirtschaftsförderung* kooperierte nicht mit den bereits beschriebenen Institutionen der Beschäftigungsförderung. Auch der Wirtschaftsförderungsausschuss fühlte sich im Prinzip für Beschäftigungsförderung nicht zuständig. Anreize, zumindest elementare Verbindungslinien zur Beschäftigungsförderung benachteiligter Gruppen zu knüpfen, entstanden erst infolge der neuen Europäischen Beschäftigungsstrategie (vgl. Europäische Kommission 2000 und 2001, Huget 2002) und deren Umsetzung in Landesprogramme.

Die neue Europäische Beschäftigungsstrategie gab wichtige Impulse zur Förderung lokaler bzw. branchenspezifischer regionaler Beschäftigungsbündnisse.

5.4 Entscheidungsprozesse und Regelungsstrukturen

Auf Landesebene wurde dies mit dem Programm „Pakte für Arbeit" aufgegriffen.[172] Die Stadt gründete ein lokales „*Bündnis für Innovation und Beschäftigung*" (BIB), um die Landesförderung nutzen zu können, und konzentrierte sich dabei auf die Neuansiedlung und Pflege vorhandener Arbeitsplätze in den Bereichen Informations- und Kommunikationstechnologie, Biotechnologie, Werkstofftechnologie und innovative Dienstleistungen. Mitglieder des BIB waren u. a. die Stadt Halle, Vertreter lokaler Unternehmen der entsprechenden Branchen, Gewerkschaften, Kammern, Bildungsträger und die Forschungsinstitute ISW und IWH.[173] Im Rahmen des BIB wurde über die Förderung der Firmen hinaus das aus dem ESG finanzierte Landesprogramm „Lokales Kapital für soziale Zwecke" (LKSZ) umgesetzt, mit dem Kleinstprojekte zur Förderung des sozialen Zusammenhalts des Gemeinwesens, zur Prävention von sozialen Benachteiligungen und zur Aktivierung vom Arbeitsprozess ausgeschlossener Personen gefördert werden konnten. Die Umsetzung wurde von einem eigens dafür gegründeten Programmbeirat begleitet.[174]

Den gleichen Zweck wie das Landesprogramm LKSZ verfolgte das ebenfalls aus dem ESF gespeiste Bundesprogramm „Lokales Kapital für soziale Zwecke" (LOS), das an die Projekte des Bund-Länder-Programms „Soziale Stadt" bzw. die Programmplattform des BMFSFJ „Entwicklung und Chancen junger Menschen in sozialen Brennpunkten" gekoppelt war (vgl. www.sozialestadt.de, www.eundc. de). Dieses Programm wurde über die Koordinierungsgruppe Soziale Stadt im Rahmen der URBAN 21-Projekte umgesetzt.[175]

Die im Rahmen der Europäischen Beschäftigungspolitik entstandenen Arbeitskreise, der Beirat des BIB, der Programmbeirat LKSZ sowie die Koordinierungsgruppe Soziale Stadt agierten parallel zueinander und waren kaum in die bestehenden Strukturen der Beschäftigungsförderung eingebunden. Unter den befragten Experten beschrieb lediglich eine Leitungskraft der Sozialverwaltung den Zusammenhang zwischen den einzelnen Strukturelementen so, dass einige Zusammenhänge deutlich erkennbar wurden.

---

172 „Pakte für Arbeit" waren ein Instrument zur Umsetzung der ESF in Sachsen-Anhalt zur Sicherung und Schaffung von Arbeitsplätzen. Damit sollten regionale oder Branchenbündnisse aller jeweils relevanten Akteure zur gemeinsamen Projektentwicklung und zur Entwicklung einer gemeinsamen Arbeitsmarktstrategie initiiert werden (vgl. Land Sachsen-Anhalt 2003).

173 Im Beirat des BIB waren der Vorsitzende des Ausschusses und der Leiter des Amtes für Wirtschaftsförderung sowie die Oberbürgermeisterin. Das ISW managte das Bündnis.

174 Diesem gehörten die Beigeordnete für Soziales, Jugend und Gesundheit, der Geschäftsführer der EVH, der Geschäftsführer des Riebeck-Stifts, der Geschäftsführer der Caritas und eine Mitarbeiterin des Zentrums für Sozialforschung Halle (ZSH) an (vgl. Informationsvorlage III/2003/03532 vom September 2003).

175 Vertreten waren hier u. a. die Beigeordnete Soziales und der Vorsitzende des Planungs- und Umweltausschusses.

„Also, wissen tun sie schon voneinander. Aber ich glaube nicht, dass sich jemand, außer vielleicht im Wirtschaftsausschuss, mit diesen Innovationen [dem BIB] beschäftigt. Und ob der Wirtschaftsausschuss sich überhaupt damit beschäftigt, weiß ich nicht. [...] Wenn, dann über die Beigeordneten. Allerdings bin ich mir nicht immer sicher, ob jeder Fachbereich weiß, was der andere macht. Das vermag ich wirklich nicht einzuschätzen. Die Wirtschaftsförderung ist ja nun eine Sache der Oberbürgermeisterin selber. Das hat sie sich ja bei dieser Wahl der Beigeordneten selber auf den Tisch gezogen. Das läuft ja alles über den Bereich der Oberbürgermeisterin. Und insofern denke ich schon, dass sie ja den Überblick über die anderen Dinge auch hat. Das ist eine interessante Frage jetzt." (R 7)

Insgesamt erscheinen die bestehenden Organisationsstrukturen und ihre Entwicklung komplex und unübersichtlich. Da die Stadt über kein Organigramm ihrer eigenen Strukturen in diesem Bereich verfügte, existierte auch keine systematische Übersicht über die Ansprechpartner der einzelnen Einheiten. Die Akteure wussten wenig voneinander. Stadträte und Vertreter der Träger hatten während der Experteninterviews Schwierigkeiten, die Zusammenhänge nachvollziehbar zu erschließen.

Als wesentliche Faktoren innerhalb der Organisationsstrukturen, die Probleme der Beschäftigungsförderung erklären können, sind resümierend folgende zu nennen:

♦ Innerhalb der *Beschäftigungsförderung* dominierte die Förderung der Sozialhilfeempfänger. Hier kamen drei Dinge zusammen: die finanziellen Anreize durch Landesprogramme, das Interesse des Sozialamtes, die hohen Sozialhilfekosten zu reduzieren, und das Interesse des Ressorts Beschäftigungsförderung, nach langjährigem Schattendasein die eigene Organisationseinheit dauerhaft zu sichern und durch kommunalen Nutzen zu legitimieren. Die Landesprogramme zur Beschäftigung und Qualifizierung von Sozialhilfeempfängern stellten seit dem Jahre 1997 erhebliche finanzielle Mittel zur Verfügung. Das Sozialamt sah mit der Nutzung dieser Mittel die Chance, die Sozialhilfeempfänger nach einem einjährigen Arbeitsvertrag in die Zuständigkeit der Bundesanstalt für Arbeit zu verschieben und so den eigenen Haushalt zu entlasten. Entsprechendes Gewicht kam innerhalb der kommunalen Schwerpunktsetzung der Beschäftigung von Sozialhilfeempfängern zu. Allerdings spielte dabei nur eine untergeordnete Rolle, ob die beschäftigten Personen nachhaltig in Arbeit integriert werden konnten. Fiskalpolitische Interessen dominierten sozial- und arbeitsmarktintegrative Ziele. Das Ressort Beschäftigungsförderung bündelte über den faktisch mit ihm identischen Eigenbetrieb für Arbeitsförderung den Großteil der verfügbaren Ressourcen. Durch das Interesse des Ressorts/des Eigenbetriebs, sich als kommunal nützlich zu erweisen und somit die eigene Existenz abzusichern, wurde die ohnehin vor allem

5.4 Entscheidungsprozesse und Regelungsstrukturen

fiskalpolitische Orientierung durch eine aufgabenpolitische Ausrichtung verstärkt. Beides ging zulasten einer emanzipatorischen Beschäftigungspolitik.

- Die *Jugendberufshilfe* verharrte innerhalb der Kernverwaltung in den Organisationsstrukturen der frühen 1990er Jahre. Ihr gelang es allerdings, durch externe Institutionen kooperative und innovative Organisationseinheiten zu installieren. Da diese aber außerhalb der Verwaltung standen, nur über geringe Ressourcen verfügten und mit ihren sichtbaren Erfolgen in Konkurrenz zu den traditionellen Institutionen standen, wurden sie von der Sozialverwaltung nur bedingt gestützt.

- Die *Wirtschaftsförderung* konzentrierte sich auf die Gewerbeansiedlung und die Förderung von Beschäftigung im ersten Arbeitsmarkt. Mögliche Synergieeffekte, beispielsweise durch die Kooperation von Wirtschaftsförderung und Jugendberufshilfe, blieben so ungenutzt.

- Innerhalb des *Stadtrates* hatte sich eine Arbeitsteilung entwickelt, die die Kontrolle und politische Steuerung der Beschäftigungsförderung allein dem auch mit Stadtratsmitgliedern besetzten Betriebsausschuss des EfA überließ. Der Jugendhilfeausschuss, der Ausschuss für Gesundheit und Soziales und der Wirtschaftsförderungsausschuss verzichteten damit auf die notwendige Kontrolle über die in mehreren Ressorts – nicht nur im Eigenbetrieb – dezentralisierte kommunale Beschäftigungsförderung. Trotz des hohen Problemdrucks war nicht zu erkennen, dass der Stadtrat seiner Verantwortung für die Aufstellung einer beschäftigungspolitischen Gesamtstrategie gerecht wurde. Demokratische Legitimation sollte über die Integration der gewählten Vertreter in die diversen Beiräte und Koordinierungsgremien, allen voran den vierteljährlich, nicht öffentlich tagenden Betriebsausschuss des Eigenbetriebs, gewährleistet werden. Wem die Entscheidungen der Beiräte politisch zuzuordnen sind, wie sie besetzt wurden und welche Rolle sie jeweils spielten, blieb den meisten Befragten verschlossen. Eine Zurechenbarkeit der politischen Verantwortung war so nicht gegeben.

- Die Personalunion zwischen dem *Ressort Beschäftigungsförderung und dem Eigenbetrieb* führte dazu, dass auch in der Sozialverwaltung keine längerfristige Strategie der Beschäftigungsförderung entwickelt wurde. Erfolgversprechende Modelle anderer Kommunen wurden nicht aufgegriffen, die Potentiale der freien Träger nur unzureichend genutzt und nicht einmal die Möglichkeiten der vorhandenen Programme und Instrumente voll ausgeschöpft.

- Die *freien Träger* begegneten der städtischen Beschäftigungsförderung angesichts der intransparenten Entscheidungsprozesse mit Misstrauen. Zwischen ihnen ohnehin vorhandenes Konkurrenzdenken wurde durch die Abhängigkeit von Finanzierungszusagen des Ressorts Beschäftigungsförderung weiter verstärkt. Diese Konkurrenzsituation verhinderte Kooperationen zwischen freien Trägern, offenen Wettbewerb um innovative Konzepte und kollektive Verhandlungsstrategien mit der hierarchisch agierenden Sozialverwaltung.

- Die *Bildungsträger* bemängelten den Verlust von Kooperationsmöglichkeiten mit der Sozialverwaltung durch die neuen Ausschreibungsverfahren. Da sie hohe Vermittlungserfolge nachwiesen, hätten sie als relativ erfolgreiche Akteure betrachtet werden können. Mit dem Verzicht auf Erfahrungsaustausch und Kooperation bei der Konzipierung von Maßnahmen wurden wichtige inhaltliche Anregungen für Stadtverwaltung und Politik nicht mehr transportiert.

5.4.2 Die „Leuchtturm-Liste"

Einer der wenigen öffentlich ausgetragenen Konflikte um die Beschäftigungsförderung der Stadt Halle entspann sich im Jahre 2003 um die sog. „Leuchtturm-Liste". Das Arbeitsamt hatte Anfang 2003 seine Geschäftspolitik dahingehend geändert, dass ABM nicht mehr zu 90, sondern nur noch zu 75 Prozent gefördert werden sollten.

Die freien Träger sahen sich nicht in der Lage, unvermittelt mehr als den doppelten Eigenanteil für diese Arbeitsplätze zu erbringen, und wandten sich über die jeweiligen Ausschüsse an die Stadt mit der Forderung nach Unterstützung. Die Vertreterin der Stadt in den Selbstverwaltungsgremien des Arbeitsamtes verhandelte um eine modifizierte Anwendung der neuen Konditionen. Einig wurden sich Stadt und Arbeitsverwaltung darüber, dass anstelle von rund 900 bisher besonders geförderten ABM künftig lediglich 150 fortgeführt werden sollten – nach Empfehlung durch die Stadt. Daraufhin wählte die Stadtverwaltung unter allen beantragten Projekten die 150 Stellen aus, die sie für besonders wichtig hielt. Der Stadtrat verweigerte angesichts fehlender Kriterien die Behandlung, die Liste wurde in die zuständigen Ausschüsse verwiesen und sollte dort nach politisch bestimmten Prioritäten, die in den meisten Ausschüssen jedoch nicht existierten, verhandelt werden. Hatte ein Ausschuss bis dahin noch keine fachlichen Prioritäten entwickelt, unterbreitete die Verwaltung den Stadträten Vorschläge.

Die nach dem Verfahren befragten Träger kritisierten die fehlenden Entscheidungsgrundlagen für das Zustandekommen dieser Empfehlungsliste.

5.4 Entscheidungsprozesse und Regelungsstrukturen

„Und dann kam da so 'ne ominöse Liste raus. Ich vermag es nicht zu beurteilen, insgesamt oder im Einzelfall, wie ominös die wirklich ist. Also ich kann nur für uns feststellen, wir haben da auch zwei Zufallstreffer erwischt, da hat uns keiner danach gefragt oder es ist weder mal mit uns abgestimmt worden, sondern mit einem Mal waren wir überrascht, was da auf dieser sog. Leuchtturm-Liste stand. [...] Das war sehr fragwürdig, muss ich Ihnen sagen, weil ich da nicht gut erkennen kann, wie wer da die Prioritäten festsetzen kann. Also, eine gewaltige Aufgabe, die man da wahrzunehmen hat. Und ich muss gestehen, dadurch, dass die Entstehung dieser Liste auch nicht so transparent gewesen ist, natürlich auch viel Raum gelassen ist für Verdächtigungen und Kungeleien, die man da vermuten muss. Insofern halte ich die [Liste] für problematisch. [...] Es gibt ja auch keine Grundsätze, an denen man sagt, nach diesen Grundsätzen wollen wir verfahren. Und so ist es ein Stochern im Nebel. Hast du, kennst du wen?" (T 1)

Ein anderer Experte erweiterte seine Einschätzung generell auf Beschäftigungsmaßnahmen:

„Ich schätze, dass wir gegenwärtig erst von Maßnahmen informiert werden, wenn sie fertig sind, wenn sie auf den Weg gebracht werden und wenn man am allerletzten Ende dann die Projektpartner braucht. Das hängt häufig damit zusammen, dass diese Maßnahmen gar nicht originär von der Stadt entwickelt werden, sondern aus irgendwelchen Bundes- oder Landesprogrammen, und dann sehr kurzfristig auf den Weg gebracht werden müssen. Solange ich mich erinnere, gab es nur Hektik verbreitende Programme, die vielleicht gerade auch so gestrickt waren, dass sie noch kurzfristig Wirkung erzielten vor bestimmten politisch wichtigen Terminen. Eine ordentlich aufgebaute Maßnahmenplanung, in die Maßnahmeträger einbezogen worden sind, hat es in den letzten fünf Jahren nicht gegeben." (T 3)

Auch Stadträte äußerten sich skeptisch über die Legitimität des Verfahrens und vermuteten Tauschgeschäfte. Nach ihren Aussagen wurde die Liste in einigen relevanten Ausschüssen gar nicht behandelt. Auch bei dieser Gruppe von Akteuren war Unsicherheit über die Entscheidungsgrundlagen erkennbar.

„Wir haben die nicht abgestimmt, diese Liste. Die hat die Verwaltung gemacht. Sind das 150 oder 100? [Die Beigeordnete] hat sie mir sogar gegeben. Ich hab gefragt, weil ich ja selbst einen Verein auf diese Liste bringen wollte, welchen weiß ich jetzt gar nicht mehr. Aber die Liste hat die Verwaltung nach der Notwendigkeit der Erhaltung der sozialen Infrastruktur gemacht. Danach hat die Verwaltung das angeblich ausgesucht. Das ist Verwaltungsarbeit. Sollen wir vom Ausschuss die 100 Leute aussuchen? Das mache ich nicht. Das hat auch vom Ausschuss niemand gewollt, das können wir gar nicht leisten, das muss die Verwaltung machen. Es hat sich auch niemand beschwert, ob er drin ist oder nicht. Ich glaube, die haben das so nach den Erfahrungen gemacht. Sie gucken ja auch nach der sozialen Infrastruktur, dass die erhalten bleibt. Da muss man sagen, wir haben bestimmte Wichtigkeiten: Wärmestube, Stadtmission, Bahnhofsmission, Ausländerbereich, dann nach Stadtteilen. So ist das sicher gemacht worden. Und da gibt's keine Klagen über unsere Verwaltungen. Das würde ich als Verwaltungshandlung betrachten." (R 4)

Am Beispiel des Umgangs mit der Leuchtturm-Liste zeigen sich der Informationsvorsprung der Verwaltung und der Mangel an Transparenz der Entscheidungen.

„Die Leuchtturm-Liste, ja. Wir [der Betriebsausschuss des EfA] sind [Anfang 2004] darüber informiert worden, dass es diese Liste gibt, was im Verhältnis zum Vorjahr schon ein Fortschritt ist. Aber entscheiden wird letztendlich die Verwaltung darüber. Wir können da jetzt Veto einlegen und sagen, das sehe ich anders, und das sehe ich anders, aber in den Ausschuss kommt die nicht noch mal, weil das Arbeitsamt am 22. darüber entscheiden will, und wir haben erst am 27. Ausschuss, also ist diese Geschichte gelaufen." (R 7)

Das Verhältnis von Verwaltung und Rat in dieser Frage stellte sich als angespannt dar. Einerseits wollten die Stadträte der Verwaltung die Arbeit überlassen, besonders wichtige Maßnahmen zu bestimmen, andererseits war wegen der fehlenden Gesamtstrategie unklar, nach welchen Kriterien eine dem Gemeinwohl besonders dienende Beschäftigungsmaßnahme bestimmt werden sollte. Für 2004 deuteten sich bei der Zusammenstellung der neuen „Leuchtturm-Liste" die gleichen Probleme wieder an. Noch immer fehlten in einigen kommunalen Arbeitsbereichen Qualitätskriterien, die auch die Ausschussarbeit leiten könnten. Nunmehr hatte der EfA die Aufgabe erhalten, die Liste zu erstellen. Dabei gerieten nach Aussage einiger Gesprächspartner auch ABM für städtische Fachbereiche mit oberster Priorität auf die Liste.

„[Das Verfahren ist] genauso undurchsichtig, unverändert geblieben, würde ich sagen. Und dass da natürlich manche auch auf die Barrikaden gehen oder meutern, leider ohne Erfolg, kann man verstehen. Aber das demokratische Gebaren ist natürlich dadurch eingehalten, dass man sagt, wir haben die Liste ja der Liga der freien Wohlfahrtspflege gegeben, die können das ja beurteilen. Aber wie ist das umsetzbar? Es gibt keine Maßstäbe dafür oder keine Regularien, dass wir sagen, wir wollen dies besonders fördern oder jenes. Die Ausrichtung ist nicht klar. Man kann Glück haben. Heute früh habe ich gerade festgestellt, [die Jugendwerkstätten] kamen gar nicht vor in der Liste. Und da war ich also bei [Leiter Beschäftigungsförderung] und habe ihn gefragt. Und dann sagte er: Ach, da ist mir ja ein Fehler unterlaufen. [...] Es waren viele Stellen in dieser Liste drin, die zum Eigenbetrieb unmittelbar gehören. Das machte ja verdächtig. Es stellte sich aber heraus, dass diese Eigenbetriebsstellen gar nicht förderfähig sind, weil immer der Endverbraucher [die Stadt] nicht förderfähig ist." (T 1)

5.4 Entscheidungsprozesse und Regelungsstrukturen

„Es ist [2004] zu einer Liste gekommen, die 214 Priorität-1-Maßnahmen enthält und weitere Maßnahmen in weiteren Prioritäten. Zu dieser Liste, die uns seit wenigen Tagen vorliegt, werden die Verbände Stellung nehmen und ihre Sicht korrigierend und ergänzend in diese Liste einbringen. Allerdings sind die Möglichkeiten begrenzt, denn wir können Maßnahmen von der Wichtigkeit her nur heraufstufen, wenn wir andere Maßnahmen auch herabstufen. Inwieweit dann das Arbeitsamt oder die Beigeordnetenkonferenz unseren Vorstellungen folgt, das ist dann auszuhandeln. So weit der Verfahrensstand. Die Leuchttürme bedeuten aber nur, dass zusätzlich zur Geschäftspolitik des Arbeitsamtes eine zehnprozentige Höherförderung von Maßnahmen erfolgt. Es bleibt eine große Lücke zu dem, was tariflich für Arbeitsbeschaffungsmaßnahmen zu zahlen ist." (T 3)

Die Träger hatten Lösungsvorstellungen für dieses Problem, die offensichtlich nicht den Weg in die politischen Prozesse fanden:

„Eine 100-prozentige Gerechtigkeit wird man nicht hinkriegen. Das ist immer 'ne hart umkämpfte Geschichte. Aber wenn man meinetwegen aus den verschiedenen Gremien einen kleinen Miniausschuss installieren würde, der macht sich Gedanken über 'ne Vergaberichtlinie, muss ja kein Riesenberg sein, und danach wird dann ein Vorschlag erarbeitet, der aber auch nachvollziehbar ist. Warum dieser Vorschlag so oder so erarbeitet wurde, das kann ich jetzt nicht erkennen. Dann hielte ich es halbwegs für demokratisch." (T 1)

An diesem Konflikt zeigen sich die unterschiedlichen Interessen entlang verschiedener professioneller Rollen. Während die Träger untereinander um knappe Fördermittel konkurrierten und sich deshalb nicht zusammenschlossen, konnte die Sozialverwaltung die Aktivitäten in der Politikarena mittels hierarchischer Steuerung und durch Tauschgeschäfte mit einzelnen Trägern lenken, dabei gezielt Abhängigkeiten erzeugen und die eigene Machtposition innerhalb der Verwaltung ausbauen. Eine Partizipation der Träger an der Entwicklung von Qualitätskriterien oder der Bestimmung des Gemeinwohls wurde von der Verwaltung blockiert.

Den Anlass für den Konflikt um die „Leuchtturm-Liste" bildete die durch die Ressourcenknappheit veränderte Geschäftspolitik des Arbeitsamtes. Seine Ursache lag aber in einem Mangel an Kooperation und Kommunikation zwischen den Akteuren der Politikarena, im Misstrauen der Träger und der Stadträte gegenüber der Stadtverwaltung und in der fehlenden legitimierenden Kraft einer Gesamtstrategie.

5.4.3 Personalausstattung und Qualität

Ein von den Trägern angesprochenes, aber im Gegensatz zum Konflikt um die Leuchtturm-Liste nicht in der öffentlichen Auseinandersetzung stehendes Problem war die Frage der *Qualität der Maßnahmen*. Dabei spielten die Ausstattung mit qualifiziertem Betreuungspersonal, der Anteil an bedarfsorientierter Qualifizierung und die Verfahren der Teilnehmerauswahl eine zentrale Rolle.

Den Jugendwerkstätten stand für die über den Eigenbetrieb geförderten Maßnahmen jeweils ein Anleiter für 20 Jugendliche, aber kein sozialpädagogisches Personal zur Verfügung. Damit lag der *Betreuungsschlüssel* der städtischen Projekte noch niedriger als jener der Arbeitsverwaltung, die 2003 noch einen Anleiter auf zehn Jugendliche in ABM gewährte.

„Wissen Sie, ich sag das mal ganz offen, hier hat die Stadt ein vordringliches Interesse, Sozialhilfeempfänger aus der Förderung über Sozialhilfe herauszukriegen, also [...] mit geringstmöglichem Aufwand möglichst viele Jugendliche aus der Sozialhilfe herauszukriegen, damit sie nicht mehr auf dem Stadtsäckel liegen. Und immer, wenn ich Personalstellen für noch andere schaffe, schmälert das natürlich den Anteil der von mir möglicherweise zu fördernden Jugendlichen [...], so dass die Stadt sich also sehr zurückhält." (T 1)

Im Eigenbetrieb für Arbeitsförderung lag der Betreuerschlüssel sogar noch ungünstiger. Im ursprünglichen Konzept von 1998 waren für rund 600 Beschäftigte vier Maßnahmeleiter und drei Sozialarbeiter vorgesehen.[176] Ende 2003 waren 13 Anleiter im Eigenbetrieb beschäftigt, Sozialarbeiter gab es nicht.

„Der Eigenbetrieb hat 13 Anleiter für 950 Personen. Die Zahl 950 stimmt nicht ganz, alldieweil, wenn ein Verein den Antrag stellt zur Unterstützung, dann möge er auch über seine eigene Schiene [anleiten]. Wir können ja in die Aufgaben sowieso nicht reinreden. Dazu haben wir zu wenig Erfahrung, wissen nichts zu den Aufgaben im Detail, da wollen wir nicht reinreden. Da haben wir aber gesagt, also bitte schön, ihr achtet selbst drauf, dass die Leute pünktlich sind und ordentlich ihre Arbeit verrichten. Dass wir entsprechende Informationen bekommen, wann waren sie da, wann waren sie nicht da, damit wir Lohn und Gehalt berechnen können." (V 6)

Die Qualifikation der Anleiter und des sonstigen Betreuungspersonals stand zwischen den mit dem Eigenbetrieb kooperierenden Trägern und dem EfA immer wie-

---

176 Vgl. Ratsbeschluss Nr. 98/1-47/1234 vom 18.11.1998. Es war geplant, unter den 600 Teilnehmern etwa 65 Personen als Vorarbeiter zu beschäftigen.

5.4 Entscheidungsprozesse und Regelungsstrukturen 135

der zur Debatte. Eine professionelle sozialpädagogische Begleitung der Maßnahmeteilnehmer wurde über den Eigenbetrieb für Arbeitsförderung nicht abgesichert.

„Ich wünsche mir eine kontinuierliche, fachlich pädagogische Arbeit in einem Jugendberufshilfeverein, weil da momentan kein kontinuierliches Geld da ist. Das ist es. Und wir reden von *Fach*kräften." (T 2)

Zwar boten die Mitarbeiter des Ressorts Beschäftigungsförderung Krisenintervention, eine emanzipatorische Sozialarbeit, die an den Kompetenzen der Beschäftigten ansetzt und ihre Stärken individuell fördert, war jedoch nicht gewährleistet.

„Es ist schon eine Faustregel, dass man sagt, jemand, der 25 Jahre alt geworden ist und nicht ein Mal gearbeitet hat, den kriegen Sie nicht mehr integriert. Es muss ein Ansatz sein, dass die Leute eine Regelmäßigkeit erfahren, gebraucht zu werden. Von daher sind die Maßnahmen sehr sinnvoll und sehr notwendig. Was mir in diesem Zusammenhang etwas Sorge bereitet, ist: Inwieweit sind diejenigen, die mit der Durchführung der Maßnahmen praktisch betraut sind, Anleiter, Begleiter usw., kompetent ausgerüstet – kompetent von ihrem Wissen her, von ihrer eigenen Qualifikation, mit diesen speziellen Zielgruppen umzugehen? Da brauchen Sie eigentlich gut ausgebildete Fachleute, die Sie auch gut bezahlen müssen, damit sie sich mit solchen Zielgruppen beschäftigen, wo man für zwölf Leute zwei Betreuer braucht und nicht für 24 Leute einen. Da haben wir zum Teil Situationen, dass sich Leute unheimlich, auch über ihre Dienstzeit hinaus, engagieren, aber wo eben doch ein Stück die fachliche Kompetenz fehlt." (R 2)

„Also von meinem fachlichen Background her sage ich: Sozialpädagogen sind unbedingt notwendig, weil viele persönliche Defizite bestehen. [...] Die Grundaussage war: Es steht und fällt mit dem Anleiter, aber auch nicht immer." (T 2)

„Was dieses Jump-Programm betrifft, da war ja diese Frage [nach dem Betreuerschlüssel] 'ne sehr wichtige Frage. Da haben wir lange drüber diskutiert im Ausschuss, aber [die Beigeordneten] und [der Betriebsleiter] waren der Meinung, es gibt genügend fitte Mitarbeiter in der Stadt und der Verwaltung, die zukünftig diese Arbeit [der Anleiter] übernehmen können. [...] Mit den Sozialarbeitern, da waren wir nicht so richtig damit einverstanden, dass die aus der Stadt kommen. Und da hat der Herr [...] von der HAL-Fraktion gute Vorschläge dafür gemacht, die dann auch aufgenommen werden sollten. Wie gesagt, das war der letzte Ausschuss. Ich weiß es nicht. Wir haben ja jetzt erst im Februar wieder Ausschuss. Da müssen wir nachfragen." (R 7)

Vor allem aus haushaltspolitischen Gründen hatte die Stadtverwaltung durchgesetzt, die benötigten fachlichen Anleiter aus dem Personalüberhang der städtischen Verwaltung zu gewinnen. Ausgebildete Sozialpädagogen standen, trotz gegenteiliger Planung und trotz der Forderungen seitens der Träger und der Stadträte, nicht zur

Verfügung. Der Eigenbetrieb betrieb mit den Mitarbeitern des Ressorts Beschäftigungsförderung allenfalls Krisenintervention. Über entsprechend ausgebildetes Fachpersonal verfügte er nicht. Die Jugendwerkstätten erhielten teilweise Mittel aus dem Feststellprogramm des Landes für die allgemeine Jugendhilfe, verhandelten mit dem Arbeitsamt um Betreuerpersonal und versuchten, Drittmittel einzuwerben. Die Stadtverwaltung selbst (Beigeordnete und Eigenbetrieb) schien das Problem der notwendigen Motivation gerade im Jugendbereich zu unterschätzen. Solange aber seitens der Politik nicht nach den Ursachen hoher Abbrecherquoten, Fehlzeiten oder hohen Krankenstandes gefragt wird und die Ursachen unterschiedlicher Erfolge der Maßnahmen oder gar Qualitätskriterien nicht diskutiert werden, wird der Interessenkonflikt zwischen freien Trägern und Verwaltung um eine quantitativ angemessene und sozialpädagogisch professionelle Personalausstattung anhalten. Dabei verweisen die Erfahrungen anderer Städte darauf, dass sozialpädagogische Beratungs- und Betreuungsangebote entscheidenden Einfluss auf die Integrationserfolge haben (vgl. Kapitel 4).

In Bezug auf die *Qualifizierungsanteile* gingen die Meinungen der Gesprächspartner auseinander. Von der Jugendberufshilfe, der Hilfe zur Arbeit und den Trägern wurde die Notwendigkeit betont, am tatsächlichen Bedarf der Teilnehmer orientierte Qualifikationsbausteine in alle Maßnahmen zu integrieren.

> „Also wir haben noch nie, auch nicht zu der Zeit, als es keine Vorgaben für Qualifizierung gab, darauf verzichtet [...]. Weil wir eben denken, gerade diese Zeit – natürlich ist die Arbeit durchaus ein geeignetes Medium bei der Gruppe, mit der wir es zu tun haben. Aber die Zielstellung muss eine andere sein. Also es geht jetzt nicht nur darum, dass der weiß, wie er einen Pinsel halten muss, sondern dass er auch noch ein bisschen mehr darüber hinaus wissen muss. Also von so ganz einfachen Sachen, dass ein gewisses Demokratieverständnis entwickelt wird, dass er weiß, wie er mit seiner persönliche Lebenslage besser umgehen kann. Also, wir sagen dazu immer Sozialkunde, die dazu gehört. Denn es ist ja in der freien Wirtschaft auch so, dass ein Jugendlicher oder ein Anzustellender dann eine größere Chance hat, wenn er nicht nur relativ gut weiß, wie er mit dem Handwerkszeug umgeht, sondern auch teamfähig ist. Er muss sich einpassen können und muss einen gewissen Horizont dafür zur Verfügung haben, das erfassen zu können." (T 1)

Vom Eigenbetrieb hingegen wurde möglichst wenig in Qualifikation investiert. Anstelle von Qualität wurde in den letzten Jahren vor allem auf Quantität gesetzt. Qualifikation erfolgte, wenn überhaupt, nicht emanzipierend und nicht an den Bedürfnissen der Teilnehmenden orientiert.

Auch eine möglichst passgenaue *Teilnehmerauswahl* bestimmt mit über die Qualität der Maßnahmen. Mittels Profiling und Arbeitserprobung nach § 20 BSHG können geeignete Teilnehmer gefunden und relativ homogene Gruppen zusammengestellt werden. Während sich eine Probezeit von ein bis drei Monaten vor den Maßnahmen in Halle durchgesetzt hatte, wurde ein Profiling erst seit den Sonderprogrammen des Bundes Jump Plus und AfL durchgeführt.

„... dieses Profiling, mit der Ende nächsten Jahres erfolgenden Auswertung – die Euro-Schulen werden alle Personen, die über ihren Tisch gelaufen sind, noch mal bewerten, eine Statistik vorlegen. Ich halte davon nicht viel. Alldieweil diese Statistik, diese Empfehlung zu den Personen, die jetzt bloß ein halbes Jahr gearbeitet haben, die im März weg sind, halt ich für sinnlos. [...] Man hat ein computergestütztes Programm entwickelt, um diese Leute auf ihre soziale Kompetenz zu befragen, dabei kostet eine Diskette [...] pro Person 143 Euro. Und da soll nachher irgend etwas herauskommen. Ich selber kenne den Inhalt dieser Disketten noch nicht. Wir hatten zwar gebeten, man soll uns das mal geben, damit wir wenigstens wissen, wofür wir Geld bezahlen. Ich weiß es bis heute noch nicht, was dort gefragt wird, außer Nachname, Geburtsdatum etc. – ich weiß es nicht." (V 6)

Die Meinungsverschiedenheiten zwischen Verwaltung und freien Trägern um verbesserte Personalausstattung, Qualifizierungsanteile und Teilnehmerauswahl mündeten nicht in einen offen ausgetragenen Konflikt. Die operative Ebene, also die Träger und der Eigenbetrieb, sind nicht die Akteure, die den Konflikt an die Öffentlichkeit tragen würden. Die Unterausstattung mit Personal zu diskutieren hieße für sie, auch die Qualität der jeweils eigenen Arbeit infrage zu stellen. Zudem betrieben die Träger Tauschgeschäfte mit der Stadtverwaltung. Angesichts der Konkurrenz untereinander und der knappen Ressourcen dürften sie im Zweifel auf eine bessere Personalausstattung eher verzichten. Der Eigenbetrieb konnte in dieser Konkurrenzsituation Beschäftigungsmaßnahmen ohne nachfrageorientierte und bedarfsgerechte Qualifikationsanteile durchführen, ohne den Wettbewerb um Qualität und Integrationserfolge fürchten zu müssen. Die Frage der Qualität könnte deshalb nur von Akteuren, die nicht im operativen Bereich aktiv sind und deshalb kein Eigeninteresse an den Fördermitteln haben, thematisiert werden. Theoretisch kämen für diese Aufgabe vor allem der Stadtrat bzw. die politische Leitungsebene der Verwaltung infrage – praktisch aber fehlt es an der notwendigen öffentlichen Debatte um die Qualität der Beschäftigungsförderung.

5.5 Evaluation versicherungspflichtiger Maßnahmen des Jahres 2001

Die Entscheidungsprozessanalyse hat deutliche Mängel der kommunalen Beschäftigungspolitik aufgezeigt. Klärungsbedürftig ist nunmehr, ob und inwiefern diese sich auch auf die Effizienz und Effektivität der Maßnahmen auswirkten. Um quantifizierbare Ergebnisse zu ermitteln, wurde im Rahmen der hier vorgestellten Fallstudie eine Evaluation im Jahre 2001 begonnener Maßnahmen der Beschäftigung und Qualifizierung von Sozialhilfeempfängern durchgeführt.

Die Teilnehmerinnen und Teilnehmer waren nach § 19 Abs. 2 BSHG (Entgeltvariante) beim Eigenbetrieb, bei Bildungsträgern bzw. bei freien Trägern in versicherungspflichtigen zwölfmonatigen Arbeitsverhältnissen beschäftigt.

Als Datenbasis standen die Teilnehmerdaten aus der ProSoz-Datenbank der Sozialverwaltung zur Verfügung. Diese Software wurde in Halle in mehreren Schritten ab dem Jahr 1996 eingeführt. Die Daten vor dem Jahr 2000 schätzten die Mitarbeiter der Abteilung Service des Sozialamtes als wenig aussagekräftig und relativ ungenau ein. Da sie nur über das Archiv zur Verfügung standen, wurden sie außer Betracht gelassen.[177]

Als problematisch erwies sich teilweise die Erfassung der Personen über die Bedarfsgemeinschaften. Wenn die Maßnahmeteilnehmer nicht als Haushaltvorstand geführt wurden oder im Beobachtungszeitraum, beispielsweise wegen Heirat, den Namen wechselten, ließen sich die Daten nicht immer mit vertretbarem Aufwand rekonstruieren. Die Datensätze waren in sehr unterschiedlicher Qualität vorhanden. Nicht immer ergaben sich aus den vorhandenen Angaben logische Schlüsse. Von den Mitarbeitern der Abteilung Service im Sozialamt wurde vermutet, dass sich in den jeweiligen schriftlichen Fallakten genauere Angaben finden ließen.[178]

Insgesamt wurden im Jahre 2001 in Halle 28 Maßnahmen nach § 19 Abs. 2 BSHG in der Entgeltvariante durchgeführt, in denen 359 sozialversicherungspflichtige Arbeitsplätze zur Verfügung standen, auf denen insgesamt 446 Teilnehmer Beschäftigung fanden.[179]

♦ Drei Maßnahmen mit 72 Plätzen wurden durch Bildungsträger (BT) organisiert und verwaltet.

---

177 Zur Ermittlung der Dauer des Sozialhilfebezugs vor Maßnahmeantritt wurden zwar auch registrierte Zeiten im Leistungsbezug vor 2000 berücksichtigt, wegen der schrittweisen Einführung der computergestützten Datenverarbeitung ab 1996 können diese Angaben jedoch nur als Mindestverweildauer interpretiert werden. Über Zeiten vor 1996 standen für diese Untersuchung keine Daten zur Verfügung.

178 Diese konnten wegen der begrenzten zur Verfügung stehenden Zeit nicht untersucht werden.

179 Allerdings waren nur für 23 Maßnahmen mit 427 Teilnehmern auf 342 Arbeitsplätzen Angaben über die genaue Zahl der Teilnehmer zugänglich. Die Differenz zwischen Plätzen und Teilnehmern ergibt sich daraus, dass wegen Kündigung oder Vermittlung in Arbeit frei werdende Plätze wieder neu besetzt wurden.

5.5 Evaluation versicherungspflichtiger Maßnahmen des Jahres 2001 139

Tabelle 3: Versicherungspflichtige Beschäftigungs- und Qualifizierungsmaßnahmen nach § 19 Abs. 2 BSHG in Halle im Jahre 2001

Projekt-Nr.	Maßnahme	Teilnehmer	Anzahl Plätze	Träger	Evaluiert
01/01-17	Betreutes Wohnen	11	10	FT	x
01/01-18	Kitas und Jugendeinrichtungen in freier Trägerschaft	17	10	FT	
01/01-19	Städtische Kinder- und Jugendeinrichtungen	17	11	EfA	
01/01-20	Liegenschaften/Grünflächenamt	12	11	EfA	
01/01-21	Umweltamt/Emmissionskataster	14	10	EfA	
01/02-23	Landschaft/Naturschutz	11	10	EfA	
*	Kommunale Kultur	2	2	FT	
*	ESG Halle	1	1	FT	
01/04-24	Kommunaler Handwerkerhof	4	3	EfA	
01/05-25	Pflege von Liegenschaften	5	4	EfA	
01/05-26	Ordnungsamt/Messen und Märkte	12	10	EfA	
01/05-27	Grünflächenamt	12	10	EfA	x
01/05-28	Diverse soziale Einrichtungen	18	15	FT	x
01/06-29	Pflege von Liegenschaften	11	10	EfA	
01/06-30	Sport und Bäder – Sanierung	23	19	EfA	x
01/06-31	Archivierung Stadt	13	10	EfA	
01/07-32	Kultureinrichtungen	14	11	FT	x
01/07-33	Jugendwerkstatt Bauhof	14	12	FT	x
01/07-34	Schulen – Hilfshausmeister	11	10	EfA	x
*	Grünflächenamt	12	12	EfA	
01/08/36	Pflege von Liegenschaften	24	20	EfA	
01/08-37	Grafitti-Bekämpfung	4	2	EfA	
*	Kita – Pausenversorgung	93	72	EfA	x
*	Verwaltung	1	1	EfA	
*	Verwaltung	1	1	EfA	
*	Qualifikation: Merkur	33	24	BT	x
SHJ 2/00	Qualifikation: BBI	31	24	BT	x
SHJ 3/00	Qualifikation: BBW	25	24	BT	x
	Insgesamt	**446**	**359**		

* Keine Angaben.
Quelle: Angaben des Eigenbetriebs für Arbeitsförderung (EfA).

♦ Sieben Projekte mit 61 Plätzen wurden über den Eigenbetrieb verwaltet, aber bei verschiedenen freien Trägern (FT) durchgeführt.
♦ 18 Maßnahmen mit 226 Arbeitsplätzen wurden vom Eigenbetrieb (EfA) verwaltet und über ihn im Zuständigkeitsbereich verschiedener städtischer Fachbereiche durchgeführt.

Elf Maßnahmen mit 285 Teilnehmern auf 231 Plätzen konnten in die Wirkungsanalyse einbezogen werden.[180] Davon blieben 18 Personen wegen fehlender Angaben in der Datenbank ProSoz unberücksichtigt. Die Wirkungsanalyse bezieht sich demnach auf 267 von 446 Teilnehmenden des Maßnahmejahrgangs 2001. Die vom Eigenbetrieb in Zusammenarbeit mit den Fachbereichen entwickelten *städtischen Beschäftigungsmaßnahmen* wurden meist in sog. Kolonnen von zehn bis 20 Teilnehmern durchgeführt.

In zwei *Beschäftigungsprojekten bei freien Trägern* waren einzelne Sozialhilfeempfänger in verschiedenen Trägereinrichtungen in den Bereichen Kultur und Soziales beschäftigt. Sie wurden individuell in den Organisationen angeleitet und eingesetzt. Aus Gründen der Verwaltungsvereinfachung beim Regie führenden Eigenbetrieb für Arbeitsförderung wurden die Teilnehmenden formal in sog. Maßnahmen „freie Träger" zusammengefasst. Fünf weitere Maßnahmen lagen in der Verantwortung jeweils eines freien Trägers.

In der *Qualifizierung bei Bildungsträgern* konnten Jugendliche in einer Kombination von Ausbildungsabschnitten beim Bildungsträger und Praktika bei Unternehmen berufsbildende Zertifikate erwerben. Während dieser in Zusammenarbeit mit der Sozialverwaltung, Abteilung Hilfe zur Arbeit, entwickelten Maßnahmen sollten die Teilnehmer für spezielle Erfordernisse am lokalen Arbeitsmarkt in den Bereichen Pflegehilfsdienste und Hauswirtschaft, Lagerwirtschaft oder einfache Dienstleistungstätigkeiten ausgebildet und in den ersten Arbeitsmarkt vermittelt werden.

Unter allen Teilnehmern des Jahrgangs 2001 waren 48 Prozent Frauen,[181] wobei insbesondere die städtische Kita-Maßnahme zu einer wesentlichen Erhöhung des Frauenanteils führte.[182]

---

180 Zu den übrigen Maßnahmen standen während des Untersuchungszeitraums keine Teilnehmerdaten zur Verfügung.
181 Unter allen Sozialhilfeempfängern im erwerbsfähigen Alter betrug der Frauenanteil rund 55 Prozent (vgl. con_sens 2003: 19).
182 In dieser – auch in die Wirkungsanalyse einbezogenen – Maßnahme waren bis auf einen Mann ausschließlich Frauen beschäftigt. Da sie mit 93 Teilnehmerinnen besonders groß war, übt sie einen wesentlichen statistischen Einfluss, vor allem auf die Frauenquote städtischer Projekte, aus. Zu den folgenden Angaben zur Sozialstruktur vgl. auch Anlage 4.

5.5 Evaluation versicherungspflichtiger Maßnahmen des Jahres 2001

Tabelle 4: Geschlecht der Teilnehmer nach Maßnahmetyp

Geschlecht	Bildungsträger	Städtische Projekte	Freie Träger	Insgesamt
Frauen	57	91	22	170
Männer	29	36	32	97
Insgesamt	**86**	**127**	**54**	**267**

Quelle: Eigene Berechnungen auf Basis von ProSoz-Daten der Stadt Halle.

Tabelle 5: Alter der Teilnehmer nach Maßnahmetyp

Alter	Bildungsträger	Städtische Projekte	Freie Träger	Insgesamt
Unter 25 Jahre	86	21	14	121
26 bis 35 Jahre	0	38	18	56
36 bis 45 Jahre	0	36	16	52
46 bis 55 Jahre	0	30	6	36
56 bis 65 Jahre	0	2	0	2
Insgesamt	**86**	**127**	**54**	**267**

Quelle: Eigene Berechnungen auf Basis von ProSoz-Daten der Stadt Halle.

Von den 267 in die Auswertung einbezogenen Personen war fast die Hälfte jünger als 25 Jahre. Unter allen Maßnahmen des Jahres 2001 waren Jugendliche nur zu einem Drittel vertreten. Bei den freien Trägern und den untersuchten Beschäftigungsmaßnahmen der Stadt bildeten die 26- bis 45-Jährigen die größte Gruppe.

Die Ergebnisse der Wirkungsanalyse der untersuchten Maßnahmen sind nur bedingt auf die übrigen Maßnahmen übertragbar, da die Teilnehmer der nicht evaluierten Maßnahmen des Jahres 2001 überwiegend männlich und älter als 25 Jahre waren. Da aber über Alter und Geschlecht hinaus keine weitere Daten für alle Beschäftigten des Untersuchungszeitraums zur Verfügung standen, konzentriert sich die Darstellung der Ergebnisse im Folgenden auf die untersuchten elf Maßnahmen mit 267 Teilnehmern.

Differenziert man die Maßnahmeteilnehmer nach dem höchsten erreichten Schulabschluss, so ergibt sich ein verzerrtes Bild, da bei knapp 40 Prozent der Personen keine Angaben zum Schulabschluss gemacht wurden.[183]

---

183 Hierunter befanden sich auch die 36 Teilnehmer ohne deutsche Staatsbürgerschaft bzw. Aussiedler, die aber überwiegend über einen Berufsabschluss verfügen. Nimmt man an, dass diese Gruppe

Tabelle 6: Höchster Schulabschluss der Teilnehmer nach Maßnahmetyp

Schul-abschluss	Bildungsträger	Städtische Projekte	Freie Träger	Insgesamt
Ohne	3	1	2	6
9. Klasse	22	25	9	56
10. Klasse	32	40	22	94
Abitur	1	0	5	6
Unbekannt	28	61	16	105
Insgesamt	**86**	**127**	**54**	**267**

Quelle: Eigene Berechnungen auf Basis von ProSoz-Daten der Stadt Halle.

Auffällig ist der hohe Anteil an Personen ohne abgeschlossene Berufsausbildung. Allerdings galt der fehlende Berufsabschluss zumindest für die Qualifikationsmaßnahmen als spezielles Auswahlkriterium. Mehr als ein Drittel der Teilnehmer verfügte über einen Facharbeiterabschluss, zumeist im gewerblichen Bereich.

Tabelle 7: Höchste berufliche Qualifikation der Teilnehmer nach Maßnahmetyp

Ausbildungs-abschluss	Bildungsträger	Städtische Projekte	Freie Träger	Insgesamt
Ohne	64	46	19	129
Teilfacharbeiter	3	11	2	16
Lehre – gewerblich/kaufmännisch	15	60	22	97
Fachschule/Techniker	0	3	3	6
Fachhochschule/Hochschule	0	6	6	12
Unbekannt	4	1	2	7
Insgesamt	**86**	**127**	**54**	**267**

Quelle: Eigene Berechnungen auf Basis von ProSoz-Daten der Stadt Halle.

mindestens den Abschluss der 10. Klasse erreicht hat, dann verringert sich der Anteil der unbekannten Abschlüsse auf 26 Prozent, und der Anteil der Absolventen der 10. Klasse steigt auf 49 Prozent. Zu berücksichtigen ist bei allen Angaben zur Person, dass sie bei der Beantragung der Sozialhilfe freiwillig erfolgten. Weder Schul- noch Berufsabschlüsse wurden dabei überprüft.

5.5 Evaluation versicherungspflichtiger Maßnahmen des Jahres 2001

Da keine Aussagen zum Qualifikationsprofil der Gesamtheit der Sozialhilfeempfänger zur Verfügung standen, können keine Aussagen über Selektionseffekte getroffen werden. Angesichts der hohen Zahl Arbeitsloser unter den Beziehern von Sozialhilfe erscheint dies für die Praxis jedoch als zweitrangiges Problem. Als wesentlich problematischer ist das fehlende Wissen über die Qualifikationsmängel der Hilfebedürftigen zu beurteilen, da dieser Informationsmangel verhinderte, dass für bestimmte Gruppen gezielt Qualifikationsangebote unterbreitet werden konnten.

Auch hinsichtlich Familienstand, Haushaltsgröße und Zahl der Kinder fällt die unterschiedliche Zusammensetzung der Maßnahmetypen ins Auge. In den Qualifikationsmaßnahmen und in der städtischen Kita-Maßnahme lag der Anteil der Alleinerziehenden besonders hoch.[184]

Tabelle 8: Familienstand der Teilnehmer nach Maßnahmetyp, darunter Anzahl Alleinerziehender

Familienstand	Bildungsträger	Städtische Projekte	Freie Träger	Insgesamt
Ledig	80	48	41	169
Verheiratet	4	40	8	52
Getrennt lebend	1	25	3	29
Geschieden	1	14	2	17
Insgesamt	**86**	**127**	**54**	**267**
Davon: Alleinerziehende	18	35	7	60

Quelle: Eigene Berechnungen auf Basis von ProSoz-Daten der Stadt Halle.

Mindestens 38 Prozent der Teilnehmer hatten insgesamt mehr als zwei Jahre in Abhängigkeit von Sozialhilfe gelebt, bevor sie in eine versicherungspflichtige Beschäftigungsmaßnahme nach dem BSHG integriert wurden, mindestens 21 Prozent sogar länger als drei Jahre. Lediglich 13 Prozent der Teilnehmenden waren weniger als ein halbes Jahr von Sozialhilfe abhängig, bevor sie Zugang zu einer solchen Beschäftigungsmaßnahme erhielten.[185]

---

184 Unter allen Haushaltsgemeinschaften, die in Halle im Jahre 2001 Sozialhilfe erhielten, fanden sich knapp 22 Prozent Ehepaare und 27 Prozent Alleinerziehende (vgl. con_sens 2003: 31). An den Maßnahmen nahmen ca. 20 Prozent Verheiratete und rund 22 Prozent Alleinerziehende teil.

185 Da aus den Datensätzen keine systematischen Angaben zu alternativen oder vorhergehenden Beschäftigungszeiten über Instrumente des BSHG hervorgingen, blieb für die Analyse unklar,

Tabelle 9: Dauer der Sozialhilfeabhängigkeit der Teilnehmer vor Maßnahmeeintritt[187] nach Maßnahmetyp

Dauer Sozialhilfebezug	Bildungsträger	Städtische Projekte	Freie Träger	Insgesamt
0– 6 Monate	23	8	4	35
7–12 Monate	10	12	7	29
13–18 Monate	19	10	9	38
19–24 Monate	8	31	5	44
25–36 Monate	6	29	12	47
37–48 Monate	4	16	7	27
> 48 Monate	3	17	8	28
Unbekannt	13	4	2	19
Insgesamt	**86**	**127**	**54**	**267**

Quelle: Eigene Berechnungen auf Basis von ProSoz-Daten der Stadt Halle.

Aus den Daten zur Sozialstruktur der Teilnehmer sollte erkennbar sein, ob die ausgewählten Teilnehmer das Spektrum der Hilfeempfänger repräsentieren.[187] Aussagen über die Angemessenheit der Ausrichtung der Maßnahmen hinsichtlich der Grundgesamtheit der erwerbsfähigen Sozialhilfeempfänger sind aber schwer zu treffen, weil Angaben zum Qualifikationsprofil aller Sozialhilfeempfänger fehlen.

Auffällig ist, dass Frauen und Alleinerziehende in den Arbeitsverhältnissen der Beschäftigungsförderung – mit Ausnahme der Maßnahme zur Unterstützung der Essensausgabe in städtischen Kindertageseinrichtungen – deutlich unterrepräsentiert waren. Diese spezielle Maßnahme für Frauen verbessert zwar das Verhältnis zwischen Teilnehmerinnen und Teilnehmern, ihre Inhalte sind jedoch nicht als die Arbeitsmarktintegration ihrer Teilnehmerinnen fördernd zu beurteilen. Im Gegenteil: Gerade sie dient sichtlich haushaltpolitischen Überlegungen, nämlich der

---

ob die Hilfebedürftigen vor Eintritt in die untersuchten Maßnahmen schon einmal in einer Maßnahme der Hilfe zur Arbeit beschäftigt waren. Die Maßnahmen bei freien Trägern und bei Bildungsträgern setzten eine Arbeitserprobung in der Mehraufwandsvariante voraus.

186 Hier sind, soweit nachvollziehbar, alle Monate in Sozialhilfebezug summiert, unabhängig von der Höhe der Leistungen. Dabei können sowohl langanhaltende Episoden des Sozialhilfebezugs auftreten als auch mehrere aufeinander folgende Abschnitte, die durch Unabhängigkeit von Sozialhilfe voneinander getrennt sind. Die Angaben sind Mindestangaben, da die Datenbank ProSoz in Halle erst Ende der 1990er Jahre eingeführt wurde und Datensätze vor 2000 – nach Aussage der Mitarbeiter – nicht absolut zuverlässig sind.

187 Als Bezugsgrößen zur Sozialstruktur aller Hilfeempfänger wurden hier die Kennzahlen aus dem Benchmarking-Vergleich mittlerer Großstädte 2002 verwendet (vgl. con_sens 2003).

Einsparung zusätzlichen Personals in den kommunalen Kitas. Berücksichtigt man die Sozialstruktur der Beschäftigten jener Maßnahmen, die nicht evaluiert werden konnten, wird das Ergebnis wird noch deutlicher: In diesen Maßnahmen fanden sich vor allem männliche Personen über 25 Jahre.

5.5.1 Wirkungsanalyse

Als Verfahren zur Wirkungsanalyse, also zur Beurteilung der Effektivität der Maßnahmen für spezielle Gruppen von Teilnehmenden, kam entweder

- ein Vorher-Nachher-Vergleich,
- ein Vergleich der verschiedenen Maßnahmetypen untereinander oder
- der Vergleich mit einer aus Nichtteilnehmern gebildeten zufälligen Kontrollgruppe infrage.[188]

Jedes dieser Verfahren birgt eigene Probleme. Beim *Vorher-Nachher-Vergleich* bilden die Teilnehmer vor ihrer Maßnahme die Kontrollgruppe. Dem liegt die Annahme zugrunde, dass es den Teilnehmenden ohne die Beschäftigungsförderung nicht gelingt, aus dem Sozialhilfebezug auszusteigen. Die Situation der Teilnehmer würde sich also nur durch die Maßnahme, nicht aber durch anderen sozialen und ökonomischen Wandel im Zeitverlauf verändern. Mit dieser Methode können zwar die individuellen Voraussetzungen der Personen konstant gehalten werden, sie eignet sich aber nur bedingt für die Erfassung von zeitlichen Verläufen, weil sie veränderten Rahmenbedingungen kaum Rechnung trägt.

Beim *Vergleich der verschiedenen Maßnahmetypen* untereinander richtet sich die Untersuchung der Wirkung vor allem auf den Einfluss unterschiedlicher Qualifikations- und Betreuungsanteile sowie unterschiedlicher Nähe zum ungeförderten Arbeitsmarkt. Ein Vorteil dieses Vergleichsverfahrens liegt darin, dass die Maßnahmen etwa zeitgleich durchgeführt wurden, allgemeine externe Veränderungen (z. B. am Arbeitsmarkt) also relativ gut vernachlässigt werden können. Im konkreten Fall liegen Nachteile allerdings in der geringen Vergleichbarkeit sehr unterschiedlicher Zielgruppen und Ziele sowie unterschiedlich großer Teilnehmergruppen der einzelnen Maßnahmetypen. Die Teilnehmerstruktur der Maßnahmetypen unterschied sich darüber hinaus deutlich in Bezug auf die individuellen Voraussetzungen und die konkreten Anforderungen der Maßnahmen, so dass ein Vergleich nur dann sinnvoll

---

188 Zu einer Systematik ökonometrischer Methoden der Wirkungsanalyse und der Kosten-Nutzen-Analyse vgl. Pohnke (2001: 26 ff.).

wäre, wenn die Maßnahmetypen bezüglich ihrer Effizienz für die Stadtverwaltung verglichen werden sollen. Vergleichende Aussagen über ihre Effektivität sind nur unter Berücksichtigung der beschriebenen Unterschiede möglich.

Der *Vergleich mit einer konstruierten Kontrollgruppe aus Nichtteilnehmern* ist die methodisch sauberste Variante, weil man über den gleichen Zeitraum, also bei konstanten externen Faktoren, die Wirkungen der Maßnahme auf die Teilnehmer selektiert beobachten kann. Sie ist aber die Methode, die sich im Ex-post-Verfahren nur dann mit vertretbarem Aufwand durchführen lässt, wenn entsprechende Datensätze zur Verfügung stehen. Um wirklich vergleichbare Kontrollgruppen zu konstruieren, muss sichergestellt sein, dass sich zu jeder Person in der Teilnehmergruppe eine Person mit einem annähernd gleichen Satz persönlicher Daten in Bezug auf ausgewählte Kriterien wie Alter, Geschlecht, Qualifikation etc. in der Kontrollgruppe finden lässt. Das erwies sich angesichts der vorhandenen Daten und der teilweise mangelhaften Angaben zu den Teilnehmern, aber auch angesichts des begrenzten Untersuchungszeitraums und der Struktur der vorhandenen Software ProSoz als nicht realisierbar. Auf einen Querschnittsvergleich über die Summe aller Teilnehmenden und einer entsprechend großen Kontrollgruppe trifft diese Einschätzung hinsichtlich der Anwendbarkeit von Evaluationsmethoden angesichts der vorhandenen Daten ebenfalls zu.

Da keine Daten zu Nichtteilnehmern verfügbar waren, wurde hier für die Wirkungsanalyse auf den *Vorher-Nachher-Vergleich* zurückgegriffen. Damit ließ sich zumindest die Frage beantworten, wie viele Teilnehmer nach dem Abschluss ihrer Maßnahmen in den Bezug von Sozialhilfe zurückkehrten. Zudem bot sich die Möglichkeit, Unterschiede in der Effektivität der verschiedenen Maßnahmetypen zu ermitteln, für deren Bewertung jedoch die divergierenden Maßnahmeansätze für verschiedene Zielgruppen berücksichtigt werden müssen.

Erklärtes Ziel der Beschäftigungsförderung der Stadt Halle war es, die Teilnehmer in die Zuständigkeit der Arbeitsverwaltung zu transferieren und so den kommunalen Sozialhaushalt zu entlasten. Die Entwicklung des Erwerbsstatus und der sozialen Situation, der Einkommen und der Qualifikation der geförderten Hilfebedürftigen im Verlauf und nach Abschluss der Maßnahmen war dabei von nachrangigem Interesse.

Die Effektivität der Beschäftigungsförderung kann in Ermangelung weiterer berufsbiografischer Daten nach Abschluss der Maßnahmen in der ProSoz-Datenbank nur erfasst werden über

- ♦ die Rückkehrquote in den Bezug von Sozialhilfe,
- ♦ die Abbrecherquote in den jeweiligen Maßnahmen und
- ♦ die Zahl der registrierten Vermittlungen in Beschäftigung.

Angesichts der beschriebenen Zielhierarchie wird hier die Rückkehrquote als das zentrale Maß für die Bewertung der Effektivität der Beschäftigungsförderung angesehen. Diese ist mit dem verfügbaren Datensatz der Sozialverwaltung erfassbar. Die Vermittlungsrate, die ebenfalls ein klares Maß für die Effektivität von Maßnahmen darstellt, ist wegen fehlender Angaben nur mit Einschränkungen aussagekräftig. Die Abbrecherquote stellt eher ein Qualitäts- als ein Effektivitätsmaß dar.

Betrachtet man anhand der ProSoz-Datensätze die Entwicklung des Einkommens der Maßnahmeteilnehmer während und nach der Maßnahme, so lassen sich aus den vorhandenen Daten einige grundsätzliche Aussagen treffen:

♦ Während der Teilnahme an der Maßnahme erhöhte sich das Einkommen der Teilnehmer um mindestens den Freibetrag für Erwerbstätigkeit.[189]
♦ Besondere Einkommensgewinne erzielten sehr junge kinderlose Teilnehmer ohne Ausbildung, die zuvor zusätzlich zum Kindergeld meist nur geringe Leistungen der Sozialhilfe erhalten hatten.
♦ Im Anschluss an eine zwölfmonatige versicherungspflichtige Tätigkeit hatten die Teilnehmer Anspruch auf Leistungen nach dem SGB III erworben. Fanden sie keine neue Arbeit, bezogen sie sechs Monate Arbeitslosengeld und anschließend Arbeitslosenhilfe.[190]
♦ Ob die Leistungen nach dem SGB III durch ergänzende Sozialhilfe gestützt werden mussten, hing vor allem von der Höhe des Einkommens während der Maßnahme und von der Haushaltgröße ab.[191]

Knapp 52 Prozent der Teilnehmer an den untersuchten Maßnahmen hatten durchgehend zwölf Monate gearbeitet. 37 Prozent brachen ihr Beschäftigungsverhältnis ab. Darunter wurden mit 18 Personen knapp 7 Prozent aller Teilnehmer direkt in Arbeit oder Ausbildung vermittelt. 49 Personen rückten auf frei werdende Plätze

---

189 Dieser Freibetrag lag im Untersuchungszeitraum bei 141 Euro. Für Teilnehmer ohne sonstige Einkommensgewinne bot dieser Betrag keinen besonderen finanziellen Anreiz zur Aufnahme einer Vollzeiterwerbstätigkeit im versicherungspflichtigen Arbeitsverhältnis, wenn man berücksichtigt, dass sie in einer Halbtagstätigkeit im Rahmen der Mehraufwandsvariante nach § 19 Abs. 2 BSHG immerhin 120 Euro in der Hälfte der Arbeitszeit hinzuverdienen konnten. Dennoch ist die psychologische Wirkung eines „richtigen" Arbeitsverhältnisses und der Befreiung vom monatlichen Gang zum Sozialamt nicht zu unterschätzen (vgl. Gebauer et al. 2002).
190 Arbeitslosengeld betrug für Kinderlose 60 Prozent und für Personen mit Kindern 67 Prozent des pauschalierten Nettoentgelts, Arbeitslosenhilfe entsprechend 53 Prozent bzw. 57 Prozent (vgl. §§ 129 und 195 SGB III).
191 Die Einkommen aus der Beschäftigung waren so niedrig, dass gerade Personen mit mehreren Kindern auch nach erfolgreichem Abschluss der Maßnahme von ergänzender Sozialhilfe abhängig blieben, wenn sie keine neue Arbeit fanden.

nach, und 57 Prozent der Gruppe der Nachrücker absolvierten ihre Arbeit bis zum regulären Ende der Arbeitsverträge.

Tabelle 10: Abbrecher- und Rückkehrquote sowie Vermittlungsrate der untersuchten Maßnahmen

Maßnahme	Träger	Anzahl Teilnehmer	Abbrecherquote in %	Vermittlungsrate in %	Rückkehrquote* in %
Kita (Pausenversorgung)	EfA	86	33,7	2,3	43,0
Sport und Bäder (Sanierung)	EfA	21	14,3	4,8	28,6
Grünflächenamt	EfA	10	20,0	0	40,0
Schulen (Hilfshausmeister)	EfA	10	10,0	0	50,0
Kultureinrichtungen	FT	13	30,8	0	30,8
Soziale Einrichtungen	FT	17	23,6	5,9	5,9
Jugendwerkstatt Bauhof	FT	13	23,1	0	30,8
Betreutes Wohnen	FT	11	9,1	0	27,3
Qualifikation: Merkur	BT	32	65,6	12,5	43,8
Qualifikation: BBI	BT	30	66,7	16,7	60,0
Qualifikation: BBW	BT	24	45,8	25,0	50,0
Arithmetisches Mittel			**37,1**	**6,7**	**40,4**

* Rückkehrquote in Sozialhilfebezug zwölf Monate nach Ende der Maßnahme.
Quelle: Eigene Berechnungen auf Basis von ProSoz-Daten der Stadt Halle.

Häufigste Gründe für den Abbruch waren Kündigungen durch die Arbeitgeber wegen Fehlzeiten bzw. durch die Arbeitnehmer aus gesundheitlichen Gründen. Während der Maßnahmen erhielten insgesamt rund 40 Prozent aller Teilnehmer mindestens ergänzende Sozialhilfe.[192] Sechs Monate nach Abschluss der Maßnahmen waren 39 Prozent wieder von Sozialhilfe abhängig; darunter erhielten 16 Prozent Sozialhilfe als ergänzende Leistung.[193] Nach zwölf Monaten betrug die *Rückkehrquote*

---

[192] Diese Angabe bezieht auch jene Personen ein, die entweder nach einem Maßnahmeabbruch bereits wieder oder vor Maßnahmeeintritt noch Leistungen der Sozialhilfe erhielten. Der Wert ist dennoch als Richtwert relevant, will man die Wirkungen der Beteiligung aller Teilnehmer auf die fiskalische Bilanz aus kommunaler Sicht ermitteln.

[193] Bei allen Angaben zum Verbleib der Teilnehmer ist zu berücksichtigen, dass soziale Veränderungen wie Umzüge und verwaltungstechnische Veränderungen, z. B. der Wechsel der Zuständigkeit innerhalb der Sozialverwaltung, nur dann berücksichtigt werden konnten, wenn sie in ProSoz vermerkt waren. Die Angaben sind demzufolge als Mindestmaße zu interpretieren.

gut 40 Prozent, der Anteil der Empfänger ergänzender Sozialhilfe blieb relativ konstant. Nach 18 Monaten waren 36 Prozent der ehemaligen Maßnahmeteilnehmer noch immer von Sozialhilfe abhängig; der Anteil der Empfänger ergänzender Sozialhilfe sank auf 14 Prozent. Die nachhaltigste Wirkung in Bezug auf ein Leben unabhängig von Sozialhilfe erzielten die Maßnahmen bei freien Trägern. Hier lag die Rückkehrquote jeweils deutlich unter dem Durchschnitt (vgl. Anlage 5).

Die *Abbrecherquoten* lagen bei den städtischen Beschäftigungsmaßnahmen und bei freien Trägern wesentlich niedriger als bei den Qualifizierungsprojekten. Das mag zum einen an den höheren Anforderungen an die jugendlichen Teilnehmer der Qualifizierung liegen, zum anderen an der größeren Marktnähe, die von den im Wettbewerb um Vermittlungserfolge stehenden Bildungsträgern gefordert und praktiziert wurde. Auch könnten zu kurze Auswahlperioden wegen eines kurzfristigen Maßnahmebeginns oder eine schwierige Dynamik in den durchschnittlich größeren Gruppen bei den Bildungsträgern eine Rolle gespielt haben.

In Bezug auf die Vermittlung in Arbeit oder Ausbildung kehrt sich dieses Bild um.[194] Die *Vermittlungsraten* aus der Qualifikation waren überdurchschnittlich hoch, wenn sie auch mit 12 bis 25 Prozent insgesamt als relativ niedrig zu bewerten sind. Ihre Nachhaltigkeit ist als gering einzuschätzen. So waren nach sechs Monaten zwischen 25 und 50 Prozent der vermittelten Teilnehmer wieder von Sozialhilfe abhängig, nach zwölf Monaten erhöhte sich diese Zahl auf 50 bis 80 Prozent. Den Berichten der Bildungsträger zufolge ergab sich ein optimistischeres Bild von mehr als 50 Prozent Vermittlungen, da die Träger die ausgeschiedenen Personen bei der Berechnung nicht mehr berücksichtigten. Weil diese aber zumeist wieder in die Sozialhilfebedürftigkeit zurückfielen, waren sie hier in die Bewertung zu integrieren.

Ein relevanter Teil der Abbrecher der Qualifikation waren junge Frauen, die während der Maßnahmen ein Kind bekamen und die Tätigkeit deshalb nicht abschließen konnten. Diese Gruppe stand zwar dem Arbeitsmarkt dann zunächst nicht uneingeschränkt zur Verfügung, sie ist aber als besonders problematisch einzustufen: Zum einen haben die jungen Frauen ohne Arbeit keinen Anspruch auf einen Platz in einer Kindertageseinrichtung; zum anderen gelten sie wegen der fehlenden Kinderbetreuungsmöglichkeit nach dem SGB III nicht als arbeitslos und haben daher keinen Zugang zu den Instrumenten der aktiven Arbeitsförderung. Dieser

---

[194] Die Angaben zu den Vermittlungserfolgen sind angesichts der geringen Fallzahlen mit Vorsicht zu behandeln. Insgesamt wurden von den 86 untersuchten Teilnehmern an den Bildungsmaßnahmen aber immerhin 15 als vermittelt gemeldet, während aus den Beschäftigungsmaßnahmen – nicht zuletzt wegen der fehlenden Angaben dazu in ProSoz – kaum direkte Vermittlungserfolge registriert wurden. Angaben zu biografischen Verläufen nach dem Ende der Maßnahme ließen sich aus der ProSoz-Datenbank nicht ermitteln. Dazu wäre ein Datenaustausch mit dem Arbeitsamt notwendig gewesen, der auf datenschutzrechtliche Grenzen stieß.

Kreislauf führt zu sozialer Ausgrenzung sowohl der Frauen als auch ihrer Kinder und zu hohen Kosten für die kommunalen Sozialhaushalte. Für diese Zielgruppe hätte kommunale Beschäftigungspolitik, weil sie nicht an die restriktiven Zugangsbestimmungen des SGB III gebunden ist und den direkten Kontakt zu städtischen Kinderbetreuungseinrichtungen herstellen kann, einen erheblichen Handlungsspielraum. Allerdings fehlten in Halle speziell auf die Bedürfnisse von jungen Alleinerziehenden zugeschnittene beschäftigungspolitische Konzepte.

Insgesamt kann die hallenser Beschäftigungsförderung des Jahres 2001 mit rund 37 Prozent Abbrechern und 40 Prozent Rückkehrern in Sozialhilfe hinsichtlich der Effektivität der Maßnahmen nicht als erfolgreich gelten. Zwar schafften immerhin 60 Prozent der geförderten Personen im Anschluss an das geförderte Arbeitsverhältnis den Ausstieg aus der Sozialhilfe und rund 16 Prozent waren nur noch auf ergänzende Sozialhilfe angewiesen, im interkommunalen Vergleich schneidet Halle damit aber eher schlecht ab (vgl. Kapitel 4.3.5).

Sechs Monate nach Ende der Beschäftigung lebten 61 Prozent der Geförderten unabhängig von Sozialhilfe, nach zwölf Monaten galt dies für knapp 60 Prozent und nach 18 Monaten für immerhin 64 Prozent. Am Absinken der Sozialhilfeabhängigkeit mehr als ein Jahr nach der Maßnahme lässt sich zugleich erkennen, dass die Teilnahme an der Beschäftigungsförderung nicht das alleinige Kriterium einer Veränderung der Lebenslagen darstellte. Genauere Erkenntnisse zu den Wirkungsfaktoren und den Gründen der Beendigung des Sozialhilfebezugs ließen sich mit dem verwendeten Datenmaterial jedoch nicht gewinnen.[195]

Der *Erfolg einer Maßnahme* – verstanden im Sinne der kommunalen Zielsetzung als eine möglichst geringe Abbrecher- und Rückkehrquote und möglichst hohe Vermittlungsraten in Arbeit oder Ausbildung – hängt von vielen Faktoren ab. In den Gesprächen mit Vertretern freier Träger wurden u. a. die Professionalität der Anleiter, die Homogenität der Gruppen, die gründliche Teilnehmerauswahl, die Wahlfreiheit der Teilnehmenden bezüglich der Arbeitsinhalte einer Beschäftigung sowie Angebote zur sozialpädagogischen Begleitung als Qualitätskriterien genannt. Erfolg im Sinne der nachhaltigen Vermittlung in Ausbildungs- oder Arbeitsmöglichkeiten hing in der Einschätzung der Gesprächspartner angesichts der hohen regionalen Arbeitslosigkeit von einer gelungenen Kombination aus umfangreicher Beratung, bedarfsorientierten Qualifikationsmöglichkeiten und hoher Motivation der Teilnehmer ab, die auch eine hohe Mobilität einschließt.

---

195 Dazu wäre eine Befragung der Teilnehmer notwendig gewesen. Mit einer solchen Befragung hätten auch ein eventueller Zugewinn an Kompetenz oder Qualifikation während der Maßnahmen ermittelt und die Beurteilung der beschäftigungspolitischen Maßnahmen aus der Sicht der Beteiligten erfasst werden können. Vor allem aus datenschutztechnischen Gründen konnte eine solche Befragung allerdings nicht durchgeführt werden.

5.5.2 Kosten-Nutzen-Analyse

Die Kosten-Nutzen-Analyse der im Jahre 2001 durchgeführten Maßnahmen orientiert sich ebenfalls an der Zielstellung, durch versicherungspflichtige Arbeitsverhältnisse mit Sozialhilfeempfängern den Sozialhilfehaushalt der Stadt Halle nachhaltig zu entlasten und zugleich kommunale Aufgaben zu erledigen, die zu Marktpreisen nicht finanziert werden konnten.

Zur *Ermittlung der Kosten* der Hilfe zur Arbeit nach § 19 Abs. 2 BSHG (Entgeltvariante) wurden die Gesamtkosten der 2001 gestarteten Projekte inklusive der Betreuungs- und Verwaltungskosten sowohl des Eigenbetriebs als auch des Ressorts Beschäftigungsförderung erfasst. Da die meisten Maßnahmen bis ins Jahr 2002 hinein liefen, war es relativ schwierig, die Kosten der Beschäftigungsförderung nach dem BSHG maßnahmespezifisch zu ermitteln, weil sie weder im jährlichen Verwaltungshaushalt der Stadt noch in den Jahreswirtschaftsberichten des Eigenbetriebs separat ausgewiesen waren. Deshalb wurden die Angaben aus den Fördermittelbescheiden des Landes und aus dem Einzelplan Allgemeine Verwaltung 0222 (Beschäftigungsförderung) des kommunalen Haushaltplans zugrunde gelegt.

Für acht der evaluierten Maßnahmen standen genaue Angaben zu den Kosten zur Verfügung. Aus den Fördermittelbescheiden ließen sich Gesamtkosten, die Anteile kommunaler und Landesmittel sowie die Lohnkosten der Teilnehmer, Sach- und Verwaltungskosten des Eigenbetriebs für Arbeitsförderung sowie Personal- und Sachkosten der Bildungsträger entnehmen.

Der Haushalt des Ressorts wies für 2001 Personal- und Sachkosten von 492 170 Euro aus. Bezogen auf die insgesamt 287 Plätze in den über den Eigenbetrieb verwalteten Maßnahmen bei der Stadt und den freien Trägern sowie auf 85 ABM, die ebenfalls über das Ressort verwaltet wurden, ergaben sich zusätzliche Overheadkosten von 1323 Euro pro Platz.[196]

Die Qualifikationsmaßnahmen bei Bildungsträgern kosteten durchschnittlich 14 515 Euro je Teilnahmeplatz jährlich, die Beschäftigung in städtischen Projekten 17 848 Euro und bei freien Trägern 17 704 Euro im Jahr.[197]

Für die untersuchten acht Maßnahmen ergaben sich unter anteiliger Berücksichtigung des Verwaltungshaushalts des Ressorts Beschäftigungsförderung Kosten in Höhe von 3,22 Mio. Euro. Rechnet man diese auf alle 28 Maßnahmen um, dann resultieren Gesamtkosten in Höhe von rund 6,16 Mio. Euro.

---

196 Die Plätze in Maßnahmen der Bildungsträger fielen hier nicht ins Gewicht, da diese von den Trägern selbst verwaltet und von der Stadt lediglich kofinanziert wurden.

197 In die Kosten für die städtischen Maßnahmen und jene bei freien Trägern wurden die anteiligen Overheadkosten des Ressorts Beschäftigungsförderung für die Verwaltung der Maßnahmen in Höhe von 1323 Euro je Platz integriert.

Tabelle 11: Gesamtkosten pro Jahr nach Maßnahmetyp

	Bildungsträger (3)*	Städtische Projekte (4)*	Freie Träger (1)*	Insgesamt
Anteil Stadt in Euro	365.792	924.701	89.209	1.379.702
Anteil Land in Euro	679.327	1.056.476	105.536	1.841.339
Gesamtkosten der untersuchten Maßnahmen in Euro	1.045.119	1.981.177	194.745	3.221.041
Anzahl Plätze	72	111	11	194
Kosten je Platz in Euro	14.515	17.848	17.704	
Anzahl Plätze insgesamt 2001	72	226	61	359
Gesamtkosten aller 359 Plätze (gewichtet) in Euro	1.045.119	4.033.648	1.079.944	6.158.711

* In Klammern: Zahl der Maßnahmen, für die Daten über die Kosten zur Verfügung standen.
Quellen: Finanzierungspläne des EfA; Fördermittelbescheide des Landes; eigene Berechnungen.

Abbildung 7: Verhältnis von Teilnehmereinkommen und Overheadkosten nach Maßnahmetyp (in Euro)

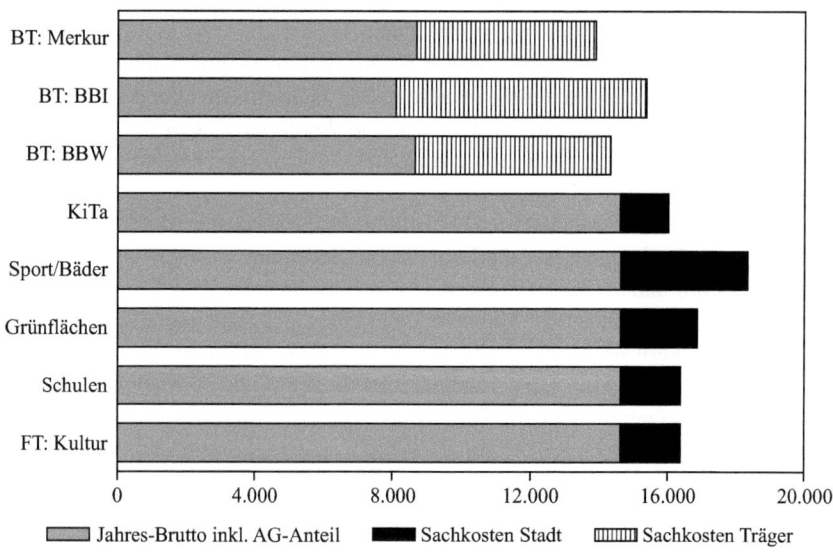

Quellen: Finanzierungspläne des EfA; Fördermittelbescheide des Landes; eigene Berechnungen.

5.5 Evaluation versicherungspflichtiger Maßnahmen des Jahres 2001   153

Aus Sicht der Stadt sind die Maßnahmen bei Bildungsträgern als besonders kostengünstig zu bewerten. Augenfällig sind bei einem solchen Vergleich allerdings die deutlichen Unterschiede in den Lohnkosten der Teilnehmer, die sich nicht nur durch das geringere durchschnittliche Lebensalter in den Qualifikationsmaßnahmen erklären lassen. In den Beschäftigungsmaßnahmen bei städtischen Ämtern oder freien Trägern erhielten die Teilnehmer durchschnittlich ca. 1007 Euro brutto im Monat, in den Bildungsmaßnahmen erzielten sie lediglich ein monatliches Einkommen von 555 bis 593 Euro brutto (vgl. Abbildung 7).[198]

Zur Ermittlung des *Nutzens der Maßnahmen* wurde hier in Anlehnung an Achim Trube (1997: 167 ff. und 233 ff.) zwischen

♦ Multiplikationseffekten,
♦ Einsparungseffekten im Bereich der Hilfe zum Lebensunterhalt,
♦ Wertschöpfung der Beschäftigungsmaßnahmen und
♦ Einnahmeeffekten unterschieden.

Der *Multiplikationseffekt* wird verstanden als Grad der Einwerbung von Drittmitteln für die Maßnahmen aus Sicht der Kommune. Betrachtet man die vier kommunalen Maßnahmen aus dieser mikropolitischen Perspektive, so ergab sich ein Verhältnis von kommunalen zu Landesmitteln von etwa 1:1,15. Bei der über den Eigenbetrieb verwalteten Maßnahmen in freier Trägerschaft betrug das Verhältnis 1:1,19 und bei den drei Maßnahmen in Verantwortung der Bildungsträger 1:1,86.

Als *Einsparungseffekte* werden die Minderausgaben der Sozialhilfe verstanden, die sich durch die Lohnzahlungen während der Beschäftigung ergeben. Die tatsächlichen Ausgaben der Sozialhilfe während der Beschäftigungsverhältnisse (die verbleibende ergänzende Sozialhilfe) werden mit den hypothetisch ohne Hilfe zur Arbeit entstandenen Ausgaben der Sozialhilfe verglichen. Zur Berechnung dieser Einsparungen werden verschiedene Verfahren gewählt, wobei allgemein mit einer Stichprobe von Teilnehmern über alle Beteiligten gearbeitet und angenommen wird, dass die Teilnehmer ohne die Maßnahmen vollständig von Sozialhilfe abhängig geblieben wären (vgl. Trube 1997: 168).

So wurden bei *Trube* (1997) die individuellen Leistungen nach dem BSHG vor Beginn der Maßnahmen für zwei Teilnehmertypen (Alleinstehende und Be-

---

198 Hinzu kommen noch Kosten für die Träger von jeweils 20,95 Prozent Arbeitgeberanteil. Die hohen Overheadkosten der Bildungsträger ergaben sich vor allem aus Personalkosten für Lehrkräfte und Betreuer. Die Kosten für Anleiter und Verwaltung bei den städtischen Maßnahmen fanden sich zu einem Teil im Haushalt des Ressorts Beschäftigungsförderung, sie wurden aber auch über hier nicht ermittelbare Ausgaben für Anleiter aus dem Personalüberhang der Stadtverwaltung gedeckt.

darfsgemeinschaften) nach den durch das Sozialamt zur Verfügung gestellten Datensätzen einiger Haushalte berechnet und dann auf alle beschäftigten Personen hochgerechnet.[199] Die Summe der vor Beginn gezahlten Sozialleistungen gilt als Einsparung für den Zeitraum der Beschäftigung, wobei nicht berücksichtigt wurde, dass auch während dieser Zeit noch ergänzende Sozialhilfe gezahlt werden kann.

Pohnke (2001: 172 ff.) ermittelte die durchschnittlichen Einsparungen für Alleinstehende aus der Summe der vor der Beschäftigung gezahlten Regelsätze, einmaligen Leistungen und haushalttypischen Pauschalen für sonstige Leistungen und gewichtete dieses Ergebnis über alle Teilnehmer nach Haushaltstypen. Die Einsparungen wurden unter Berücksichtigung der Rückkehrquoten errechnet. Personen, die nach der Maßnahme nicht in den Bezug von Sozialhilfe zurückfielen, wurden mit voller Sozialhilfeersparnis berücksichtigt. Für Rückkehrer wurde für die Zeit nach der Maßnahme der durchschnittliche Sozialhilfesatz vor der Maßnahme berücksichtigt.[200]

Diese Methoden betrachten entweder die teilnehmenden Personen, nicht aber die beteiligten Haushalte als Untersuchungseinheiten, oder sie halten die Haushaltsgrößen der Teilnehmenden über den Beobachtungszeitraum konstant. Um vorausschauende Modellrechnungen zu ermöglichen, kann dies sinnvoll sein. Es bleibt aber fraglich, ob diese Annahmen für die Teilnehmenden tatsächlich zutreffen.[201]

Hier sollte eine Ex-post-Auswertung erfolgen, die möglichst genau die Entwicklungen des Sozialhilfebezugs der Teilnehmenden widerspiegelt. Die durchschnittliche Größe der Sozialhilfeempfängerhaushalte in Halle lag bei knapp zwei Personen. In den untersuchten Fällen war rund ein Viertel der Haushalte, deren Mitglieder die zwölfmonatigen Arbeitsverträge vollständig erfüllten, auch während der Maßnahmen auf ergänzende Sozialhilfe angewiesen. Insgesamt blieben sogar

---

199 In die Berechnung einbezogen wurden der Regelsatz der Hilfe zum Lebensunterhalt (HLU), Mietbeihilfen abzüglich des vom Bund finanzierten Wohngeldes, Mehrbedarfszuschläge (z. B. für Alleinerziehende), Krankenversicherungsbeiträge und sonstige laufende Leistungen sowie einmalige Beihilfen für Heizung, Bekleidung, Hausrat, Krankenhilfe oder Weihnachtsbeihilfe (vgl. Trube 1997: 240 f.).

200 Die Kosten für ergänzende Sozialhilfe während der Maßnahmen fallen bei Pohnke nicht ins Gewicht, weil die Strategie der untersuchten Freiburger Kommunalen Leitstelle für Arbeit (KOLA) darin bestand, während der Beschäftigung so hohe Löhne zu zahlen, dass weder während noch nach Ende der Maßnahmen ergänzende Sozialleistungen gezahlt werden mussten.

201 In der hier vorgestellten Untersuchung hat sich gezeigt, dass gerade junge Frauen während und kurz nach der Beschäftigung relativ oft Kinder bekommen und die Haushaltgrößen deutlich variieren. Aber auch Trennung, Scheidung, Tod eines Haushaltangehörigen oder das Erreichen der Volljährigkeit der Kinder beeinflussen die Haushaltgrößen. Darüber hinaus sind die Regelsätze für Kinder altersabhängig gestaffelt, so dass selbst die Summe aller Regelsätze eines Haushalts konstanter Größe über einen längeren Zeitraum kaum als konstant angenommen werden kann.

5.5 Evaluation versicherungspflichtiger Maßnahmen des Jahres 2001

41 Prozent der Haushalte auch während der Maßnahmen von ergänzender Sozialhilfe abhängig, was natürlich Einfluss auf die Kostenentwicklung hatte. Deshalb berücksichtigt die vorliegende Untersuchung die konkreten Datensätze der Haushalte der Teilnehmer. Als eingesparte Leistungen nach dem BHSG wurden die Regelsätze der laufenden Hilfe zum Lebensunterhalt, Mietbeihilfen abzüglich des vom Bund finanzierten Wohngeldes, Mehrbedarfszuschläge (z. B. für Alleinerziehende), Krankenversicherungsbeiträge und sonstige laufende Leistungen, einmalige Beihilfen für Heizung, Bekleidung, Hausrat oder Weihnachtsbeihilfe sowie Freibeträge für Erwerbstätige erfasst.[202] Soweit sie der ProSoz-Datenbank zu entnehmen waren, wurden sie in die Berechnungen integriert. Für die Haushalte aller 267 Teilnehmer, für die Daten zur Verfügung standen, war die Höhe der Sozialleistungen im Monat vor Maßnahmebeginn, nach der Hälfte und am Ende der Maßnahme, direkt im Anschluss sowie sechs, zwölf und 18 Monate nach Ende der Maßnahme zu ermitteln. Dabei wurden die Leistungen an die jeweiligen Haushalte erfasst. Der Einspareffekt errechnete sich aus der Differenz zwischen den Kosten vor der Maßnahme und den gemittelten Kosten des jeweiligen Zeitraums.[203]

Vor Beschäftigungsbeginn entstanden für die Teilnehmenden der elf untersuchten Maßnahmen 152 544 Euro monatliche Ausgaben der Sozialhilfe. Während der Maßnahme wurden noch durchschnittlich 31 Prozent und unmittelbar nach dem jeweiligen Ende der Maßnahme 37 Prozent der Leistungen gezahlt. Ein halbes Jahr später waren 35 Prozent, nach zwölf Monaten 34 Prozent der ursprünglichen Leistungen zu erbringen, während 18 Monate nach dem Ende bereits wieder rund 40 Prozent der ursprünglichen Kosten entstanden[204] (vgl. Abbildung 8).

Geht man davon aus, dass die Höhe der Kosten im Maßnahmeverlauf relativ konstant blieb,[205] wurden während der Maßnahme monatlich 105 339 Euro (rund

---

202 Krankenhilfe wurde nur berücksichtigt, wenn sie den Haushalten in der ProSoz-Datenbank zugeordnet war. Einsparungen im Bereich der psycho-sozialen Beratung oder der Hilfe nach dem KJHG konnten hier nicht berücksichtigt werden. Zu den Verfahren vgl. Trube (1997: 307 ff.).
203 Dabei ergeben sich die Werte für die Kategorie „während der Maßnahme" aus den gemittelten Werten der zwei in diesem Zeitraum erfassten Monate für die Kategorie „im ersten Folgejahr" aus den gemittelten Werten sechs und zwölf Monate nach Beendigung und für die Kategorie „im zweiten Folgejahr" aus dem Wert 18 Monate nach Abschluss der jeweiligen Maßnahme.
204 In den jeweiligen Werten sind die Leistungen an alle Maßnahmeteilnehmer – auch die später Eingestiegenen – enthalten. Sie wurden aus der ProSoz-Datenbank ermittelt. Schwankungen in der Höhe der monatlichen Zahlungen, vor allem wegen Einmalleistungen, konnten vernachlässigt werden, da verschiedene Monate in die Berechnungen eingingen und die größten jeweiligen Posten – die Regelsätze und die Mietzuschüsse – für alle Teilnehmer kontinuierlich wuchsen (vgl. Anlage 3).
205 Diese Annahme gründet darauf, dass die wichtigsten Kostenbestandteile – die Regelsätze und die Mietzuschüsse – im Jahresverlauf relativ konstant bleiben und Veränderungen durch variierende Haushaltszusammensetzung durch den zeitlichen Abstand zwischen den beiden Messzeitpunkten

Abbildung 8: Ausgabenentwicklung der Sozialhilfe im Zeitverlauf über alle untersuchten Maßnahmen (in Prozent)

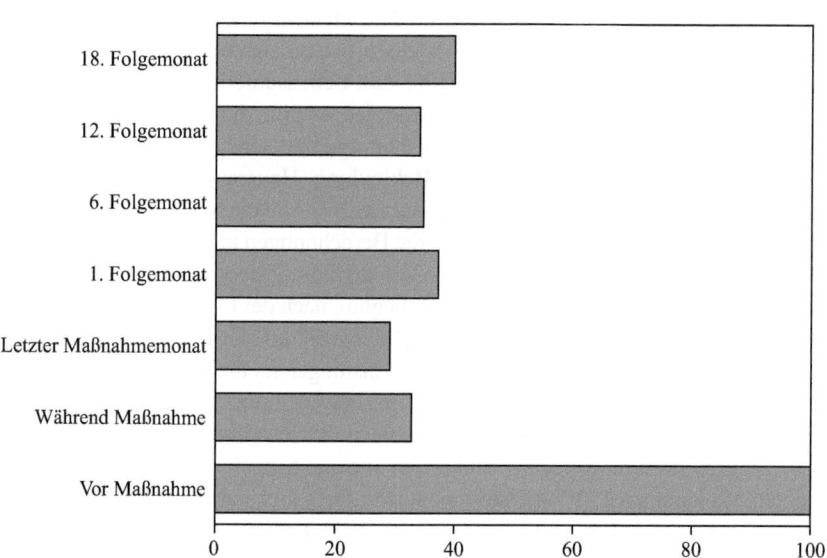

Quelle: Eigene Berechnungen auf Basis von ProSoz-Daten der Stadt Halle.

69 Prozent) Sozialhilfe eingespart. Für das erste Folgejahr kann eine monatliche Einsparung in Höhe von 100 060 Euro, für das zweite Folgejahr von in Höhe von 91 700 Euro angenommen werden. Summiert man diese Werte über jeweils zwölf Monate, so ergeben sich Einsparungen für alle 446 Haushalte in Höhe von 2,26 Mio. Euro während der Maßnahme, von 2,15 Mio. Euro im ersten und 1,98 Mio. Euro im zweiten Folgejahr[206] (vgl. Tabelle 12).

Durch die Berechnung von *Wertschöpfungseffekten* soll erfasst werden, inwieweit die in den Projekten geleistete Arbeit für die Kommune quantifizierbaren wirtschaftlichen Nutzen erbringt.[207] Die kommunalen Projekte waren vor allem in den Bereichen Ordnung und Sauberkeit, Grünflächen, Sanierung städtischer Liegen-

---

während der Beschäftigung erfasst werden. Da die untersuchten Maßnahmen in verschiedenen Monaten begannen, konnten auch die Schwankungen durch die in verschiedenen Monaten fälligen Einmalzahlungen im Mittel miterfasst werden.

206 Im Gegensatz zu den Kosten, die sich auf die zur Verfügung stehenden Plätze beziehen, sind die Einsparungen über alle beteiligten Haushalte, also auch die Abbrecher und Nachrücker, gemittelt.

207 Zur Darstellung eines komplexen Verfahrens zur Ermittlung der Wertschöpfung vgl. Trube (1997). Eine derart detaillierte Nutzenermittlung konnte hier nicht geleistet werden.

5.5 Evaluation versicherungspflichtiger Maßnahmen des Jahres 2001

Tabelle 12: Einspareffekte während der Maßnahme und in den Folgejahren

	Bildungsträger (3)*	Städtische Projekte (4)*	Freie Träger (1)*	Insgesamt
Anzahl Teilnehmer	86	127	54	267
Einsparungen Sozialhilfe während der Maßnahmen in Euro	190.033	686.447	387.596	1.264.076
Einsparungen Sozialhilfe im 1. Folgejahr in Euro	160.414	647.735	392.566	1.200.715
Einsparungen Sozialhilfe im 2. Folgejahr in Euro	132.309	589.340	378.754	1.100.403
Anzahl Teilnehmer insgesamt	89	280	77	446
Einsparungen Sozialhilfe über alle Haushalte während der Maßnahmen in Euro	196.662	1.513.426	552.683	2.262.771
Einsparungen Sozialhilfe über alle Haushalte im 1. Folgejahr in Euro	166.010	1.428.077	559.770	2.153.857
Einsparungen Sozialhilfe über alle Haushalte im 2. Folgejahr in Euro	136.924	1.299.332	540.075	1.976.331

* In Klammern: Zahl der untersuchten Maßnahmen je Maßnahmetyp.
Quelle: Eigene Berechnungen auf Basis von ProSoz-Daten der Stadt Halle.

schaften und Zuarbeiten bei der Essensversorgung in den Kindertageseinrichtungen angesiedelt. Es handelte sich um einfache Tätigkeiten für ungelerntes Personal, die ohne die Maßnahmen von anderen Personen hätten erbracht werden müssen oder können. Für eine Einschätzung der Wertschöpfungseffekte konnten also zumindest die Personalkosten für die eingesparten Arbeitskräfte berücksichtigt werden. Zur Berechnung von Wertschöpfungseffekten wurde zwei Szenarien entwickelt:

- Im *Szenario 1* wird angenommen, die Tätigkeiten wären alternativ von Sozialhilfeempfängern nach § 19 Abs. 2 BSHG (Mehraufwandsvariante) für einen Stundenlohn von 1,50 Euro ausgeführt worden und die Projekte hätten Ausfälle durch Krankmeldungen und Fehlzeiten von 30 Prozent zu verzeichnen.
- In *Szenario 2* wird angenommen, die beschäftigten Personen hätten die ortsübliche Bezahlung für ungelernte Kräfte von rund 5 Euro erhalten und die Ausfallzeiten betrügen 5 Prozent. Beide Szenarien beziehen sich nur auf die städtischen Maßnahmen, da allein dort die Arbeit unmittelbar der Stadt zugute kommt.

Tabelle 13: Berechnung von Wertschöpfungseffekten kommunaler Maßnahmen

	Szenario 1	Szenario 2
Stundenlohn in Euro	1,50	5,00
Jahresarbeitszeit in Stunden*	1.520	1.520
Abzüglich Fehlzeiten in Stunden	456	152
Reale Arbeitszeit in Stunden	1.064	1.368
Personalkosten pro Person und Jahr, in Euro	1.596	6.840
Anzahl der Plätze in den untersuchten Maßnahmen	111	111
Ersparnis für 111 Arbeitskräfte in Euro	177.156	759.240
Anzahl Plätze insgesamt	226	226
Ersparnis für 226 Arbeitskräfte in Euro	360.696	1.545.840

* Vgl. hierzu: *www.stala.sachsen-anhalt.de/Internet/Home/Daten_und_Faktoren/1/13/133/13311/ Erwerbst_tig_und_Arbeitnehmer_mit_Arbeitsort_im_Land_Sachsen_Anhalt.html* (1.12.2005).

Quelle: Eigene Berechnungen.

Abhängig davon, zu welchen Konditionen die Stadt die erfassten Tätigkeiten alternativ erhalten würde, ergeben sich Wertschöpfungseffekte von 0,36 bis 1,55 Mio. Euro.

Einnahmeeffekte entstehen aus der Beteiligung der Kommunen am Einkommensteueraufkommen in Höhe von 15 Prozent. Legt man die monatlichen Bruttoeinkommen der Teilnehmer von 1218 Euro in den kommunalen Maßnahmen und durchschnittlich 702 Euro in den Qualifikationsmaßnahmen zugrunde und berücksichtigt man den Grundfreibetrag für Lohnsteuerklasse I bis IV von 7206 Euro sowie den Arbeitnehmerfreibetrag von 1023 Euro, so könnten rechnerisch die in Tabelle 14 ausgewiesenen Einnahmen erzielt werden.[208] In der Literatur werden die Freibeträge meist vernachlässigt, da nur wenige Sozialhilfeempfänger Steuererklärungen abgeben (vgl. Trube 1997: 237 f.). Da zumindest Verheiratete zur Abgabe verpflichtet sind und Kinderfreibeträge sowie Haushaltsfreibeträge für Alleinerziehende zu berücksichtigen sind, sollten Mindereinnahmen aber kalkuliert werden.[209]

---

208 In den Bruttolohnkosten stecken insgesamt rund 41 Prozent Abgaben für Sozialversicherungen. Zu den Lohnsteuerklassen und Freibeträgen für 2001 vgl. Alt (2001: 144 ff.).

209 Hier wurden nur die Mindereinnahmen für Alleinerziehende mit einem Kind berücksichtigt. Weitere Mindereinnahmen ergeben sich aus den Kinderfreibeträgen für verheiratete Eltern und für Haushalte mit mehreren Kindern. In den hier untersuchten Fällen lebten insgesamt in knapp 40 Prozent der Haushalte Kinder. Das zu erwartende Steueraufkommen wird damit noch niedriger liegen, ließ sich aber nicht genauer spezifizieren.

5.5 Evaluation versicherungspflichtiger Maßnahmen des Jahres 2001

Tabelle 14: Berechnung maximaler Einnahmeeffekte durch das Einkommensteueraufkommen

	Bildungsträger	Städtische Projekte	Freie Träger	Insgesamt
Brutto inkl. Arbeitgeberanteil pro Monat in Euro	702	1.218	1.218	
Brutto inkl. Arbeitgeberanteil pro Jahr in Euro	8.424	14.616	14.616	
Brutto brutto pro Jahr[a] in Euro	6.965	12.084	12.084	
Einkommensteuer/Platz in Euro	0	1.147	1.147	
Anzahl der Plätze insgesamt	72	226	61	359
Anteil Alleinerziehender in %	21	27	13	
Freibeträge[b] in Euro	14.346	14.346	14.346	
Zu versteuerndes Einkommen von Alleinerziehenden, 1 Kind, in Euro	0	270	270	
Einkommensteuer je Alleinerziehender/m in Euro	0	54	54	
Einkommensteuer anteilig je Teilnehmer (Steuerklasse I) in Euro	0	193.686	62.304	
Einkommensteuer anteilig je Alleinerziehender/m (Steuerklasse II) in Euro	0	3.295	428	
Insgesamt in Euro	**0**	**196.981**	**62.732**	
Kommunaler Anteil Einkommensteuer (15 %) gewichtet über alle Teilnehmer, in Euro	0	29.547	9.410	38.957
Anzahl der Plätze in den untersuchten Maßnahmen	72	111	11	194
Kommunaler Anteil Einkommensteuer bei den untersuchten Maßnahmen in Euro	0	14.512	1.697	16.209

a Brutto ohne Arbeitgeberanteil zur Sozialversicherung, Steuerklasse I.
b Summe der Freibeträge für Steuerklasse II.

Quellen: ProSoz-Daten der Stadt Halle; Finanzierungspläne des EfA; Fördermittelbescheide des Landes; www.abgabenrechner.de/startber.do?ber=08; eigene Berechnungen.

Fasst man die ermittelten *Kosten und Nutzen* der untersuchten Beschäftigungsmaßnahmen zusammen, so lassen sich Rückschlüsse auf die *Effizienz* der Maßnahmen ziehen.

Tabelle 15: Kosten-Nutzen-Vergleich[210]

	Untersuchte Maßnahmen	Alle Maßnahmen 2001
Anzahl der Plätze	194	359
Kosten Stadt in Euro	1.379.702	2.743.276
Kosten Land in Euro	1.841.339	3.415.396
Kosten insgesamt in Euro	3.221.041	6.158.672
Anzahl der Teilnehmer	267	446
Einspareffekt während der Maßnahmen in Euro	1.264.076	2.262.771
Einspareffekt 1. Folgejahr in Euro	1.200.715	2.153.857
Einspareffekt 2. Folgejahr in Euro	1.100.403	1.976.331
Einspareffekt 3. Folgejahr in Euro	1.100.403	1.976.331
Amortisationsdauer in Monaten	32	34,5
Amortisationsdauer der städtischen Kosten in Monaten	13	14,5
Wertschöpfung Szenario 1 in Euro	177.156	360.696
Wertschöpfung Szenario 2 in Euro	759.240	1.545.840
Einnahmeeffekt in Euro	16.209	38.957
Amortisationsdauer der städtischen Kosten (Szenario 1) in Monaten	11	12,5
Amortisationsdauer der städtischen Kosten (Szenario 2) in Monaten	6,5	7,5

Quelle: Eigene Berechnungen auf Basis von ProSoz-Daten der Stadt Halle, der Finanzierungspläne des EfA und der Fördermittelbescheide des Landes.

Insgesamt ergeben sich Kosten in Höhe von 6,16 Mio. Euro für die zur Verfügung gestellten 359 versicherungspflichtigen Beschäftigungsmöglichkeiten. Dem stehen je nach Szenario Einsparungen von 2,67 bis 3,85 Mio. Euro im Jahr der Beschäftigung, von 2,15 Mio. Euro im ersten und 1,98 Mio. Euro im zweiten Folge-

---

210 Die Ergebnisse der untersuchten acht Maßnahmen wurden über alle 28 Maßnahmen des Jahres entsprechend der Anteile des jeweiligen Maßnahmetyps hochgerechnet. Die Differenzen zwischen den Ergebnissen der untersuchten Maßnahmen und der Berechnung aller Maßnahmen ergaben sich aus den gewichteten Anteilen der verschiedenen Maßnahmetypen (vgl. Tabellen 12 und 13).

5.5 Evaluation versicherungspflichtiger Maßnahmen des Jahres 2001 161

jahr gegenüber. Für die untersuchten Maßnahmen trug die Stadt Halle insgesamt 42,8 Prozent der Kosten, das Land Sachsen-Anhalt 57,2 Prozent. Über alle Maßnahmen betrug der städtische Kostenanteil 44,5 Prozent (vgl. Tabelle 15).[211] Differenziert man die Kosten-Nutzen-Relation nach Maßnahmetypen, so erwiesen sich die Beschäftigungsmaßnahmen bei freien Trägern als die effizientesten, während die Qualifikationsmaßnahmen bei den Bildungsträgern trotz ihrer geringeren Kosten pro Teilnehmer als weniger effizient zu beurteilen sind (vgl. Tabelle 16).

Tabelle 16: Kosten-Nutzen-Relationen nach Maßnahmetypen, berechnet für alle 28 Maßnahmen und 446 Teilnehmer des Jahres 2001

	Bildungsträger	Städtische Projekte	Freie Träger	Insgesamt
Kosten gesamt in Euro	1.045.080	4.033.648	1.079.944	6.158.672
Anteilige Kosten der Stadt in Euro	365.792	1.882.806	494.710	2.743.276
Kostenübernahme des Landes in Euro	679.327	2.150.842	585.234	3.415.396
Einspareffekt während der Maßnahmen in Euro	196.662	1.513.426	552.683	2.262.771
Einspareffekt 1. Folgejahr in Euro	166.010	1.428.077	559.770	2.153.857
Einspareffekt 2. Folgejahr in Euro	136.924	1.299.332	540.075	1.976.331
Wertschöpfung (Szenario 1) in Euro	0	360.696	0	360.696
Einnahmeeffekt in Euro	0	29.547	9.410	38.957
Amortisationsdauer insgesamt in Monaten	> 60	30,5	23	34,5
Amortisationsdauer der städtischen Kosten in Monaten	24	12	10,5	12,5

Quelle: Eigene Berechnungen auf Basis von ProSoz-Daten der Stadt Halle, der Finanzierungspläne des EfA und der Fördermittelbescheide des Landes.

---

211 Im Jahre 2001 wurden die Zuschüsse des Landes für Maßnahmen bei den Bildungsträgern noch nicht über den Eigenbetrieb für Arbeitsförderung, sondern über die Bildungsträger akquiriert. Über den städtischen Haushalt liefen deshalb lediglich zwei Drittel der Landeszuschüsse. Für die Berechnung müssen die Aufwendungen des Landes aber in ihrer Gesamtheit berücksichtigt werden.

5.5.3 Bewertung und Vergleich

Die Sozialverwaltung der Stadt Halle ging in ihren Berechnungen zum Nutzen beschäftigungspolitischer Maßnahmen nach §19 Abs. 2 BSHG (Entgeltvariante) davon aus, dass die betroffenen Bedarfsgemeinschaften monatlich durchschnittlich 500 Euro Sozialhilfe erhielten und die Rückkehrquote 20 Prozent betrüge.[212] Für die Beschäftigung von 500 Sozialhilfeempfängern wurden Maßnahmekosten in Höhe von 9,3 Mio. Euro kalkuliert, von denen das Land Sachsen-Anhalt 4,8 Mio. und die Stadt Halle 4,5 Mio. Euro zu tragen hätten. Dem stünden Einsparungen an Sozialhilfe in Höhe von 3,0 Mio. Euro im ersten Jahr gegenüber, wobei davon ausgegangen wurde, dass kein Teilnehmer ergänzende Sozialhilfe erhielt. Unter der Prämisse, dass in den Folgejahren 80 Prozent der Teilnehmer nicht mehr von Sozialhilfe abhängig wären, wurden jährliche Einsparungen im Etat der Sozialhilfe in Höhe von 2,4 Mio. Euro angenommen. Nach dieser Rechnung würden sich die Maßnahmekosten für die Stadt Halle nach 19,5 Monaten amortisieren. Berücksichtigt man die Gesamtkosten der Maßnahmen, dann hätten sie sich nach 42,5 Monaten amortisiert, wenn tatsächlich lediglich 20 Prozent der Teilnehmer in die Sozialhilfe zurückkehrten, die anderen aber dauerhaft ohne diese Leistung leben könnten.

Die *Annahmen des städtischen HLU-Konzepts* konnten weder in Bezug auf die Höhe der Sozialleistungen noch auf die Rückkehrquoten bestätigt werden. Aus den hier untersuchten Maßnahmen kehrten doppelt so viele Haushalte in den Bezug von Sozialhilfe zurück wie von der Stadtverwaltung angenommen. Damit wird auch erklärbar, warum trotz des hohen Aufwands für Beschäftigungsförderung die Fallzahlen der Sozialhilfestatistik nicht im erwarteten Ausmaß sanken.

Bezüglich der Kosten-Nutzen-Relation ergab sich ein differenziertes Bild. Die realen durchschnittlichen Kosten des Sozialhilfebezugs vor der Maßnahme betrugen 571 Euro je Monat und Bedarfsgemeinschaft der Teilnehmer. Während der Maßnahmen erhielten rund 40 Prozent der Teilnehmenden ergänzende Sozialhilfe. Die Rückkehrquote nach zwölf Monaten lag bei 40,4 Prozent.

Je nach Typ und Trägerschaft der Maßnahmen ergaben sich unterschiedliche Kosten-Nutzen-Relationen für die Stadt. Nach den Ergebnissen der hier vorgestellten Untersuchung wären für 500 in die Beschäftigungsförderung integrierte Haushalte jährliche Kosten für Sozialhilfe in Höhe von 3,42 Mio. zu erwarten, aus denen während der Maßnahmen Einsparungen von 2,36 Mio. Euro, im ersten Folgejahr von 2,24 Mio. und im zweiten Folgejahr von 2,06 Mio. Euro erzielt werden könnten (vgl. Tabelle 17).

---

[212] Vgl. HLU-Konzept, Ratsbeschluss III/2002/02546 vom 21. 8. 2002.

5.5 Evaluation versicherungspflichtiger Maßnahmen des Jahres 2001

Tabelle 17: Vergleich der Annahmen des HLU-Konzepts der Stadt mit den modellierten Kosten-Nutzen-Relationen der evaluierten Maßnahmen des Jahres 2001, kumuliert über je 500 Teilnehmer

	Annahmen des HLU-Konzepts	Untersuchte Maßnahmen 2001*
Anzahl der Plätze	500	500
Kosten der Stadt in Euro	4.500.000	3.820.725
Kosten des Landes in Euro	4.800.000	4.756.827
Kosten insgesamt in Euro	9.300.000	8.577.552
Anzahl der Teilnehmer	500	500
Einspareffekt während der Maßnahmen in Euro	3.000.000	2.536.739
Einspareffekt 1. Folgejahr in Euro	2.400.000	2.414.638
Einspareffekt 2. Folgejahr in Euro	2.400.000	2.215.618
Einspareffekt 3. Folgejahr in Euro	2.400.000	2.215.618
Amortisationsdauer insgesamt in Monaten	42,5	34,5
Amortisationsdauer der städtischen Kosten in Monaten	19,5	12,5
Wertschöpfung (Szenario 1) in Euro	–	404.368
Wertschöpfung (Szenario 2) in Euro	–	1.733.004
Einnahmeeffekt in Euro	–	43.674
Amortisationsdauer städtische Kosten (Szenario 1) in Monaten	–	12,5
Amortisationsdauer städtische Kosten (Szenario 2) in Monaten	–	6,5

* Werte aus Tabelle 16 sind zur besseren Vergleichbarkeit auf 500 Teilnehmer umgerechnet.

Quelle: Eigene Berechnungen auf Basis der in Tabelle 15 aufgeführten Quellennachweise sowie des HLU-Konzepts der Stadt Halle (vgl. Fußnote 212).

Der Vergleich der Ergebnisse verweist darauf, dass die im HLU-Konzept vermutete Amortisationsdauer der Gesamtkosten um acht Monate und die Amortisation der städtischen Kosten um sieben Monate nach unten korrigiert werden kann. Berücksichtigt man für die städtischen Beschäftigungsmaßnahmen über die Einspareffekte hinaus auch Wertschöpfungs- und Einnahmeeffekte, so ergibt sich eine weitere Verkürzung der Amortisationsdauer.

Die Diskrepanz zwischen beiden Modellrechnungen ergibt sich vor allem aus im HLU-Konzept überschätzten Maßnahmekosten und einer verglichen zu seinen Annahmen günstigeren Relation zwischen kommunalen und Landesausgaben für die Beschäftigungsförderung. Diese real vorgefundenen geringeren städtischen

Kosten gleichen die wegen der Zahlung ergänzender Sozialhilfe an einen erheblichen Teil der Maßnahmeteilnehmer und wegen höherer Rückkehrquoten niedrigeren Einsparungen im Sozialhaushalt aus.

Die Maßnahmen nach § 19 Abs. 2 BSHG (Entgeltvariante) bewirkten im Jahre 2001 höhere Haushaltskonsolidierungseffeke als im HLU-Konzept der Stadt Halle erwartet. Dies ist auf geringe Maßnahmekosten zurückzuführen.

Allerdings wurden mit den Maßnahmen die sozialpolitischen Zielstellungen nicht erreicht. Mit 40 Prozent war die Rückkehrquote in Sozialhilfebezug nach Maßnahmeende doppelt so hoch wie im HLU-Konzept angestrebt. Dies wurde zum einen durch die niedrigen Einkommen während der Maßnahmen verursacht, die zum Anspruch auf ergänzende Sozialhilfe bei Arbeitslosigkeit nach Maßnahmeende führten. Zum anderen trug die relativ hohe Abbrecherquote von durchschnittlich 37 Prozent zu hohen Rückkehrquoten bei.

Betrachtet man die Abbrecherquote als Indikator für die Qualität von Beschäftigungsmaßnahmen,[213] so verweist ihr hoher Wert auf qualitative Probleme der halleschen Beschäftigungsförderung, die einer eigenen Diskussion bedürfen.

Die in der hier vorgestellten Untersuchung ermittelten Ergebnisse können für den *interkommunalen Vergleich* der Effektivität und Effizient beschäftigungspolitischer Maßnahmen herangezogen werden.

Setzt man die Ergebnisse zu Abbrecherquoten, Rückkehrquoten und Vermittlungsraten (vgl. Tabelle 11) sowie zur Amortisationsdauer (vgl. Tabellen 16 und 17) mit denen anderer Städte in Bezug, so sind die Erfolge der hallenser Beschäftigungsförderung des Jahres 2001 auch unter vorsichtiger Zurückhaltung bezüglich ihrer Vergleichbarkeit als relativ gering einzuschätzen.[214]

♦ Mit einer durchschnittlichen *Abbrecherquote* von 37,1 Prozent und

♦ einer durchschnittlichen *Rückkehrquote* von 40,4 Prozent über die ersten zwölf Monate nach Beendigung der Maßnahmen lagen die Ergebnisse der Stadt Halle am unteren Ende der in der analysierten Literatur veröffentlichten Werte zur Effektivität von Beschäftigungsmaßnahmen.

---

213 Hohe Abbrecherquoten können auf ungenaue Teilnehmerauswahl, inadäquate Maßnahmeinhalte oder mangelnde Motivation der Teilnehmer hinweisen. Qualitative Aspekte wurden in Halle konzeptionell nicht diskutiert.

214 Zu den Ergebnissen anderer Städte vgl. Kapitel 4.3.5. Bei einem solchen interkommunalen Vergleich müssen immer sowohl Arbeitsmarktlagen als auch konjunkturelle Entwicklungen berücksichtigt werden. Insofern sind die Ergebnisse ohne direkte Vergleiche mit Vorsicht zu behandeln, sie können aber Tendenzen andeuten.

5.5 Evaluation versicherungspflichtiger Maßnahmen des Jahres 2001

- Die *Vermittlungsquote* von 6,7 Prozent in Arbeit oder Ausbildung aus den Maßnahmen heraus ist vorsichtig zu beurteilen. Sie ist als Mindestmaß zu interpretieren, da detaillierte Angaben zum Verbleib der Teilnehmenden nicht zur Verfügung standen. Insofern lag sie zwar am unteren Ende der in der Literatur vorgefundenen Vermittlungsergebnisse, für eine abschließende Beurteilung wären aber weiterführende Untersuchungen notwendig.

- In Bezug auf die Effizienz der Beschäftigungsförderung waren deutliche Unterschiede zwischen Maßnahmen in kommunaler und in freier Trägerschaft auszumachen. Mit einer durchschnittlichen *Amortisationsdauer* der Gesamtkosten von 34,5 Monaten belegt die Stadt im interkommunalen Vergleich zumindest keinen Spitzenplatz.

Differenziert man die *Ergebnisse nach Maßnahmetypen,* so zeigt sich folgendes Bild:

- Die Beschäftigungsmaßnahmen mit Qualifizierungsanteilen bei *freien Trägern* erwiesen sich mit Abbrecherquoten von 9 bis 31 Prozent und Rückkehrquoten von 6 bis 31 Prozent als besonders effektiv. Allerdings waren kaum Vermittlungen aus diesen Maßnahmen registriert. Mit 23 Monaten Amortisationsdauer der Gesamtkosten sind sie als relativ effizient zu beurteilen und schneiden auch im interkommunalen Vergleich gut ab.

- In den *städtischen Beschäftigungsmaßnahmen* fanden sich Abbrecherquoten von 10 bis 34 Prozent. Mit hohen Rückkehrquoten von 29 bis 50 Prozent können sie aber nicht als effektiv gelten, zumal auch hier kaum Vermittlungen in Arbeit oder Ausbildung zu verzeichnen waren. Mit einer Amortisationsdauer der Gesamtkosten von 30,5 Monaten lagen sie in Bezug auf die Effizienz im Mittelfeld des interkommunalen Vergleichs.

- Für die *Qualifikationsmaßnahmen bei Bildungsträgern* wurden hohe Abbrecherquoten von 46 bis 67 Prozent ermittelt. Damit verbunden waren sowohl hohe Vermittlungsraten von 13 bis 25 Prozent als auch hohe Rückkehrquoten. Zwischen 44 und 60 Prozent der Teilnehmer an diesen Maßnahmen waren zwölf Monate nach Ende der Beschäftigung wieder von Sozialhilfe abhängig. Mit mehr als 60 Monaten Amortisationsdauer der Gesamtkosten müssen diese Maßnahmen als vergleichsweise ineffizient bezeichnet werden. Angesichts der relativ hohen Kosten für Lehrkräfte und sonstiges Fachpersonal sind die Qualifikationsmaßnahmen jedoch in Bezug auf die Kosten-Nutzen-Relationen nur eingeschränkt mit den Beschäftigungsmaßnahmen vergleichbar. Da sie gerade auf Investition in Qualifizierung zielten, wird man ihren Inhalten mit einer ausschließlich an haushaltspolitischen Kriterien orientierten Bewertung nicht gerecht.

6 War kommunale Beschäftigungspolitik in Halle (Saale) erfolgreich?

Entsprechend der in der Literaturstudie erarbeiteten Kriterien für die Bewertung quantitativer Ergebnisse kommunaler Beschäftigungsförderung und für die Beurteilung der qualitativen Ebene des politischen Entscheidungsprozesses wird die Beschäftigungspolitik der Stadt Halle (Saale) im Folgenden anhand

- ♦ der erzielten Abbrecherquoten, Rückkehrquoten, Vermittlungsraten und Amortisationsdauer einerseits und
- ♦ der Lösung des Zielkonflikts der Beschäftigungsförderung, des Instrumenteneinsatzes, der Verfahren der Erfolgsmessung und der gewählten Organisationsformen andererseits bewertet.

Zur Erklärung der vorgefundenen Ergebnisse wird der Einfluss institutioneller Rahmenbedingungen und der Handlungsorientierungen der Akteure auf die Ausgestaltung der politischen Entscheidungen und damit auch auf die Ergebnisse ihrer Umsetzung resümiert.

6.1 Quantitative Ergebnisse der Beschäftigungsförderung

Die Teilnehmer der untersuchten Maßnahmen des Jahres 2001 wurden in versicherungspflichtigen Jahresarbeitsverträgen beschäftigt, um sicherzustellen, dass sie im Anschluss an die Arbeitsverhältnisse zumindest Anspruch auf Arbeitslosengeld erworben hätten und somit nicht länger den kommunalen Sozialhaushalt belasten würden. Mit der hier durchgeführten Wirkungs- und Kosten-Nutzen-Analyse dieser Maßnahmen ergaben sich folgende Ergebnisse (vgl. Tabelle 10):

- ♦ Die durchschnittliche *Abbrecherquote* betrug etwa 37 Prozent. In Beschäftigungsmaßnahmen der Stadt und freier Träger schwankte sie zwischen 9 und 34 Prozent. In Qualifizierungsmaßnahmen bei Bildungsträgern lag sie zwischen 46 und 67 Prozent.

- Die *Rückkehrquote* lag sechs Monate nach Ende der Maßnahmen bei durchschnittlich 39 Prozent, nach zwölf Monaten bei rund 40 Prozent und nach 18 Monaten bei ca. 36 Prozent. Besonders hohe Rückkehrquoten waren bei Qualifikationsmaßnahmen für Jugendliche und städtischen Maßnahmen zu verzeichnen. Die niedrigsten Rückkehrquoten resultierten mit 6 bis 31 Prozent aus den Beschäftigungsmaßnahmen mit Qualifizierungsanteil bei freien Trägern.

- Die *Vermittlungsrate* in Arbeit oder Ausbildung betrug im Durchschnitt 6,7 Prozent. Mit 13 bis 25 Prozent vermittelten Teilnehmern waren hier die Bildungsträger besonders erfolgreich. Da detaillierte Angaben zum Verbleib der Teilnehmenden nicht zur Verfügung standen, sind die Angaben zu den Vermittlungsraten allerdings als Mindestwerte zu interpretieren.

- Die *Amortisationsdauer* der städtischen Kosten lag je nach Maßnahmetyp und Szenario der Wertschöpfung zwischen 10,5 und 24 Monaten, die Amortisationsdauer der Gesamtkosten bei 23 bis 60 Monaten (vgl. Tabelle 16).

Zwar ist der Vergleich mit den Erfolgen anderer Städte angesichts unterschiedlicher Evaluationsverfahren und regionaler Rahmenbedingungen nur eingeschränkt möglich, in der Tendenz ergibt sich jedoch ein relativ deutliches Bild: Mit den vorgefundenen Ergebnissen zu Abbrecher- und Rückkehrquoten sowie Vermittlungsraten liegt Halle am unteren Ende der in der analysierten Literatur veröffentlichten Werte zur Effektivität von sozialversicherungspflichtigen Beschäftigungsmaßnahmen nach § 19 Abs. 2 BSHG in der Entgeltvariante. In Bezug auf die Amortisationsdauer hingegen wurden – mit Ausnahme der Qualifikationsmaßnahmen – relativ gute Ergebnisse erzielt, was sich mit dem günstigen Verhältnis städtischer Ausgaben zu Fördermitteln des Landes begründen lässt.

6.2 Qualität des politischen Entscheidungsprozesses

Der Entscheidungsprozess kommunaler Beschäftigungspolitik in Halle stellte sich als komplex und wenig transparent dar.

- Es existierte keine politisch legitimierte beschäftigungspolitische Gesamtstrategie. Der *Zielkonflikt* der Beschäftigungsförderung wurde zugunsten fiskal- und aufgabenpolitischer Orientierungen der Sozialverwaltung entschieden, ohne dass diese Ausrichtung eine explizite politische Legitimation durch den Stadtrat erfahren hätte.

6.2 Qualität des politischen Entscheidungsprozesses

- Die *Aufbauorganisation* der Kommunalverwaltung war durch traditionelles Ressortdenken gekennzeichnet. Kommunale Wirtschaftsförderung, Beschäftigungsförderung für Sozialhilfeempfänger und Jugendberufshilfe arbeiteten weitgehend unabhängig voneinander und kooperierten kaum. Die einzige deutlich integrativ und emanzipatorisch angelegte kommunale Institution der Beschäftigungsförderung, die Clearingstelle des Jugendamtes, war in ihrer Existenz mittelfristig nicht gesichert.

- Die *Ablauforganisation* war geprägt von der zentralen Stellung des Ressorts Beschäftigungsförderung und des in Personalunion geleiteten Eigenbetriebs für Arbeitsförderung, die die operative Ebene quantitativ dominierten und vor allem aufgaben- und fiskalpolitisch orientiert arbeiteten. Die Umstrukturierung des Sozialamtes hin zu modernen Strukturen mit einer Erstanlaufstelle, die neue Hilfebedürftige nach professionellem Profiling gezielt an die angemessenen Beratungsangebote weiterleitet, scheiterte am Mangel an dafür qualifiziertem Personal und an Überforderung durch kontinuierlich steigende Fallzahlen.

- Mit der Bildung des Betriebsausschusses des Eigenbetriebs für Arbeitsförderung verlagerte der Stadtrat die *politische Begleitung und Kontrolle* der Beschäftigungsförderung vom Ausschuss für Wirtschaftsförderung, Beschäftigung und Liegenschaften in diesen Betriebsausschuss. Da dieser beiratsähnliche Ausschuss nur vierteljährlich und darüber hinaus nicht öffentlich tagte, gingen mit dieser Umstrukturierung entscheidende Gestaltungs- und Kontrollmöglichkeiten für die Kommunalpolitik verloren.

- Nach einem Beschluss des Stadtrates aus dem Jahr 1999 sollten jährlich 500 Arbeitsplätze für Sozialhilfeempfänger nach § 19 Abs. 2 BHSG (Entgeltvariante) in *Beschäftigungs- und Qualifizierungsmaßnahmen* geschaffen werden. Trotz mehrfacher Modifizierung wurde dieser Beschluss bis 2002 in keinem Jahr vollständig umgesetzt. Es fehlte an einer angemessenen Finanzausstattung, an regelmäßiger politischer Kontrolle und auch am politischen Willen, nachhaltige arbeitsmarkt- und sozialintegrative Beschäftigungsprojekte zu installieren. Zudem gab es keine Zielvereinbarungen mit konkreten Kennzahlen oder anderen Kriterien, an denen Ergebnisse hätten gemessen werden können.

- Gelegentliche interne *Erfolgskontrollen* seitens der Sozialverwaltung beschränkten sich auf jeweils andere Teilfragen und arbeiteten nach verschiedenen Methoden mit gerade verfügbaren Daten. Verfahren der Erfolgskontrolle und ein kontinuierliches Berichtswesen waren nicht institutionalisiert.

♦ Es existierte kein übergreifendes *Netzwerk* der beschäftigungspolitischen Akteure. Stattdessen fanden sich, angeregt durch externe Förderprogramme, punktuelle und befristete Netzwerkstrukturen, deren Lebensdauer auf die Programmlaufzeit beschränkt zu bleiben scheint. Zwischen diesen Strukturen fanden sich kaum Verbindungen. Des Weiteren schuf die Konkurrenz zwischen städtischem Eigenbetrieb und freien Trägern um die über das Ressort Beschäftigungsförderung vergebenen Fördermittel eher Anreize, Kooperation auf einseitige Abhängigkeitsbeziehungen zu reduzieren oder ganz zu vermeiden.

Der Eigenbetrieb für Arbeitsförderung setzte den Großteil der *Beschäftigungsmaßnahmen in den städtischen Fachbereichen* um. Die Beschäftigten arbeiteten in der Grünanlagenpflege, als Hilfshausmeister, im Bereich Ordnung und Sauberkeit oder zur Unterstützung der Pausenversorgung in Kindertageseinrichtungen. Die Tätigkeiten zielten nur in geringem Maße auf arbeitsmarktintegrative Effekte, vielmehr dienten sie vor allem der zusätzlichen Erfüllung kommunaler Aufgaben. Auch enthielten die Maßnahmen kaum nachfrageorientierte Qualifikationsmöglichkeiten.

Die *Jugendwerkstätten* führten spezielle Beschäftigungsprojekte mit Qualifizierungsanteilen für Jugendliche durch. Hier waren sowohl sozial- als auch arbeitsmarktintegrative Zielstellungen ausgeprägt. Allerdings fehlte es teilweise an Ressourcen für sozialpädagogischer Betreuung, um allgemeine soziale Kompetenzen entsprechend des vorhandenen Bedarfs zu fördern und zu entwickeln. Außerdem wurden die in den Jugendwerkstätten beschäftigten Personen seit 2003 im Eigenbetrieb für Arbeitsförderung angestellt, so dass die Maßnahmeträger keine direkte Personalhoheit und damit auch relativ geringen Einfluss auf ihre Beschäftigten ausüben konnten. Entscheidungswege wurden so verlängert und Ressourcen von den freien Trägern in den Eigenbetrieb verlagert, der seinen Einfluss auf die Gestaltung des Politikfeldes ausweiten konnte.

Freie Träger setzten Beschäftigungsmaßnahmen für einzelne Sozialhilfeempfänger um. Hier waren die Förderbedingungen wegen der individuellen Betreuung und der positiven fiskalischen Effekte besonders günstig, zumal die Träger eigene Ressourcen in die Beschäftigung von Sozialhilfeempfängern einbrachten. Dennoch wurden diese Maßnahmen vom Ressort Beschäftigungsförderung eher zurückhaltend unterstützt, da der Beschäftigung in Aufgabenbereichen und in Trägerschaft der Stadt Vorrang gegeben wurde.

Neben diesen Beschäftigungsmaßnahmen führten Bildungsträger mit kommunaler finanzieller Beteiligung berufliche *Qualifizierungsmaßnamen* durch, deren Gestaltung stark von den jeweils aktuellen Förderprogrammen des Landes Sachsen-

Anhalt abhängig war. Entwickelten früher verschiedene Bildungsträger diese Maßnahmen in Kooperation mit dem Sachgebiet Hilfe zur Arbeit entsprechend dem Bedarf am regionalen Arbeitsmarkt, wurden sie zum Ende des Untersuchungszeitraums über das Ressort Beschäftigungsförderung ausgeschrieben und an die wirtschaftlichsten Anbieter vergeben. Ein Kriterium für einen möglichen Zuschlag war dabei auch der Nachweis erfolgreicher Vermittlung aus früheren vergleichbaren Maßnahmen.[215]

Da eine regelmäßige *Berichterstattung* über die Geschäftsberichte des Eigenbetriebs hinaus nicht üblich war und auch politisch nicht eingefordert wurde, lagen kaum Erkenntnisse zu den Erfolgen kommunaler Beschäftigungspolitik der Stadt Halle vor. Die im Betriebsausschuss des Eigenbetriebs vertretenen Stadträte forderten erst Ende 2003, als die Dimension der Beschäftigungsförderung durch die Bundesprogramme Jump Plus und AfL neue Größenordnungen erreichte und sich durch das Gesetzgebungsverfahren zu „Hartz IV" verstärkt politische Aufmerksamkeit auf diesen Bereich richtete, eine systematische Erfolgskontrolle der Beschäftigungsförderung als Basis für politische Entscheidungen.

Wegen der unregelmäßigen und nicht institutionalisierten *Erfolgskontrollen* blieb unbemerkt, dass die Stadt Halle mit den Ergebnissen ihrer beschäftigungspolitischen Maßnahmen im interkommunalen Vergleich relativ schlecht abschnitt. Berücksichtigt man die Krankenstände und Fehlzeiten in den Maßnahmen, über die allerdings nicht systematisch berichtet wurde, dann bestätigt sich dieses Bild.

Dennoch war ein Bemühen um als sinnvoll erachtete Beschäftigung für am Arbeitsmarkt besonders benachteiligte Gruppen bei einigen der befragten Experten zu beobachten. Ob allerdings die kommunalpolitische Ausrichtung auf fiskal- und aufgabenpolitische *Zielstellungen* der lokalen Situation angemessen war oder ob mit einer veränderten Zielstellung auch erfolgreichere Maßnahmen entwickelt und umgesetzt worden wären, bleibt eine offene Frage. Die Erfahrungen der Jugendwerkstätten belegen, dass mit zielgruppengenauen Maßnahmen und gründlicher Teilnehmerauswahl zumindest Fehlzeiten und Krankschreibungen reduzierbar waren.

Orientiert an den aus der Literaturstudie gewonnenen Kriterien bleibt festzuhalten, dass der hallenser Beschäftigungspolitik eine legitimierte Strategie, eine integriertes Gesamtkonzept und eine regelmäßige, an Zielvereinbarungen und Kennzahlen orientierte Berichterstattung fehlten. Ohne diesen Handlungsrahmen kann kommunale Beschäftigungsförderung weder sich zielgerichtet entwickeln noch politisch kontrolliert werden.

---

[215] Mit diesem wettbewerblichen Vergabeverfahren sind erhebliche Veränderungen in den Kooperationsbeziehungen zwischen Verwaltung und freien Trägern verbunden, deren Wirkungen hier jedoch nicht diskutiert werden sollen.

6.3 Einfluss der Rahmenbedingungen auf den politischen Prozess

Die *finanziellen Anreize* durch vorwiegend aus dem ESF gespeiste Sonderprogramme des Landes und der BA übten einen herausragenden Einfluss auf die Existenz, die Ausrichtung und die Gestaltung von Beschäftigungsmaßnahmen aus. Sie wirkten entscheidend sowohl auf die Wahl der eingesetzten Instrumente als auch auf die Entwicklung der Organisationsstrukturen.

Die *rechtlichen Rahmenbedingungen* eröffneten im Untersuchungszeitraum wesentlich vielfältigere Möglichkeiten, als von der Stadt genutzt wurden. So blieb beispielsweise das Instrument der Lohnkostenzuschüsse nach § 18 BSHG weitgehend ungenutzt. Die begrenzte Vielfalt des Instrumenteneinsatzes war zumindest teilweise eine Folge der einseitigen aufgaben- und fiskalpolitischen Zielsetzung des Ressorts Beschäftigungsförderung.

Die *politischen Mehrheitsverhältnisse* wurden von den emanzipatorischen Akteuren als begrenzender Faktor für die Ausgestaltung des Politikfeldes wahrgenommen. Allerdings war aus den Dokumenten des Stadtrates nicht zu erkennen, dass im und vom Rat überhaupt eine Debatte über eine beschäftigungspolitische Gesamtstrategie angestoßen worden wäre.

Insbesondere die finanziellen Anreize wirkten als Motor der Entwicklung der relativ konzeptlos variierten *Organisationsstrukturen*. Zunächst wurde die Beschäftigungsförderung als Teil der Stabsstelle Wirtschafts- und Beschäftigungsförderung bei der Oberbürgermeisterin gebündelt. Wegen eines fehlenden Gesamtkonzepts führten die finanziellen Anreize des Landesprogramms zur Beschäftigung von Sozialhilfeempfängern in einem zweiten Umorganisationsschritt schließlich dazu, die Beschäftigungsförderung von der Wirtschaftsförderung zu entkoppeln und in die Sozialverwaltung zu integrieren. Dort wurde Beschäftigungsförderung dann vor allem mit dem Ziel ausgebaut, kommunale Aufgaben zu erfüllen und die Sozialhilfeempfänger der Stadt in die Verantwortung der BA zu verschieben.

Die einmal vorhandenen Strukturen prägten dann die *Umsetzung neuer Programme* und begrenzten zugleich die Entwicklung beschäftigungspolitischer Gesamtkonzepte. Die hierarchischen Verwaltungsstrukturen blockierten einerseits Innovationen, da sie Kooperationen zwischen den Akteuren hemmten. Andererseits ermöglichten sie jenen Struktureinheiten, die in der gewählten Organisationsform strategische Vorteile genossen, ressourcenschonende Anpassungsleistungen und die Stärkung ihrer Positionen innerhalb der Stadtverwaltung.

Die Begrenzung des Gestaltungsspielraums durch die Organisationsstrukturen, das Ressortdenken und die Parallelität verschiedener externer Anreize werden besonders deutlich, wenn man die Entwicklung vereinzelter institutionalisierter Netzwerkstrukturen am Rande des Politikfeldes betrachtet. Angeregt durch die Europäische Beschäftigungsstrategie legten sowohl das Land Sachsen-Anhalt als auch der Bund mehrere Programme zur Initiierung lokaler Beschäftigungsbündnisse und innovativer Beschäftigungsprojekte auf. Die in Halle zu deren Umsetzung entwickelten Strukturen wurden nicht mit bereits existierenden Strukturen der Beschäftigungsförderung verbunden und verloren so einiges von ihrer möglichen Wirkung.

6.4 Einfluss der Handlungsorientierungen der Akteure

Die Handlungsorientierungen insbesondere der Vorentscheider in der Verwaltung prägten die Gestaltung des Politikfeldes wesentlich. Da die *Sozialverwaltung* aufgrund ihres Informationsvorsprungs und der Dominanz hierarchischer Interaktionsformen in der beschäftigungspolitischen Arena der zentrale Akteur im Politikfeld war, wurde der Spielraum vor allem von den Handlungsorientierungen dieser Verwaltungsexpertinnen und -experten bestimmt. In Bezug auf das professionelle Rollenverständnis und die individuellen politischen Präferenzen standen auf der Sachbearbeiter- und Ressortleiterebene zwei Positionen im Widerstreit: hier emanzipatorisch die Jugendberufshilfe und die Abteilung Hilfe zur Arbeit, dort paternalistisch-repressiv der Eigenbetrieb und das Ressort Beschäftigungsförderung. Da das Ressort angesichts der besseren Ressourcenausstattung und der höheren Einordnung in der Hierarchie den emanzipatorischen Organisationseinheiten überlegen war und weil sich seine Interessen mit denen der Leitung der Sozialverwaltung in Verbindung bringen ließen, setzten sich die Orientierungen der in diesem Ressort arbeitenden Experten durch. Auf der Leitungsebene der Sozialverwaltung fanden sich paternalistische Positionen, die allerdings nicht ungebrochen diskutiert wurden. Die leitenden Mitarbeiter versuchten, gegenläufige verwaltungspolitische Zielsetzungen und Aufgaben miteinander zu vereinbaren. Dabei wäre eine klare politische Strategie, die eine Zielbestimmung vornimmt und Lösungen des Trilemmas der Beschäftigungsförderung anbietet, eine handlungsleitende Unterstützung gewesen.

Die *Stadträte* orientierten sich in ihren Überlegungen stark an ihren Wahrnehmungen der politischen Mehrheiten im Rat. Ihnen fehlte fachliches Wissen, um Handlungsalternativen überhaupt erkennen zu können. Ferner mangelte es ihnen an Zeit, sich dieses Wissen zu erarbeiten. So setzten sie ihr Vertrauen in die Verwaltung und beschränkten sich auf die Kontrolle einzelner an sie herangetragener Problemfälle. Dabei ließen sich unterschiedliche Handlungsorientierungen entlang der politischen Positionierungen festmachen. Die konservativen Stadträte befürworteten angesichts autoritärer Einstellungen zu den Zielgruppen, verbunden mit einer hohen Affinität zu Arbeitszwang und sozialstaatlichem Gegenleistungsprinzip, eine repressive Sozialhilfepolitik zum Zweck kommunaler Aufgabenerfüllung.

Die befragten Stadträte der SPD, der PDS und der HAL-Fraktion nahmen entweder paternalistische oder emanzipatorische Positionen ein. Generell kritisierten sie zwar eine repressive, durch Workfare-Rhetorik geleitete Sozialhilfepolitik und wandten sich gegen eine ausschließlich aufgabenorientierte Beschäftigungspolitik. Mangels besseren Wissens und angesichts ihrer Wahrnehmung der Arbeitsmarktslage wie der politischen Mehrheiten in der Stadt entwickelten sie aber keine alternativen Konzepte für eine weniger restriktive Beschäftigungsförderung.[216]

Die *freien Träger und die Wohlfahrtsverbände* wahrten vor allem die Interessen der jeweils eigenen Institutionen. Sie konkurrierten um Fördermittel, nicht um optimale Projekte. Kooperation war kaum entwickelt, man hoffte, die intransparenten Strukturen zum eigenen Vorteil nutzen zu können. Insgesamt sahen die Träger sich nicht als Gestalter des politischen Prozesses. Interessenvertretung wurde von den Wohlfahrtsverbänden erwartet, die ihrerseits diese Leistung nur in geringem Maße erbrachten, weil sie selbst nicht unabhängig von der finanziellen Unterstützung durch die Kommune arbeiteten und so in Abhängigkeitsverhältnissen gefangen waren. Die Liga der Wohlfahrtsverbände und der Stadtjugendring verfügten durch ihr Stimmrecht im Jugendhilfeausschuss über exklusiven Zugang zur Verwaltung und deren Expertenwissen. Da sich die übrigen freien Träger im Untersuchungszeitraum kaum vernetzt hatten, konnten sie keine Vetoposition in möglichen Verhandlungen mit der Verwaltung erlangen. Erst unter den verschärften Bedingungen der Sparpolitik der Bundesagentur für Arbeit bildeten sie 2003 kurzzeitig Netzwerkstrukturen. Im gemeinsamen Agieren gelang ihnen die Durchsetzung ihrer Forderungen gegenüber der lokalen Agentur für Arbeit und der Stadtverwaltung in einer wesentlichen Frage der Beschäftigungsförderung, der Aufstellung der sog. Leuchtturm-Liste, dennoch nur bedingt.

6.5 Resümee

Die Beschäftigungspolitik der Stadt Halle hat zwischen 1999 und 2003/04 den rechtlich gegebenen Handlungsspielraum zur Förderung der Arbeitsmarktintegration von Sozialhilfeempfängern nicht ausgeschöpft. Vor allem fehlte es ihr an einer politisch legitimierten mittelfristigen Gesamtstrategie.

---

216 Dabei wurden die politischen Mehrheitsverhältnisse in beschäftigungspolitischen Fragen von den befragten Experten nicht als deckungsgleich mit parteipolitischen Verortungen beschrieben, sondern an normativen Orientierungen der Stadträte aller Fraktionen in Bezug auf die Zielgruppen der Beschäftigungspolitik festgemacht. Auch aus den Fraktionen der SPD und der PDS wurde von paternalistisch orientierten Stadträten berichtet.

6.5 Resümee

Finanzielle Anreize der Förderprogramme von Bund, Land und EU gaben wesentliche Impulse zur Gestaltung von Strukturen und Maßnahmen. Wo externe finanzielle Anreize Handlungsspielräume eröffneten, wurden diese dann genutzt, wenn einzelne Verwaltungsakteure die Bewerbung um Fördermittel vorantrieben. Zugleich wurden sie aber dadurch begrenzt, dass die Akteure in Rat und Verwaltung die Möglichkeiten nicht systematisch wahrnahmen und der Rat keine handlungsleitenden strategischen Konzepte zur Beschäftigungspolitik entwickelte.

Ohne politische Vorgaben befanden sich innerhalb der Verwaltung paternalistisch-repressive und emanzipatorische Positionen entlang unterschiedlicher professioneller Rollenverständnisse im Widerstreit um die strategische Ausrichtung und die Maßnahmeinhalte kommunaler Beschäftigungsförderung. Die paternalistisch-repressive Seite verfügte über die bessere Ausstattung an finanziellen und personellen Ressourcen und setzte sich im Wettbewerb um Einfluss innerhalb der Verwaltung letztlich durch, auch wenn sie nicht die effizienteren und effektiveren beschäftigungspolitischen Konzepte verfolgte. In der Folge richtete sich die Beschäftigungsförderung stärker auf die Konsolidierung des städtischen Haushalts und die Erledigung kommunaler Aufgaben als auf die Arbeitsmarktintegration der über die Hilfe zur Arbeit beschäftigten Sozialhilfeempfänger.

Die Beschäftigungspolitik der Stadt blieb im Untersuchungszeitraum traditionellem Verwaltungshandeln und hierarchischem Denken verhaftet. Solange die Beschäftigungsträger als von kommunalen Mitteln Abhängige, nicht aber als Partner bei der Entwicklung des Politikfeldes wahrgenommen werden, können mögliche Synergieeffekte nicht ausgeschöpft werden. Konkurrenz zwischen Trägern, intransparente informelle Strukturen, Misstrauen und Unwissenheit erschwerten die Kooperation im Politikfeld und die Entwicklung erfolgversprechender Konzepte.

Der Stadtrat hatte Schwierigkeiten, das beschäftigungspolitische Handeln der Verwaltung zu kontrollieren. Den Ratsmitgliedern fehlte es an Wissen über alternative Modelle der Beschäftigungsförderung, über Möglichkeiten der Erfolgskontrolle und an Zeit und Ressourcen, sich dieses Wissen zu erarbeiten. Der Rat engagierte sich nicht in konzeptioneller Arbeit im Politikfeld. Mit der Verlagerung der Kontrollmöglichkeiten vom Ratsausschuss für Wirtschaftsförderung, Beschäftigung und Liegenschaften in den lediglich beratenden Betriebsausschuss des Eigenbetriebs für Arbeitsförderung brachte sich der Stadtrat selbst um transparente Kontroll- und Mitbestimmungsstrukturen.

Die langzeitarbeitslosen Adressaten waren in den institutionellen Strukturen der Beschäftigungsförderung in Halle nicht repräsentiert. Sie hatten geringe Wahlmöglichkeiten zwischen Maßnahmen und wurden nicht systematisch über die zur Verfügung stehenden Möglichkeiten informiert. In der Folge reagierten nicht wenige auf den ausgeübten Druck mit Fehlzeiten und Krankheit während einer Maßnahme, mit Maßnahmeabbruch oder mit Rückzug aus dem Anspruch auf Sozialleistungen. Mehr Information vorab, Freiwilligkeit der Beteiligung und gründliche Teilnehmerauswahl hätten zu einer höheren Motivation der Teilnehmer und damit zu verbesserten Integrationswirkungen der Beschäftigungs- und Qualifizierungsmaßnahmen beitragen können.

Um eine beschäftigungspolitische Gesamtstrategie zu entwickeln, wäre eine breite politische Debatte notwendig, die bisherige Ergebnisse kritisch reflektiert und Erfolge wie Misserfolge transparent herausarbeitet und auswertet. Ein zentraler Bestandteil dieser Strategie sollte die Beteiligung der betroffenen Langzeitarbeitslosen sein, ein weiterer die Integration aller relevanten Akteure in die Weiterentwicklung des Politikfeldes auf regionaler Ebene. Die öffentliche Anerkennung der Leistungen der Beschäftigten für das Gemeinwesen wie auch die Anerkennung der Leistungen der Beschäftigungsträger könnten ein Schritt zur Verbesserung der Beziehungen zwischen kommunaler Leistungsverwaltung und ihren Nutzern und Partnern sein. Zur Umsetzung einer solchen Strategie müssten entsprechende kommunale Mittel gebündelt und Controllingverfahren eingeführt werden.

Von 2000 bis 2003 wurden insgesamt mehr als 26 Mio. Euro für die Umsetzung von Hilfe zur Arbeit nach dem BSHG und Regie-ABM nach dem SGB III ausgegeben. Allerdings bestand das Ziel dieses Mitteleinsatzes vor allem in der kurzfristigen Einsparung von Ausgaben der Sozialhilfe und der Erledigung kommunaler Aufgaben. Die Qualität der Maßnahmen und ihre Wirkung auf die Beschäftigten wurden selten hinterfragt und nicht systematisch evaluiert. So vergab man Möglichkeiten, Beschäftigungsförderung stärker an den Zielen der Hilfe zur Arbeit nach dem BSHG – der Arbeitsmarkt- und Sozialintegration der Hilfebedürftigen – auszurichten und über eine Erhöhung der Wirksamkeit und Nachhaltigkeit die Sozialausgaben nachhaltig zu senken.

Angesichts der hohen Arbeitslosigkeit in der Region und der schwierigen Lage am Arbeitsmarkt gilt es künftig, alle relevanten Akteure in die Entwicklung erfolgversprechender Beschäftigungsmaßnahmen einzubeziehen, sich die Erfahrungen anderer Kommunen zunutze zu machen und die vorhandenen finanziellen Mittel effektiver einzusetzen. In Anbetracht der kommunalen Kultur geringer Transparenz, Ergebnisverantwortung und demokratischer Kontrolle bieten die mit „Hartz IV" einhergehenden Organisationsreformen für die Stadt Halle und alle beteiligten kommunalen Akteure eine große Herausforderung, aber auch die Chance, die eigene Position kritisch zu reflektieren, die Erfahrungen anderer Kommunen stärker zu rezipieren und neue Kooperationsformen zu initiieren. Die intensive Zusammenarbeit mit der lokalen Agentur für Arbeit kann zusätzliche Impulse für eine Beschäftigungspolitik geben, die stärker auf die Arbeitsmarktintegration der Hilfebedürftigen zielt.

7 Lokale Beschäftigungspolitik nach „Hartz IV"

Mit dem „Vierten Gesetz für moderne Dienstleistungen am Arbeitsmarkt" („Hartz IV"), insbesondere mit der Einführung der Grundsicherung für Arbeitsuchende (SGB II) und des Kommunalen Optionsgesetzes zum 1. Januar 2005, haben sich die rechtlichen, organisatorischen und finanziellen Rahmenbedingungen kommunaler Beschäftigungspolitik fundamental verändert.

Um künftige Handlungsoptionen, Gestaltungsspielräume und Verantwortlichkeiten der Kommunen im Feld der Beschäftigungspolitik zu erörtern, folgt zunächst ein Überblick über die veränderte Lage in Bezug auf Instrumente, Zuständigkeiten und Organisationsstrukturen.

Im Anschluss werden anhand der neuen Rahmenbedingungen und der Ergebnisse der in Kapitel 4 vorgestellten Studien Kriterien für die Entwicklung erfolgreicher lokaler Beschäftigungspolitik der Zukunft abgeleitet.[217]

Nach einer exkursorischen Darstellung der beschäftigungspolitischen Entscheidungen der Stadt Halle bezüglich der Umsetzung des SGB II in den Jahren 2004 und 2005, soweit sie aus öffentlichen Dokumenten nachvollziehbar waren, werden abschließend Handlungsanforderungen an Kommunalpolitik und andere lokale Akteure diskutiert, mit den Herausforderungen und Möglichkeiten der neuen rechtlichen Rahmenbedingungen des SGB II zum Nutzen der langzeitarbeitslosen Einwohnerschaft einer Gemeinde effektiv und demokratisch legitimiert umzugehen.

---

217 Im Folgenden wird nicht mehr von kommunaler, sondern von lokaler Beschäftigungspolitik gesprochen, weil das SGB II im Regelfall die Kooperation von lokaler Agentur für Arbeit und Kommunen im Rahmen der Arbeitsgemeinschaft nach § 44b SGB II vorsieht, weil das beschäftigungspolitische Instrumentarium des BSHG in die Trägerschaft der Bundesagentur übertragen wurde und weil den Kommunen formal nur noch ein geringer eigenständiger beschäftigungspolitischer Spielraum offen steht. Inwieweit die Kommunen dennoch beschäftigungspolitische Aktivitäten entfalten können, ist ein Gegenstand der folgenden Erörterungen. Beschäftigungspolitik für Langzeitarbeitslose kann, entgegen einiger gleich lautender Debattenbeiträge, auch künftig in Deutschland nicht als „kommunalisiert" verstanden werden, da sie nach wie vor vom Bund finanziert wird.

7.1 Grundsicherung für Arbeitsuchende: Veränderte Rahmenbedingungen

Mit der Einführung der Grundsicherung für Arbeitsuchende zum 1. Januar 2005 wurden die sozialen Sicherungssysteme gegen das Risiko unfreiwilliger Arbeitslosigkeit fundamental verändert.

- *Leistungsrechtlich* wurde mit der Einführung des an Bedürftigkeit orientierten Arbeitslosengeldes II das Äquivalenzprinzip der Arbeitslosenversicherung für langzeitarbeitslose Leistungsempfänger des SGB III abgeschafft und so der Druck auf Arbeitsuchende, möglichst früh eine neue Beschäftigung aufzunehmen, deutlich erhöht.[218]

- *Eingliederungspolitisch* vereinheitlicht das SGB II das Leistungsspektrum für alle erwerbsfähigen und hilfebedürftigen Langzeitarbeitslosen. Ehemalige Sozialhilfeempfänger erhalten nach § 16 Abs. 1 Zugang zu vielen arbeitsmarktpolitischen Leistungen des SGB III. Für ehemalige Arbeitslosenhilfeempfänger eröffnen sich nach § 16 Abs. 3 zusätzliche geförderte Beschäftigungsmöglichkeiten, die weitgehend aus dem BSHG übernommen wurden. Mit dem Einstiegsgeld nach § 29 wird ein Anreiz zur Aufnahme einer Erwerbstätigkeit gesetzt. Die Leistungen des SGB III sind für Leistungsempfänger des SGB II grundsätzlich Ermessensleistungen, so dass sich für die bisherigen Arbeitslosenhilfeempfänger eher eine Verschlechterung des Zugangs zu Förderung andeutet (vgl. Bundesagentur für Arbeit 2004a: 26).
Alle anderen Eingliederungsleistungen sind modifizierte Variationen der Instrumente nach §§ 18, 19 und 30 BSHG. Kombiniert mit obligatorischen Eingliederungsvereinbarungen und persönlichen Ansprechpartnern sollen durch das SGB II ganzheitliche Beratungs- und Vermittlungsdienstleistungen mit dem vorrangigen Ziel der Eingliederung in Erwerbstätigkeit gewährleistet werden.

- *Institutionell* wurde die Trägerschaft aller arbeitsmarkt- und beschäftigungspolitischen Instrumente nach § 6 SGB II zunächst bei der Bundesagentur für

---

218 Schon zum Januar 2004 wurde die Anspruchsdauer für den Bezug von Arbeitslosengeld I durch das „Gesetz zu Reformen am Arbeitsmarkt" auf zwölf, für ältere Arbeitslose auf maximal 18 Monate verkürzt (vgl. BGBl. 2003, Teil I, Nr. 67, vom 30. 12. 2003). Befristete Zuschläge zum Arbeitslosengeld II nach § 24 SGB II sollen den Übergang in die Langzeitarbeitslosigkeit ökonomisch abfedern. Für nichterwerbsfähige Sozialhilfeempfänger gelten nach SGB XII die Prinzipien der Sozialhilfe fort.

7.1 Grundsicherung für Arbeitsuchende: Veränderte Rahmenbedingungen

Arbeit gebündelt. Diese wurde sodann nach § 44b SGB II verpflichtet, je Agenturbezirk mit den jeweiligen kommunalen Trägern mindestens eine sog. Arbeitsgemeinschaft (ARGE) zu errichten und ihre Aufgaben nach dem SGB II auf diese neuen Institutionen zu übertragen. Die Kommunen und Landkreise sollen ihre Leistungen nach § 16 Abs. 2 sowie § 22 und § 23 Abs. 3 SGB II[219] ebenfalls den neu errichteten Arbeitsgemeinschaften übertragen. Parallel zur Errichtung der Arbeitsgemeinschaften erhielten mit dem Kommunalen Optionsgesetz vom 30. Juli 2004 (vgl. BGBl. 2004, Teil I, Nr. 41: 2014 ff.) insgesamt 69 Kommunen und Landkreise für die Dauer von sechs Jahren die Möglichkeit, die Trägerschaft für die Grundsicherung für Arbeitsuchende inklusive aller beschäftigungspolitischen Instrumente im Rahmen der Experimentierklausel des SGB II in eigener Verantwortung zu übernehmen.

Die Entwicklung der Regelungen zur Trägerschaft, zu Leistungshöhe und Leistungsprinzipien oder zur Ausgestaltung der Eingliederungsleistungen des SGB II können hier nicht im Detail aufgezeigt werden. Es ist aber auf den Einfluss verschiedener organisierter Interessen – vor allem der kommunalen Spitzenverbände, der Tarifparteien und der Bundesagentur für Arbeit – zu verweisen, um die Entwicklungslogik gerade in Bezug auf die Modelle der Trägerschaft nachzuvollziehen (vgl. AG „Arbeitslosenhilfe/Sozialhilfe" 2003).

Die *Zusammenlegung von Arbeitslosen- und Sozialhilfe* hat die Aktivierung aller erwerbsfähigen Langzeitarbeitslosen und die Umschichtung von passiven zu aktivierenden Leistungen zum Ziel. Faktisch stellt sie zunächst in erster Linie eine Reduktion der steuerfinanzierten Lohnersatzleistungen auf das Niveau der Sozialhilfe unter Anrechnung von Familieneinkommen, Vermögen und privaten Vorsorgeleistungen in Kombination mit der weiteren Verschärfung der Zumutbarkeit und der Sperrzeitenregelung dar.[220] Sie entspricht somit dem Prinzip des „Forderns" im

---

219 Dabei sehen § 16 Abs. 2 Leistungen für Kinderbetreuung, psychosoziale, Schuldner- und Suchtberatung, § 22 Leistungen für Unterkunft und Heizung sowie § 23 Abs. 3 beispielsweise einmalige Leistungen für die Erstausstattung einer Wohnung oder für Klassenfahrten vor.

220 So ist nach dem SGB II jede Arbeit zumutbar, die eine Ausübung der bisherigen besondere körperliche Anforderungen stellenden Tätigkeit in der Zukunft nicht wesentlich erschwert (vgl. § 10 Satz 2 SGB II). Die Sperrzeiten wurden im Vergleich zu den Regelungen des BSHG auf drei Monate ausgedehnt, die Kürzungen der Hilfeleistungen von 25 auf 30 Prozent erhöht, bei Jugendlichen kann die Hilfe sogar sofort ganz gestrichen werden (vgl. § 31 SGB II). Bei der Anrechnung von Freibeträgen z. B. für die private Altersvorsorge und bei der Integration in die gesetzliche Kranken-, Pflege- und Rentenversicherung erfahren ehemalige Leistungsempfänger des BSHG Vorteile im Vergleich zu ihrer früheren Situation, ehemalige Empfänger von Arbeitslosenhilfe dagegen erleben Nachteile durch die Bedürftigkeitsprüfung und die Entkopplung der Leistungen vom früheren Erwerbseinkommen.

aktivierenden Staat.[221] Das Prinzip des „Förderns" soll durch eine bessere Kooperation von bundesstaatlichen Vermittlungsdienstleistungen und kommunalen sozialen Dienstleistungen für Langzeitarbeitslose sowie durch den zielgerichteten Einsatz von Eingliederungsleistungen umgesetzt werden.

Die AG Arbeitslosenhilfe/Sozialhilfe der Gemeindefinanzreformkommission legte im April 2003 anhand einer Schätzung der bisherigen Kosten für *Eingliederungsleistungen* für Sozialhilfeempfänger nach dem BSHG und für Arbeitslosenhilfeempfänger nach dem SGB III einen Vorschlag für den künftigen Umfang der Eingliederungsleistungen nach dem SGB II vor. Mit 6,6 Mrd. Euro, so die Hochrechnung, könnten im neuen System rund 30 Prozent aller Leistungsempfänger gefördert werden.

In Anlehnung an das beschäftigungspolitische Instrumentarium des BSHG wurden fünf Maßnahmetypen unterschieden: Vermittlung durch Dritte, Lohnkostenzuschüsse, sozialversicherungspflichtige Beschäftigung, Arbeitsgelegenheiten mit Mehraufwandsentschädigung sowie Eignungsfeststellungs- und Qualifizierungsmaßnahmen. Jeweils knapp ein Drittel der zu fördernden Hilfeempfänger sollten nach diesem Vorschlag über eine Mehraufwandsentschädigung beschäftigt bzw. in Eignungsfeststellungs- und Qualifizierungsmaßnahmen aktiviert werden, je rund 10 Prozent sollten mit Lohnkostenzuschüssen in den ersten Arbeitsmarkt integriert werden oder über die Entgeltvariante eine geförderte Beschäftigung aufnehmen (vgl. AG Arbeitslosenhilfe/Sozialhilfe 2003: 26 f.).

Die im Haushalt der Bundesagentur für Arbeit für 2005 zur Verfügung stehenden 6,3 Mrd. Euro für Eingliederungsleistungen sollten nach den Plänen der BA genutzt werden, um mit 1,5 Mrd. Euro rund 52 Prozent aller erwerbsfähigen jugendlichen Hilfeempfänger und mit 4,8 Mrd. Euro etwa 23 Prozent aller übrigen erwerbsfähigen Hilfeempfänger zu aktivieren (vgl. Bundesagentur für Arbeit 2004c: 12).

Im Jahre 2005 erhielten rund 1,6 Mio. Personen Eingliederungsleistungen aus dem SGB II. Darunter wurden rund 566 000 Personen in Arbeitsgelegenheiten mit Mehraufwandsentschädigung nach § 16 Abs. 3 Satz 1 SGB II, dem Analogon zur Mehraufwandsvariante nach § 19 BSHG, eingesetzt. Rund 23 700 Personen wurden über § 16 Abs. 3 Satz 1 SGB II in der Entgeltvariante und 57 000 Personen in einer ABM beschäftigt. Gut 405 300 durchliefen eine Trainingsmaßnahme. Etwas

---

221 Während sich die Gewerkschaften gegen eine Reduktion der Leistungen auf das Niveau der Sozialhilfe und für die Übernahme der Sperrzeitenregelung aus dem SGB III aussprachen, forderten die Arbeitgeber und die Vertreter der B-Länder sogar eine stärkere Reduktion der Grundsicherungsleistung in Kombination mit großzügigeren Einkommensfreibeträgen sowie eine weitergehende Verschärfung der Sperrzeitenregelung (vgl. AG Arbeitslosenhilfe/Sozialhilfe 2003: 18–25).

mehr als 262 000 Personen wurden zur Vermittlung an Dritte[222] überwiesen. Damit gewann ausgerechnet das Instrument des BSHG, dem man vor Inkrafttreten der Grundsicherung für Arbeitsuchende die geringste arbeitsmarktintegrierende Wirkung attestierte, eine übergeordnete Bedeutung.[223]

Abbildung 9: Eingliederungsleistungen nach SGB II, Zugang in Maßnahmen bundesweit, Januar bis Dezember 2005

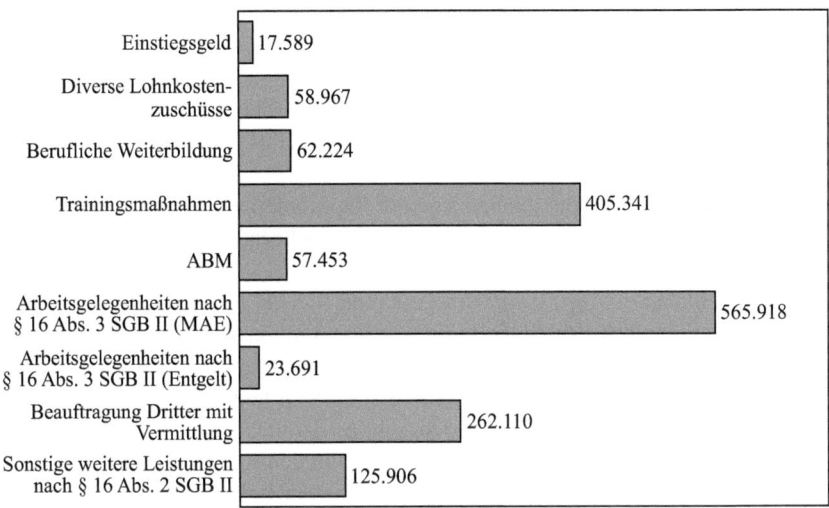

Quelle: www.pub.arbeitsamt.de/hst/services/statistik/detail/f.html (Stand 25.1.2006).

Die *Reform der Institutionen* für die Umsetzung der neuen Grundsicherung für Arbeitslose erwies sich als äußerst komplex und umstritten. Nach dem ersten Entwurf der Bundesregierung zum SGB II sollten die Trägerschaft für die Arbeitsvermittlung, die Aktivierung und die neue Sicherungsleistung inklusive der Erbringung der Kosten für die Unterkunft vollständig an die Bundesagentur für Arbeit über-

---

222 Hier sind Leistungen nach § 16 SGB II in Verbindung mit § 37 und § 421i SGB III zusammengefasst.
223 Ob sich diese Entwicklung 2006 fortsetzen wird, bleibt abzuwarten. Im Übergangsjahr war die Umsetzung gerade der längerfristigen Maßnahmen relativ schwer zu realisieren. Allerdings könnte sich hier auch eine Tendenz andeuten, unter Effizienzgesichtspunkten künftig weniger auf Qualifizierung und nachhaltige Integration als auf schnelle Reduktion der Arbeitslosenquote zu setzen. Es bleibt auch abzuwarten, wie sich der Eingliederungstitel des SGB-II-Budgets angesichts der Nichtausschöpfung im Jahre 2005 und der Regelung nach § 46 Abs. 3 SGB II entwickeln wird.

gehen. Die Kommunen sollten lediglich in einem Übergangszeitraum an der Leistungserbringung beteiligt werden.[224] Gegen diese Verlagerung der Zuständigkeiten und der Umsetzungsverantwortung regte sich der Widerstand der kommunalen Spitzenverbände, aber auch der BA.[225] Im Laufe der vor allem mit verfassungs- und personalrechtlichen sowie haushaltspolitischen Begründungen geführten Auseinandersetzung, in der die unionsgeleitete Mehrheit des Bundesrates die Position des Deutschen Landkreistages übernahm,[226] wurde deutlich, dass nur eine gemeinsame Aufgabenträgerschaft in Kombination mit einer optionalen kommunalen Trägerschaft politisch durchsetzbar war.

Nach weiteren Verhandlungen über die Umsetzung der kommunalen Option einigte man sich im Sommer 2004 im Vermittlungsausschuss auf zwei experimentell konkurrierende Trägerschaftsmodelle (vgl. BGBl. 2004, Teil 1, Nr. 41: 2014 ff.):

- die gemeinsam von der lokalen Agentur für Arbeit und den jeweiligen Kommunen zu gründende *Arbeitsgemeinschaft* im Jobcenter[227] nach § 44b SGB II und
- die *kommunale Trägerschaft* des gesamten SGB II für einen Zeitraum von sechs Jahren nach § 6a SGB II durch 69 sog. Optionskommunen.[228]
- Da sich die kommunalen Akteure und die Arbeitsagenturen nicht überall auf die Gründung einer Arbeitsgemeinschaft einigen konnten und die Zahl der Optionskommunen begrenzt wurde, gibt es darüber hinaus auch Regionen, in denen die Leistungen nach dem SGB II von den Agenturen für Arbeit und den Kommunen in *getrennter Trägerschaft* erbracht werden.

---

224 Vgl. den Gesetzentwurf zum „Vierten Gesetz für moderne Dienstleistungen am Arbeitsmarkt" (Bundestags-Drucksache 15/1516 vom 5. 9. 2003).

225 Der Deutsche Landkreistag argumentierte für die Übernahme der Trägerschaft durch die Landkreise und kreisfreien Städte, nicht zuletzt um den Kreisen Aufgaben zu erhalten und so ihre Existenz zu sichern (vgl. Henneke 2004). Der Deutsche Städtetag und der Deutsche Städte- und Gemeindebund sprachen sich gegen die alleinige Übernahme der Trägerschaft durch die Kommunen aus, da vor allem in den größeren Mitgliedsstädten mit hoher Langzeitarbeitslosigkeit oder hoher Sozialhilfequote die umfangreichen Aufgaben des SGB II nicht ohne die lokalen Agenturen für Arbeit zu bewältigen wären (vgl. Deutscher Städtetag 2004). Der Vorstand der Bundesagentur hatte sich – aus Sorge um eine Gefährdung des internen Reformprozesses der BA – gegen eine Übernahme der Umsetzungsverantwortung für alle erwerbsfähigen Hilfeempfänger geäußert (vgl. AG Arbeitslosenhilfe/Sozialhilfe 2003: 44 ff.).

226 Vgl. den Entwurf zum Existenzgrundlagengesetz vom 8. 9. 2003, Bundestags-Drucksache 15/1523.

227 Nach § 9 Abs. 1a SGB III errichten die Agenturen für Arbeit Jobcenter als einheitliche Anlaufstelle für alle Arbeitsuchenden.

228 Für einen Überblick über die regionale Verteilung der sog. Optionskommunen vgl. www.pub.arbeitsamt.de/hst/services/statistik/000000/html/start/monat/hintergrund.shtml (10. 11. 2005).

Im Oktober 2005 bestanden 355 Arbeitsgemeinschaften, 69 zugelassene kommunale Trägerschaften und 19 Fälle getrennter Trägerschaft. Die mit der Zusammenlegung von Arbeitslosenhilfe und Sozialhilfe beabsichtigte Bündelung arbeitsmarktpolitischer Leistungen für erwerbsfähige Langzeitarbeitslose „in einer Hand", die Beseitigung von Verschiebebahnhöfen und die Beendigung der Benachteiligung von sog. Aufstockern, also Personen, die neben Arbeitslosengeld I auch Leistungen nach dem SGB II erhalten, können unter diesen organisatorischen Umständen nicht als flächendeckend umgesetzt gelten.[229]

Erschwerend kommt hinzu, dass mit erheblichen Schnittstellenproblemen sowohl zwischen lokaler Agentur für Arbeit und den Trägern der Grundsicherung für Arbeitsuchende als auch zwischen den Kommunen und diesen Trägern zu rechnen ist. Im Fall der kommunalen Trägerschaft sind insbesondere zusätzliche Transaktionskosten beim Übergang von Arbeitsuchenden vom Leistungssystem des SGB III zum SGB II und konkurrierende Dienstleistungsangebote der Leistungsträger Arbeitsagentur und Optionskommune zu erwarten (vgl. Adamy 2004). Im Fall der Arbeitsgemeinschaften ist vorrangig mit internen Koordinationsproblemen zwischen den Trägern der Leistungen zu rechnen (vgl. Hess et al. 2003, Czommer et al. 2005a, Reis et al. 2005). Darüber hinaus ergibt sich, unabhängig von der Form der Trägerschaft, Kooperationsbedarf zur Jugendberufshilfe nach § 13 SGB VIII (vgl. Deutscher Verein 2005).

Im Gründungsprozess der *Arbeitsgemeinschaften* wurde in erster Linie über die angemessene Rechtsform sowie über Fragen der Personalüberlassung und der kommunalen Kontroll- und Aufsichtsrechte diskutiert.[230] Im operativen Alltagsgeschäft der ARGE traten stärker Probleme der Personalhoheit, der Weisungskompetenz und der Budgethoheit der Geschäftsführung, der Entscheidungsfindung in den Vorstandsgremien, des Datentransfers, aber auch der Verwaltungskultur und des professionellen Verständnisses von Leistungsprozessen in den Vordergrund (Adamy 2004, Reis et al. 2005: 51 ff., Czommer et al. 2005a: 48 ff., Ombudsrat 2005: 17 ff.).

Mit der gemeinsamen Rahmenvereinbarung von BMWA, BA und zwei kommunalen Spitzenverbänden vom August 2005 (vgl. www.staedtetag.de/imperia/md/

---

229 Aus dem alten dreigliedrigen System der sozialen Sicherung gegen Arbeitslosigkeit, das über zwei Institutionen, die BA und die Kommunen, umgesetzt wurde, wird in Zukunft also ein dreigliedriges System, mit dessen Umsetzung fünf verschiedene Institutionen(-typen) nebeneinander beschäftigt sind: die Bundesagentur für Arbeit mit dem SGB III, die Arbeitsgemeinschaften, die Optionskommunen oder bei getrennter Ausgabenwahrnehmung die Bundesagentur und die Kommunen mit dem SGB II sowie die Kommunen mit dem SGB XII.

230 Während die BA die privatrechtliche Form der GmbH oder GbR favorisierte, bevorzugten viele Kommunen die Umsetzung im Rahmen eines öffentlich-rechtlichen Vertrags. Zur Argumentation der BA vgl. Bundesagentur für Arbeit (2004c: 4 f.).

content/pressedien/2005/13.pdf) soll das Problem mangelnder Entscheidungsfähigkeit innerhalb der Arbeitsgemeinschaften reduziert werden. Danach können die beteiligten Kommunen die Mehrheit der Gesellschafterversammlung und damit die Umsetzungsverantwortung vor Ort übernehmen, wenn sie im Gegenzug bundeseinheitliche Controlling- und Benchmarkingverfahren sowie Mindeststandards der Leistungserbringung akzeptieren. Gleichzeitig kann dann die Geschäftsführung der ARGE operative Entscheidungskompetenz und Personal- sowie Budgethoheit erhalten. Nach der Idee der Rahmenvereinbarung wird die Umsetzungsverantwortung auf die lokale Ebene, bei entsprechendem kommunalen Interesse damit letztlich auf die Kommunen, verlagert. Die Bundesagentur soll ihre Gewährleistungsverantwortung künftig allein über ihre Vertreter in den Trägerversammlungen der Arbeitsgemeinschaften und über das Finanzcontrolling wahrnehmen.

7.2 Erfolgsbedingungen dezentraler Beschäftigungsförderung

Die Kommunen mussten angesichts der Veränderung der Rahmenbedingungen beschäftigungspolitische Strategien neu definieren und weitreichende Organisationsentscheidungen treffen. Dabei überlagerten haushalts-, personal-, sozial- und verwaltungspolitische Argumente die beschäftigungspolitische Strategieentwicklung, schon weil beschäftigungsfördernde Leistungen nach dem SGB II aus dem Bundeshaushalt finanziert werden. Die Debatten drehten sich

- *personal- und haushaltspolitisch* um die Einsatzmöglichkeiten des früher mit der Auszahlung von Sozialhilfe und mit kommunaler Beschäftigungsförderung betrauten Personals sowie anderer Mitarbeiter der Kommunen,
- *sozial- und haushaltspolitisch* um die antizipierten Wirkungen auf den kommunalen Wohnungsmarkt und die Entwicklung der Kosten der Unterkunft,
- *parteipolitisch* um die sich aus der politischen Positionierung zu den Organisationsmodellen ergebende Haltung zu den Modellen der Trägerschaft,
- *verwaltungspolitisch* um den Grad erwünschter Zusammenarbeit mit der lokalen Agentur für Arbeit und die kommunalen Einflussmöglichkeiten innerhalb der Arbeitsgemeinschaften und
- *beschäftigungspolitisch* um die Sicherung von kommunalen Gestaltungsmöglichkeiten der Beschäftigungsförderung von Leistungsempfängern des SGB II.

Nachdem die Entscheidungen über das jeweilige Modell der Trägerschaft und über die organisatorische Ausgestaltung der Aufgabenerbringung gefallen sind, gilt es nun, die Ziele des SGB II in den vielfältigen Organisationsmodellen umzusetzen.

Die Kommunen haben die große Verantwortung, den Systemwechsel mitzugestalten und ihre Kompetenzen für Beschäftigungsförderung in eine Arbeitsgemeinschaft einzubringen oder in den jeweiligen Organisationseinheiten der Optionskommunen zu bündeln.

Auch unter den veränderten rechtlichen Rahmenbedingungen bleibt dabei die Grundforderung an die Kommunalpolitik bestehen: die Erarbeitung einer politisch legitimierten *beschäftigungspolitischen Gesamtstrategie*. Ohne eine solche Strategie, die Ziele definiert, Erfolgskriterien bestimmt, Wege und Mittel der Umsetzung beschreibt und Controllingprozesse institutionalisiert, und ohne die koordinierte Bündelung beschäftigungspolitischer Verwaltungsstrukturen kann eine Kommune die lokale Beschäftigungspolitik nicht verantwortungsvoll (mit)gestalten.[231] In allen Trägerschaftsmodellen brauchen die mit der Umsetzung des SGB II betrauten Verwaltungen Zielvorgaben, die auch der politischen Kontrolle durch die Gemeindevertretungen unterliegen. In den Optionskommunen dienen diese in Ermangelung des Korrektivs des Kooperationspartners Agentur für Arbeit ganz besonders als legitimierende Handlungsgrundlage. Für die Kooperation mit der lokalen Agentur für Arbeit innerhalb der Arbeitsgemeinschaften geben kommunalpolitische Zielvorgaben Orientierungen und stärken den individuellen Akteuren der Kommunalverwaltung in fachlichen Auseinandersetzungen notfalls auch den Rücken. Nur eine nach öffentlichem Diskurs strategisch aufgestellte Kommunalverwaltung kann sich entsprechend der Rahmenvereinbarung vom August 2005 verantwortungsvoll für die Übernahme der Umsetzungsverantwortung des SGB II entscheiden und in der Trägerversammlung der Arbeitsgemeinschaft legitimierte Mehrheitsentscheidungen treffen.

Das bisherige *Zielsystem* kommunaler Beschäftigungspolitik hält den neuen Bedingungen, zumindest in den Arbeitsgemeinschaften, nicht länger stand. Hier werden fiskalpolitische Motive, die Sozialhilfeempfänger durch versicherungspflichtige Arbeitsverhältnisse in die Zuständigkeit der Bundesagentur zu verschieben, hinfällig.[232] Das Ziel der Arbeitsmarktintegration dürfte angesichts der kommunalen Trägerschaft für die Kosten der Unterkunft Bedeutungszuwachs erfahren, wenn Arbeitsmarktintegration zu Einkommen oberhalb der Unterstützungsbedürftigkeit erwartbar ist. Die Motivation, kommunale Aufgaben über geförderte Beschäftigung im zweiten Arbeitsmarkt, vor allem aber über Mehraufwandsentschädigungen zu erledigen, scheint im Jahre 2005 ungebrochen. In Anbetracht des

---

[231] Mit der Aufstellung eines Arbeitsmarktpolitischen Programms für die jeweilige ARGE oder Optionskommune können strategische Ziele vereinbart, der Einsatz von Eingliederungsleistungen geplant, Erfolgskriterien definiert und Berichterstattungsregeln für eine demokratische Kontrolle der Ergebnisse vor Ort bestimmt werden.

[232] Ein neuer Verschiebebahnhof könnte im Bereich der Definition von Erwerbsfähigkeit entstehen.

Widerspruchs der Tarifparteien über die Aufsichtsgremien der Arbeitsgemeinschaften sind hier ausgleichende Wirkungen zu erwarten. Für die Optionskommunen ist damit zu rechnen, dass fiskalpolitische Zielstellungen in gemilderter Form[233] weiter eine große Rolle spielen. Insbesondere Optionskommunen mit schwieriger Arbeitsmarktlage dürften aufgabenpolitische und sozialintegrative Ziele über Aktivitäten zur Arbeitsmarktintegration stellen, falls sie nicht über entsprechende Vermittlungskompetenzen verfügen.

Das SGB II definiert die Stärkung der Eigenverantwortung, die eigenständige Existenzsicherung durch Erwerbsarbeit und den Erhalt bzw. die Verbesserung der Erwerbsfähigkeit als zentrale Ziele. Arbeitsmarktintegration wird damit deutlicher als im BSHG-Leitziel der lokalen Beschäftigungspolitik (vgl. § 1 SGB II). Durch den über die Experimentierklausel nach § 6a SGB II ausgerufenen Wettbewerb zwischen den Modellen der Trägerschaft wird der bundesweite Vergleich der Ergebnisse lokaler Beschäftigungspolitik an Bedeutung gewinnen. Dies sollte zum einen zu größerer Transparenz hinsichtlich lokaler beschäftigungspolitischer Zielsysteme führen und zum anderen interkommunale Lernprozesse anstoßen. Durch die steigende Transparenz des Politikfeldes dürften lokale Ergebnisse zugleich stärker den verantwortlichen lokalen Akteuren zugeschrieben werden.

Eine wichtige Voraussetzung für die Steuerung von Verwaltungshandeln sind angemessene *Controllingprozesse*. Sie bedürfen neben klaren Zielvorgaben regelmäßiger, professioneller und langfristig angelegter Evaluation und der Vermittlung der Ergebnisse in den politischen Prozess. Im Jahre 2005 bestanden in den Optionskommunen noch erhebliche Probleme mit der Datenqualität und dem gesetzlich vorgesehenen Datentransfer an die Bundesagentur für Arbeit. Die Arbeitsgemeinschaften wurden dagegen flächendeckend in das Controllingsystem der BA einbezogen, klagten aber nicht nur über Software-Probleme, sondern auch über fehlenden lokalen Zugriff auf die generierten Daten, um lokale Steuerungsprozesse in Gang zu setzen. Die Akteure sind angesichts dieser strukturellen Defizite gefordert, sowohl Datentransferprobleme zu lösen als auch dezentrale Zugänge zu bundeseinheitlichen Controllingsystemen zu schaffen.

Organisatorisch haben die Optionskommunen einen deutlich größeren beschäftigungspolitischen Gestaltungsspielraum als vor der Reform. Für sie gilt in

---

233 Da die Unterhaltsleistungen und die arbeitsmarktpolitischen Leistungen vom Bund getragen werden, müssen die Optionskommunen vor allem die Entwicklung im Bereich der Kosten der Unterkunft kalkulieren. Es ist nicht auszuschließen, dass Optionskommunen in großem Stil einen öffentlich geförderten Beschäftigungssektor aufbauen, Hilfebedürftige in sozialversicherungspflichtigen und auf mindestens zwölf Monate befristeten Arbeitsverhältnissen einsetzen, um sie so in den Leistungsbezug des SGB III zu verschieben und damit ihre beschäftigungspolitische Bilanz positiv zu gestalten. In diesen Fällen bliebe der Verschiebebahnhof der „alten Welt" erhalten.

besonderer Weise die Notwendigkeit, in der Aufbauorganisation Einheiten der Wirtschaftsförderung, der Sozialverwaltung und der Jugendberufshilfe zu verzahnen. Sie müssen nach § 6a Abs. 6 SGB II zur operativen Aufgabenerbringung spezielle Einrichtungen schaffen. Ob sie dabei auf bereits vorhandene Service- oder Beschäftigungsgesellschaften zurückgreifen und diese ausbauen, neue Eigenbetriebe gründen oder für weite Aufgabenbereiche Dritte beauftragen, wird die Steuerungs- und Kontrollmöglichkeiten durch die Kommunalpolitik entscheidend beeinflussen. Ablauforganisatorisch muss entschieden werden, wie strategische und operative Aufgaben koordiniert und wie im operativen Bereich Clearing, Leistungsgewährung, Fallmanagement und Vermittlung aufeinander abgestimmt werden.[234]

Für jene Kommunen, die im Rahmen einer ARGE mit den lokalen Arbeitsagenturen zusammenarbeiten, gilt es, funktionierende Kooperationsstrukturen in der ARGE, aber auch zwischen den Arbeitsgemeinschaften und den in der Kommunalverwaltung verbleibenden Verwaltungseinheiten der Jugendberufshilfe, der Wirtschaftsförderung und der Sozialverwaltung zu schaffen. Ablauforganisatorisch gilt für die ARGE die Erkenntnis aus der MoZArT-Evaluierung, dass Effizienzsteigerungen durch verzahnte Prozesse der Vermittlung und Beratung gelingen, die über Kooperation beim Fallmanagement und beim Instrumenteneinsatz Kompetenzen der kommunalen und der Agenturmitarbeiter bündeln (vgl. Hess et al. 2003).

Bezogen auf den Einsatz *beschäftigungsfördernder Instrumente* gilt für alle Modelle der Trägerschaft die Erkenntnis aus der kommunalen Beschäftigungsförderung unter dem BSHG: Modulare, mehrstufige Integrationsleistungen mit nachfrageorientierten Qualifikationsanteilen können Beschäftigungsbrücken schaffen. Arbeitsgelegenheiten mit Mehraufwandsentschädigung allein erzeugen kaum arbeitsmarktintegrierende Effekte. Wirkungssteigernde Teilnehmermotivation kann durch umfassende Information über das Leistungsspektrum, die Beteiligung der Hilfebedürftigen an der Entwicklung von Integrationsstrategien und Freiwilligkeit der Teilnahme an Maßnahmen befördert werden.

Die Kommunen tragen unter den Rahmenbedingungen des SGB II für eine gestiegene Anzahl Betroffener und in größerem Umfang als zuvor die sozial- und gesellschaftspolitische Umsetzungsverantwortung für die Grundsicherung für langzeitarbeitslose Arbeitsuchende. Teilhabemöglichkeiten zu schaffen und die Bürger an der „Hervorbringung lokaler Gemeinschaft" (Castel 2000: 393) zu beteiligen ist und bleibt eine lokale Herausforderung, egal, in welcher Form der Trägerschaft diese Aufgabe angegangen wird. Deshalb ist die Kommunalpolitik gefragt, ihre Gestaltungsmöglichkeiten aktiv wahrzunehmen. Das bedarf einer kontinuierlichen

---

234 Zu den Leistungsprozessen nach SGB II vgl. Reis et al. (2005: 13–20). Die Optionskommunen können dabei von der Praxis erfolgreicher Kommunen unter dem BSHG lernen (vgl. Kapitel 4).

Auseinandersetzung mit den Möglichkeiten und Grenzen lokaler Arbeitsmarkt- und Beschäftigungspolitik, der Vernetzung aller politikfeldrelevanten lokalen Akteure und der politischen Kontrolle der entsprechenden Organisationseinheiten der Träger des SGB II.

Mit der Umsetzungsverantwortung für die Grundsicherung von Arbeitsuchenden erhalten die Kommunen die Möglichkeit, erfolgreiche Strategien bisheriger kommunaler Beschäftigungspolitik für einen größeren Personenkreis fortzuentwickeln und die Vorteile dezentraler Politikimplementation zu nutzen. Zugleich wird die bundeseinheitliche Berichterstattung dazu führen, dass Ergebnisse sichtbar und vergleichbar werden. Damit können schlechte lokale Ergebnisse künftig auch kommunalpolitischen Akteuren zugeschrieben werden. Das dürfte lokale Beschäftigungspolitik verstärkt zu einem Thema kommunalpolitischer Auseinandersetzung machen, vor allem wenn die betroffenen Bürger ihre Einflussmöglichkeiten als Wähler nutzen.

7.3 Nachtrag zur Fallstudie

Für die Stadt Halle (Saale) bieten die Neuregelungen des SGB II die große Chance einer kritischen Bilanzierung der bisherigen kommunalen Beschäftigungspolitik unter Beteiligung aller relevanten Akteure. In deren Ergebnis könnte ein politisches Klima entstehen, das Haltungen gegenüber den Betroffenen verändert, Wettbewerb zwischen sämtlichen Beteiligten der operativen Ebene um die qualitativ besten Maßnahmekonzepte unterstützt, vorhandenes Wissen anderer Kommunen wahrnimmt und in die eigene Entwicklung integriert sowie zu transparenteren kommunalen Entscheidungen führt. Die Stadt könnte auf der Basis einer solchen Bestandsaufnahme die kommunale Verantwortung für die sozial- und gesellschaftspolitische Ebene der Arbeitslosigkeit aktiver als bisher wahrnehmen, alle beteiligten Akteure in die Entwicklung neuer Strategien und Strukturen einbeziehen und die Interessen ihrer Bürgerinnen und Bürger in der Kooperation mit der lokalen Agentur für Arbeit selbstbewusst vertreten.

Die Agentur für Arbeit Halle und die Stadt Halle haben am 15. Dezember 2004 eine *Arbeitsgemeinschaft* in Form einer GmbH gegründet.[235] Die Geschäftsführung liegt zunächst bei der lokalen Agentur für Arbeit und wird durch eine ehemalige Bereichsleiterin wahrgenommen. Stellvertretende Geschäftsführerin ist die bishe-

---

235 Vgl. Stadtrats-Drucksache IV/2004/04541 vom 24.11.2004 und www.arbeitsagentur.de/vam/vam Controller/CMSConversation/anzeigeContent?docId=63629&rqc=3&ls=false&ut= 0 (Stand 1.10.2005). Die Arbeitsgemeinschaft trägt den Namen „ARGE SGB II Halle GmbH".

rige stellvertretende Sozialamtsleiterin der Stadt. Gesellschafterinnen der GmbH sind die Vorsitzende der Geschäftsführung der Arbeitsagentur Halle und die Beigeordnete für Soziales, Jugend und Gesundheit der Stadt Halle. Die Arbeitsgemeinschaft hat einen Aufsichtsrat, in dem die vier größten Ratsfraktionen mit jeweils einem Stadtrat vertreten sind.[236] Ein fachlicher Beirat wurde nicht eingerichtet.

Der *Stadtrat* hat den Prozess der Gründung der Arbeitsgemeinschaft nur partiell begleitet. Von einigen Fraktionen des alten und neuen Stadtrates wurden Anträge zur Kontrolle und politischen Begleitung der Installation der Arbeitsgemeinschaft eingebracht, von denen jedoch keiner eine politische Mehrheit fand.[237] Eine öffentliche Debatte über die zukünftigen Ziele lokaler Beschäftigungspolitik fand nicht statt. Die einzelnen institutionellen Bausteine des losen beschäftigungspolitischen Netzwerks scheinen bisher keine weitere Vernetzung zu erfahren.

Laut Errichtungs- und Aufgabenübertragungsvertrag für die ARGE sollen zur Umsetzung beschäftigungspolitischer Programme vorrangig die Kapazitäten des *kommunalen Eigenbetriebs* für Arbeitsförderung (EfA) genutzt werden (vgl. Antwort auf Anfrage IV/2005/04787 vom 16.3.2005). Soweit ersichtlich ist, weckte die Sonderstellung des Eigenbetriebs bisher kaum Widerspruch bei anderen lokal agierenden Trägern von sozialen, kulturellen oder anderen Beschäftigungsprojekten, obwohl diese Regelung des Vertrags rechtlich umstritten sein dürfte.

Im Februar 2005 wurde die Satzung des Eigenbetriebs für Arbeitsförderung geändert. Damit einher ging die Eingliederung des Ressorts Beschäftigung in den Eigenbetrieb (vgl. Drucksache IV/2002/04664 vom 2.2.2005). In der Debatte im Stadtrat zum Wirtschaftsplan des Eigenbetriebs für 2005 wurde deutlich, dass dessen Tätigkeit eng an die Arbeitsgemeinschaft angebunden wird. Es wurden neue Mitarbeiter im Eigenbetrieb eingestellt,[238] allerdings blieb offen, für welche Tätigkeiten sie eingesetzt werden sollen. Zumindest ein Teil der Mitarbeiter des EfA war für die Arbeitsgemeinschaft tätig (vgl. Antwort auf Anfrage IV/2005/05377 vom 14.11.2005).

Zum Ende des Jahres 2005 beauftragte der Stadtrat die Verwaltung, ein Konzept zur Umsetzung der *Rahmenvereinbarung* zur Weiterentwicklung der Arbeitsgemeinschaften nach § 44b SGB II zu entwickeln (vgl. Drucksache IV/2005/05489

---

236 Zwei dieser in den Aufsichtsrat der ARGE gewählten Stadträte sind zugleich Mitglieder des Betriebsausschusses des kommunalen Eigenbetriebs für Arbeitsförderung.
237 Eingebracht von der Fraktion der CDU, der HAL-Fraktion und der Fraktion Neues Forum/Unabhängige, wurden die Anträge zumeist mit einer Mehrheit von SPD und PDS zurückgewiesen.
238 Waren Ende 2004 neben dem Betriebsleiter sechs Mitarbeiter im Eigenbetrieb beschäftigt, wuchs die Anzahl der Planstellen im Jahre 2005 auf 38, von denen 15 für die Verwaltung des EfA vorgesehen waren und 23 zusätzliche Stellen für die Umsetzung des SGB II geschaffen wurden (vgl. Drucksache IV/2004/04666 vom 23.2.2005).

vom 23.11.2005). Dies soll nach Auswertung des ersten Geschäftsjahres der ARGE 2006 vorgelegt werden. Es scheint, als haben einige Fraktionen des Stadtrats[239]die Gestaltungsmöglichkeiten und die Notwendigkeit der Kontrolle des Verwaltungshandelns im Bereich der Beschäftigungsförderung erkannt. 2005 stand das Politikfeld deutlich häufiger auf der Tagesordnung des Stadtrats und seiner Ausschüsse. Abzuwarten bleibt aber, ob sich auch eine beschäftigungspolitische Strategiedebatte unter Beteiligung aller lokalen politikfeldrelevanten Akteure entwickelt.

Hinsichtlich des Einsatzes arbeitsmarktpolitischer Instrumente dominierten auch in der ARGE SGB II Halle GmbH im Jahre 2005 Arbeitsgelegenheiten mit Mehraufwandsentschädigung und Trainingsmaßnahmen (vgl. Abbildung 10).

Im dritten Quartal 2005 erhielten in der Stadt Halle noch 328 Menschen Leistungen der Hilfe zum Lebensunterhalt nach dem SGB XII. Im Vergleichzeitraum des Vorjahres waren 16 382 Sozialhilfeempfänger registriert.[240] Im Juli 2005 wurden 6794

Abbildung 10: Eingliederungsleistungen nach SGB II, Zugang in Maßnahmen ARGE SGB II Halle GmbH, Januar bis Dezember 2005

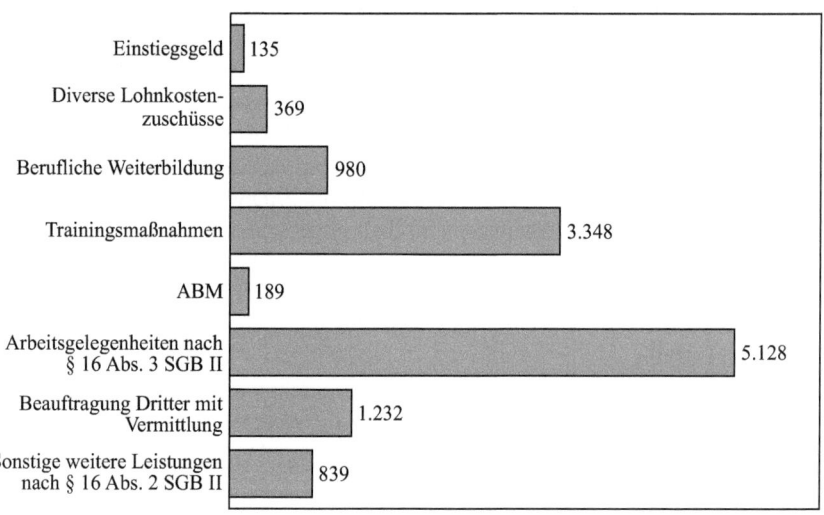

Quelle: www.pub.arbeitsamt.de/hst/services/statistik/detail/f.html (Stand 25.1.2006).

---

239 Die Anfragen und Anträge zur ARGE oder zum Eigenbetrieb für Arbeitsförderung wurden vornehmlich von der CDU und der Fraktion Neues Forum+Unabhängige eingebracht.
240 Zur Entwicklung des Bestands an HLU-Empfängern in der Stadt Halle seit Ende 2004 vgl. www.halle.de/index.asp?MenuID=146 (Stand 10.11.2005).

Personen dem Rechtskreis des SGB III zugerechnet und bekamen mehrheitlich Arbeitslosengeld I. Dagegen erhalten 30 764 Personen Arbeitslosengeld II und knapp 9200 Personen Sozialgeld. Die Empfänger der Grundsicherung für Arbeitsuchende lebten in 23 337 Bedarfsgemeinschaften (vgl. Abbildung 11).

Abbildung 11: Langzeitarbeitslosigkeit und Bezug von Arbeitslosengeld (I und II) in Halle 2004 bis 2005, Bestand am Monatsende

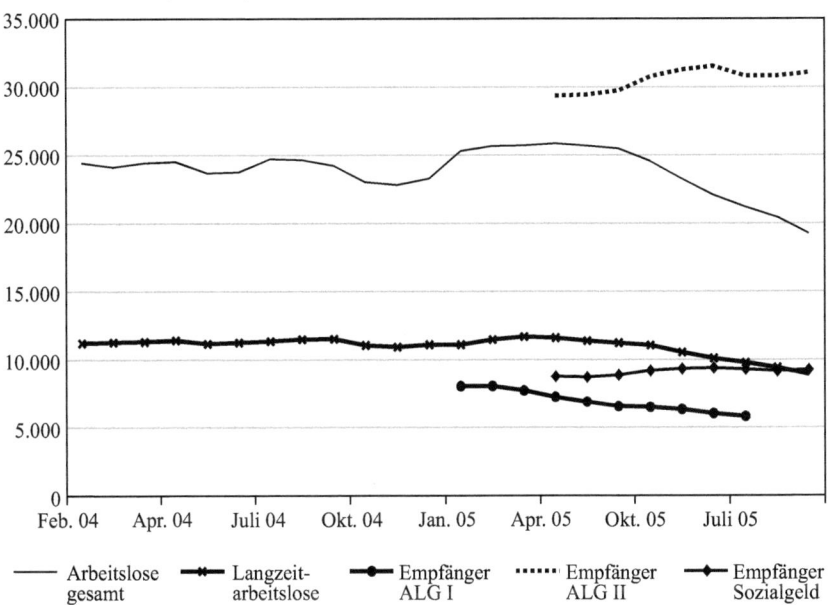

Quelle: www.pub.arbeitsamt.de/hst/services/statistik/detail/a.html (Stand 25.1.2006).

Der nahezu vollständige Übergang der Sozialhilfeempfänger in den Leistungsbezug des SGB II verdeutlicht die Verschiebungen im Politikfeld nach Einführung der Grundsicherung für Arbeitsuchende.

Die ARGE als neuer zentraler Akteur lokaler Beschäftigungspolitik steht vor der immensen Aufgabe, Strukturen und Strategien zu entwickeln, die geeignet sind, mehr als 30 000 Empfängern von Arbeitslosengeld II und ihren Familien wirkungsvoll und effizient Integrationsmöglichkeiten zu eröffnen. Kooperation sämtlicher relevanten Akteure und klare Zielvorgaben sind dafür unabdingbare Voraussetzung.

7.4 Handlungsanforderungen an lokale Akteure

Die rechtlichen und finanziellen Rahmenbedingungen bestimmten die Möglichkeiten und Grenzen für kommunale Beschäftigungspolitik unter dem BSHG. Im Fall der Stadt Halle bestätigte sich die These, dass die Wahrnehmungen der Handlungsmöglichkeiten durch die politisch relevanten Akteure und ihre normativen Orientierungen die Nutzung des politischen Gestaltungsspielraums entscheidend beeinflussen. Darüber hinaus zeigte die Fallstudie, dass die institutionellen Regelungsstrukturen die politischen Entscheidungsprozesse im Politikfeld prägten und damit auch die Ergebnisse kommunaler Beschäftigungspolitik in erheblichem Maße vorbestimmten.

Wenn die Entwicklung des Politikfeldes also durch institutionelle Regelungsstrukturen und die Handlungsorientierungen der Akteure determiniert wird, so gilt es, angemessene Strukturen zu schaffen und den Wissenstransfer zwischen allen politisch relevanten Akteursgruppen zu organisieren. In der „alten Welt" des BSHG wie in der „neuen Welt" der Grundsicherung für Arbeitsuchende nach dem SGB II bedarf es dazu politisch legitimierter Strategien und Strukturentscheidungen, des Ausbaus vertrauensbasierter Kooperationsbeziehungen aller Arbeitsmarktakteure, eines professionellen Dienstleistungsverständnisses der handelnden Akteure und einer öffentlichen lokalen Debatte um Beschäftigungsförderung.

Nur dann können die finanziellen Anreize diverser Förderprogramme des Bundes, der Länder und der Europäischen Union optimal genutzt und die rechtlichen Möglichkeiten vor allem des SGB III, des SGB II und des SGB VIII voll ausgeschöpft werden. Der Kooperation zwischen Stadtverwaltung und lokaler Arbeitsagentur kommt dabei innerhalb der Arbeitsgemeinschaften zentrale Bedeutung zu. Entscheidend wird sein, unterschiedliche Verwaltungskulturen zu überwinden, divergierende Interessen auszutarieren und gemeinsame Handlungsstrategien zu entwickeln. Dieser Prozess kann befördert werden, wenn über Beiräte oder andere Netzwerkstrukturen möglichst viele relevante lokale Akteure in den Entwicklungsprozess eingebunden, zumindest aber gut über ihn informiert werden.

Oberste Priorität werden in Zukunft der Erhalt bestehender Arbeitsplätze und Erfolge im Standortwettbewerb um Neuansiedlungen haben. Ohne neue Arbeitsplätze wird die Arbeitslosenrate nicht wesentlich sinken. Arbeitsplätze zu schaffen ist vor allem Aufgabe der Wirtschaft. Koordinierte lokale Arbeitsmarkt- und Beschäftigungspolitik kann dazu förderliche Rahmenbedingungen gestalten.

Kooperative Interaktionsformen sowohl innerhalb der Kommunalverwaltung als auch zwischen Mitarbeiterinnen und Mitarbeitern von Kommunen und lokalen Arbeitsagenturen innerhalb von Arbeitsgemeinschaften nach § 44b SGB II sollten externe und interne Anregungen aufgreifen und in innovative Maßnahmekonzepte umsetzen können, die auch und gerade der Integration von Langzeitarbeitslosen in existenzsichernde Erwerbstätigkeit dienen. Die grundlegende Entscheidung für ein Trägerschaftsmodell dürfte dabei weniger wirkungsmächtig sein als die konkrete Ausgestaltung der operativen Prozesse.

Als zentrale Erfolgsfaktoren lokaler Arbeitsmarkt- und Beschäftigungspolitik wurden hier strategische und politisch legitimierte Zielbestimmungen, kooperative Organisationsstrukturen, institutionalisiertes Controlling, abgestimmter modularer Instrumenteneinsatz und professionelles Fallmanagement ausgemacht. Dezentralisierung von Arbeitsmarktpolitik braucht Wissen, Entscheidungskompetenz, Ergebnisverantwortung, Kooperationsbereitschaft und politische Kontrolle auf lokaler Ebene. Der Umfang und der Inhalt der Aufgaben, die sich aus der lokalen Trägerschaft der Grundsicherung für mehr als 5 Mio. Arbeitslosengeld-II-Empfänger und ihre Familien ergibt, verlangen Lernprozesse und Risikobereitschaft bei allen verantwortlichen Akteuren.

Wesentlich für die Gestaltung der lokalen Beschäftigungspolitik ist der politische Wille sämtlicher Beteiligten vor Ort, Langzeitarbeitslose nicht länger als „Faulenzer" und „Sozialschmarotzer" zu diffamieren, sondern Perspektiven zu eröffnen, die einer demokratischen Gesellschaft entsprechen und allen Bürgerinnen und Bürgern Teilhabe an ihr ermöglichen. Erst wenn dieser Wille vorhanden ist, wird lokale Beschäftigungspolitik den gegebenen Spielraum ausnutzen können, werden Arbeitsagenturen, Kommunalverwaltungen, Gemeinderäte und Beschäftigungsträger über ihre bisherigen Grenzen gehen und gemeinsam nach neuen Möglichkeiten suchen, existenzsichernde Arbeitsverhältnisse für möglichst viele Menschen zu schaffen. Wollen lokale Gemeinschaften ihre Funktionsfähigkeit als sekundäre Sozialstrukturen aufrechterhalten, so muss der sozialen Entkoppelung durch Mangel an Erwerbsarbeit mit allen Mitteln entgegengewirkt werden. Dazu gehören dezentrale Entscheidungsspielräume und Ergebnisverantwortung ebenso wie die zentrale Gewährleistung gleicher Zugangschancen zu gesetzlich definierten Leistungen.

Ist die Einführung der Grundsicherung für Arbeitslose ein Schritt zurück in die fürsorgestaatliche Vergangenheit oder einer auf dem Weg notwendiger Modernisierungsprozesse der sozialen Sicherungssysteme? Ein abschließendes Urteil darüber hängt stark davon ab, welche emanzipatorischen und universalistischen Elemente das neue System in der Praxis tatsächlich enthält. Angesichts der institutionellen Vielfalt der Modelle der Aufgabenwahrnehmung und der darin systematisch angelegten Konkurrenz zwischen den Institutionen der sozialen Sicherung gegen Arbeitslosigkeit, angesichts der Umsetzungsschwierigkeiten im Jahre 2005, der Haushaltsbelastungen und der erkennbaren Interessenkonflikte zwischen den beteiligten politisch relevanten Akteuren werden hier Zweifel angemeldet, inwieweit aktivierende Leistungen tatsächlich universell eingesetzt werden. Ob in Anbetracht der deutlichen Absenkung der passiven Leistungen für ehemalige Arbeitslosenhilfeempfänger und der Verschärfung von Zumutbarkeiten und Sperrzeitenregelungen selbst gut qualifizierte und motivierte Arbeitsuchende im Leistungsbereich des SGB II als selbstbestimmte Kunden von Arbeitsmarktdienstleistungen agieren können, bleibt fraglich. Und ob Eingliederungsvereinbarungen, die zwar Pflichten der Arbeitsuchenden festschreiben, aber keine Rechte gegenüber der Leistungsverwaltung definieren, ihren Zweck als Instrumente einer Marktbeziehung zwischen Arbeitsuchenden und Fallmanagern erfüllen, muss wohl ebenso bezweifelt werden.

Bleibt zu wünschen, dass sich alle relevanten Akteure die Ambivalenz ihrer Aufgaben zwischen Fördern und Fordern immer wieder bewusst machen, die komplexe Struktur der Grundsicherung für Arbeitsuchende im Interesse der von existenzsichernder Arbeit unfreiwillig Ausgeschlossenen gestalten und sie nicht für macht- und fiskalpolitische Eigeninteressen missbrauchen.

Literaturverzeichnis

Adamy, Wilhelm (2002): Fakten statt vorschneller Fehlurteile. Wie leistungsfähig ist die Bundesanstalt für Arbeit? In: Soziale Sicherheit 2/2002. 38–42

Adamy, Wilhelm (2004): Hartz IV: Schwierige Kooperation zwischen Arbeitsagenturen und Kommunen. Durch „optierende" Kommunen entstehen neue Doppelstrukturen. In: Soziale Sicherheit 10/2004. 332–338

AG Arbeitslosenhilfe/Sozialhilfe der Kommission zur Reform der Gemeindefinanzen (2003): Bericht der Arbeitsgruppe „Arbeitslosenhilfe/Sozialhilfe" der Kommission zur Reform der Gemeindefinanzen vom 17.04.2003. *www.sozialpolitik-aktuell.de/docs/abschlussbericht_alhisohi.pdf* (Stand 01.03.2005)

Alt, Günter D. (Hrsg.) (2001): Sparbuch 2002. Steuererklärung für 2001. Hemmingen: Presto

Altmann, Jörn (2000): Wirtschaftspolitik. Eine praxisorientierte Einführung. Stuttgart: Lucius & Lucius

Arendt, Hanna (1998): Vita Activa oder Vom tätigen Leben. München: Piper

Articus, Stephan (2002): Zukunft der Stadt? – Zukunft der Stadt! Anmerkungen zur Situation und Zukunft der kommunalen Selbstverwaltung. In: Deutsche Zeitschrift für Kommunalwissenschaften 1/2002. 6–23

Bach, Hans-Uwe/Gommlich, Heinz/Otto, Manfred (2002): Aktuelle Daten vom Arbeitsmarkt in Ostdeutschland. Stand Januar 2002. IAB-Werkstattberichte 0.1/2002 und 0.3/2002. Nürnberg: Institut für Arbeitsmarkt- und Berufsforschung

Bach, Hans-Uwe/Gommlich, Heinz/Otto, Manfred (2004): Aktuelle Daten vom Arbeitsmarkt in Ostdeutschland. Stand April 2004. IAB-Werkstattberichte 0.4/2004. Nürnberg: Institut für Arbeitsmarkt- und Berufsforschung

Bach, Hans-Uwe/Spitznagel, Eugen (2003): Was kostet uns die Arbeitslosigkeit? Gesamtfiskalische Modellrechnungen. IAB-Kurzbericht Nr. 10/2003. Nürnberg: Institut für Arbeitsmarkt- und Berufsforschung

Backhaus-Maul, Holger (1998): Kommunale Sozialpolitik. In: Wollmann/Roth (1998): 689–702

Bäcker, Gerhard/Bispinck, Reinhard/Hofemann, Klaus/Naegele, Gerhard (2000): Sozialpolitik und soziale Lage in Deutschland. Bd. 1: Ökonomische Grundlagen, Einkommen, Arbeit und Arbeitsmarkt, Arbeit und Gesundheitsschutz. 3. Aufl. Wiesbaden: Westdeutscher Verlag

Bästlein, Volker (1999): Die Zeitbombe tickt – Arbeitslosigkeit belastet die Städte. In: Der Städtetag 5/1999. 8–9

Banner, Gerhard (1991): Von der Behörde zum Dienstleistungsunternehmen. In: Verwaltung, Organisation, Personal 1/1991. 6–11

Becker, Uwe/Wiedemeyer, Michael (2002): Wider den Mythos der Vollbeschäftigung – Ein Plädoyer für die Wiederaneignung solidarischer Arbeitsmarktpolitik. In: Troost/Trube (2002): 87–106

Benz, Arthur (Hrsg.) (2004): Governance – Regieren in komplexen Regelsystemen. Eine Einführung. Wiesbaden: VS Verlag für Sozialwissenschaften

Bergemann, Annette/Schultz, Birgit (2000): Effizienz von Qualifizierungs- und Arbeitsbeschaffungsmaßnahmen in Ostdeutschland. In: Wirtschaft im Wandel 9/2000. 243–253

Bertelsmann Stiftung (Hrsg.) (2000): Kooperation statt Konkurrenz. Studie über die Zusammenarbeit von Arbeits- und Sozialämtern. Gütersloh: Verlag Bertelsmann Stiftung

Bertelsmann Stiftung (Hrsg.) (2002): Eckpunkte einer Reform von Arbeitslosen- und Sozialhilfe (unveröffentl. Positionspapier). *www.bertelsmannstiftung.de/documents/Positionspapier2706.pdf* (Stand 01. 10. 2005)

Bertelsmann Stiftung/Bundesanstalt für Arbeit/Deutscher Landkreistag/Deutscher Städtetag/ Deutscher Städte- und Gemeindebund (Hrsg.) (2001): Handbuch zur Kooperation von Arbeitsämtern und Kommunen. Gemeinsam für die Integration in den Arbeitsmarkt. Gütersloh: Verlag Bertelsmann Stiftung

Bertelsmann Stiftung/Bundesanstalt für Arbeit (Hrsg.) (2003): Job Center. Konzeption und Diskussion der kommunalen Zentren für Erwerbsintegration. Gütersloh: Verlag Bertelsmann Stiftung

Bertelsmann Stiftung/Hans-Böckler-Stiftung/KGSt (Hrsg.) (2001): Benchmarking in der lokalen Beschäftigungsförderung. Recherche und Assessment bestehender Benchmarking-Ansätze. Gütersloh: Verlag Bertelsmann Stiftung

Bertelsmann Stiftung/Hans-Böckler-Stiftung/KGSt (Hrsg.) (2002a): Netzwerk Kommunen der Zukunft. Produkte der Netzwerkarbeit. Steuerung der lokalen Beschäftigungsförderung. Bd. 14-1. Frankfurt a. M.: VAS

Bertelsmann Stiftung/Hans-Böckler-Stiftung/KGSt (Hrsg.) (2002b): Netzwerk Kommunen der Zukunft. Produkte der Netzwerkarbeit. Arbeiten in Netzwerken. Bd. 14-3. Frankfurt a. M.: VAS

Böckmann-Schewe, Lisa/Röhrig, Anne (1999): „Hilfe zur Arbeit" und berufliche (Re-)Integrationsmöglichkeiten für Sozialhilfeempfängerinnen und Sozialhilfeempfänger. In: Fuchs/Schulze-Böing (1999): 59–74

Bogner, Alexander/Menz, Wolfgang (2002): Das theoriegenerierende Experteninterview. Erkenntnisinteresse, Wissensformen, Interaktion. In: Bogner et al. (2002): 33–70

Bogner, Alexander/Littig, Beate/Menz, Wolfgang (Hrsg.) (2002): Das Experteninterview. Theorie, Methode, Anwendung. Opladen: Leske + Budrich

Bogumil, Jörg (2001): Modernisierung lokaler Politik. Kommunale Entscheidungsprozesse zwischen Parteienwettbewerb, Verhandlungszwängen und Ökonomisierung. Baden-Baden: Nomos

Bothfeld, Silke/Gronbach, Sigrid/Seibel, Kai (2005): Eigenverantwortung in der Arbeitsmarktpolitik: zwischen Handlungsautonomie und Zwangsmaßnahmen. WSI-Diskussionspapier Nr. 134. Düsseldorf: WSI in der Hans-Böckler-Stiftung

Bourdieu, Pierre (2001): Die Durchsetzung des amerikanischen Modells und ihre Folgen. In: ders. (2001): 27–33

Bourdieu, Pierre (2001): Gegenfeuer 2. Für eine europäische soziale Bewegung. Konstanz: UVK

Braun, Dietmar/Giraud, Oliver (2003): Steuerungsinstrumente. In: Schubert/Bandelow (2003): 147–171

Brülle, Heiner (2002): Steuerung der Hilfe zur Arbeit nach dem BSHG in Wiesbaden unter besonderer Berücksichtigung von Sozialhilfeleistungsberechtigten mit geringen Arbeitsmarktchancen. In: Bertelsmann Stiftung/Hans-Böckler-Stiftung et al. (2002a): 7–14

Brülle, Heiner/Reis, Claus (Hrsg.) (2001): Neue Steuerung in der Sozialhilfe: Sozialberichterstattung, Controlling, Benchmarking, Casemanagement. Neuwied: Luchterhand

Brülle, Heiner/Schleimer, Ingrid (1994): Programmierung und Steuerung kommunaler Beschäftigungspolitik in Verantwortung der kommunalen Sozialverwaltung. In: Schulze-Böing/Johrendt (1994): 41–61

Buchegger-Traxler, Anita/Roggenkamp, Martin/Scheffelt, Elke (2003): Territoriale Beschäftigungspakte im Institutionengefüge nationaler Arbeitsmarktpolitik in Österreich, den Niederlanden und Deutschland. ZeS-Arbeitspapier 8/2003. Bremen: ZeS

Büchel, Felix/Diewald, Martin/Krause, Peter/Mertens, Antje/Solga, Heike (Hrsg.) (2000): Zwischen drinnen und draußen. Arbeitsmarktchancen und soziale Ausgrenzung in Deutschland. Opladen: Leske + Budrich

Buhr, Petra (2002): Ausstieg wohin? Erwerbssituation und finanzielle Lage nach dem Ende des Sozialhilfebezugs. ZeS-Arbeitspapier 4/2002. Bremen: ZeS

Buhr, Petra/Gangl, Markus/Rentzsch, Doris (1998): Wege aus der Soziahilfe – Wege in den Arbeitsmarkt? Chancen zur Überwindung des Sozialhilfebezugs in Ost- und Westdeutschland. In: Heinz et al. (1998): 291–316

Bundesagentur für Arbeit (2004a): Kompendium Aktive Arbeitsmarktpolitik nach dem SGB II. Stand: September 2004. *www.bvaa-online.de/obj/DokumenteArbeitsmarkt/ KompendiumSGB2* (Stand 10.10.2005)

Bundesagentur für Arbeit (2004b): Mini- und Midijobs in Deutschland: Sonderbericht Dezember 2004. Nürnberg

Bundesagentur für Arbeit (2004c): Handlungsleitlinien aktive Arbeitsmarktpolitik nach dem SGB II. Zentralbereich SR. DA 11/2004 vom 12.08.2004. *www.bvaa-online.de/obj/ DokumenteHzA/Handlungsleitlinien* (Stand 10.10.2005)

Bundesagentur für Arbeit (2005a): Arbeitsmarkt 2004. Amtliche Nachrichten der Bundesagentur für Arbeit 53. 2005. Sondernummer vom 30. August 2005. Nürnberg

Bundesagentur für Arbeit (2005b): Erwerbspersonenpotenzial, Erwerbstätigkeit, sozialversicherungspflichtige und geringfügige Beschäftigung. Entwicklung und Struktur 2000–2005. Nürnberg

Bundesagentur für Arbeit (2005c): Der Arbeits- und Ausbildungsstellenmarkt in Deutschland. Monatsbericht Dezember und Jahr 2004. Nürnberg

Bundesamt für Statistik (2003): Leben und Arbeiten in Deutschland. Ergebnisse des Mikrozensus 2002. *www.destatis.de/presse/deutsch/pk/2003/Mikrozensus_ 2002.pdf* (Stand 01.03.2005)

Bundesministerium für Arbeit und Sozialordnung (2001): Lebenslagen in Deutschland. Der erste Armuts- und Reichtumsbericht der Bundesregierung. Bonn

Bundesministerium für Gesundheit und Soziales (2005a): Lebenslagen in Deutschland. Der 2. Armuts- und Reichtumsbericht der Bundesregierung. Bericht. Berlin

Bundesministerium für Gesundheit und Soziales (2005b): Lebenslagen in Deutschland. Der 2. Armuts- und Reichtumsbericht der Bundesregierung. Anhänge. Berlin

Bundesministerium für Wirtschaft und Arbeit/Bundesagentur für Arbeit/Deutscher Städtetag/ Deutscher Städte- und Gemeindebund (2005): Rahmenvereinbarung zwischen dem Bundesministerium für Wirtschaft und Arbeit, der Bundesagentur für Arbeit und kommunalen Spitzenverbänden zur Weiterentwicklung der Grundsätze der Zusammenarbeit der Träger der Grundsicherung in den Arbeitsgemeinschaften gemäß § 44b SGB II vom 1. August 2005. *www.staedtetag.de/imperia/md/content/pressedien/2005/13.pdf* (Stand 01.10.2005)

Burghardt, Heinz/Enggruber, Ruth (Hrsg.) (2005): Soziale Dienstleistungen am Arbeitsmarkt. Soziale Arbeit zwischen Arbeitsmarkt- und Sozialpolitik. Weinheim: Juventa

Burth, Hans-Peter/Görlitz, Axel (Hrsg.) (2001): Politische Steuerung in Theorie und Praxis. Baden-Baden: Nomos

Burth, Hans-Peter/Starzmann, Petra (2001): Der Beitrag des Theoriemodells Strukturelle Kopplung zur instrumententheoretischen Diskussion in der Policyanalyse. In: Burth/ Görlitz (2001): 49–75

Castel, Robert (2000): Die Metamorphosen der sozialen Frage. Eine Chronik der Lohnarbeit. Konstanz: UVK

con_sens GmbH (2002): Benchmarking der mittleren Großstädte der Bundesrepublik. Kennzahlenvergleich 2002. Hilfe zum Lebensunterhalt (unveröffentl. Skript). Hamburg

Czommer, Lars/Knuth, Matthias/Schweer, Oiver (2005a): ARGE. Moderne Dienstleistungen am Arbeitsmarkt. Eine Baustelle der Bundesrepublik Deutschland. Abschlussbericht des von der Hans-Böckler-Stiftung geförderten Projekts: Pilotstudie zur Entwicklung von JobCentern. Gelsenkirchen: Institut für Arbeit und Technik

Czommer, Lars/Knuth, Matthias/Schweer, Oliver (2005b): Job-Center in Deutschland und Großbritannien. In: Burghardt/Enggruber (2005): 155–174

Dahme, Heinz-Jürgen/Otto, Hans-Uwe/Trube, Achim/Wohlfahrt, Norbert (Hrsg.) (2003): Soziale Arbeit für den aktivierenden Staat. Opladen: Leske + Budrich

Deutscher Bundestag (1998): Antwort der Bundesregierung auf die Große Anfrage zum Thema Hilfe zur Arbeit. BT-Drs. 13/10759 vom 22.05.1998. *http://dip.bundestag.de/ btd/13/107/1310759.pdf* (Stand 30.03.2005)

Deutscher Städtetag (Hrsg.) (1995): Städte im Aufbruch. Fünf Jahre kommunale Selbstverwaltung in den neuen Ländern. DST-Beiträge zur Kommunalpolitik. Reihe A. Heft 21. Köln

Deutscher Städtetag (Hrsg.) (1999): Arbeitslosigkeit – Herausforderung für die Städte. DST-Beiträge zur Sozialpolitik. Reihe D. Heft 30. Köln

Deutscher Städtetag (2004): Städte üben heftige Kritik an Finanzierung von Hartz IV und verlangen Entlastung um mehrere Milliarden Euro. *www.staedtetag.de/10/presseecke/ pressedienst/artikel/2004/02/11/00194/index.html* (Stand 30.03.2005)

Deutscher Städtetag (2005): Finanzlage der Städte. Beschluss des Hauptausschusses des Deutschen Städtetages vom 16.2.2005. *www.staedtetag.de/10/presseecke/dst_beschluesse/artikel/2005/02/16/00078/index.html* (Stand 30.03.2005)

Deutscher Verein für öffentliche und private Fürsorge (2005): SGB II und Jugendsozialarbeit. Empfehlungen des Deutschen Vereins zur Zuständigkeit und Kooperation zwischen den Trägern der Jugendhilfe und den Trägern der Grundsicherung für Arbeitsuchende. Stellungnahme vom 28.09.2005. *www.deutscher-verein.de/stellungnahmen/200509/pdf/ 20050902.pdf* (Stand 10.11.2005)

Dietrich, Hans (2003): Förderung auf hohem Niveau. Das Jugendsofortprogramm zum Abbau der Jugendarbeitslosigkeit 1999–2002. IAB-Werkstattbericht 9/2003. Nürnberg: Institut für Arbeitsmarkt- und Berufsforschung

DIHK (Deutscher Industrie- und Handelskammertag) (2002): Mehr Marktnähe. Mehr Betriebsnähe. Arbeitsvermittlung im Fokus der Unternehmen. Ergebnisse einer DIHK-Unternehmensbefragung Frühjahr 2002. Berlin

Ebenrett, Heinz J./Hansen, Dieter/Puzicha, Klaus J. (2003): Verlust von Humankapital in Regionen mit hoher Arbeitslosigkeit. In: Aus Politik und Zeitgeschichte 6–7/2003. 25–31

Empter, Stefan/Frick, Frank (Hrsg.) (2000): Beschäftigungsorientierte Sozialpolitik in Kommunen. Strategien zur Integration von Sozialhilfeempfängern in das Erwerbsleben. 2. Aufl. Gütersloh: Verlag Bertelsmann Stiftung

Exler-König, Jochen (Hrsg.) (2003): Hilfe zur Arbeit in Berlin. Sozialhilfe, Sozialamt, Arbeitslosigkeit, Beratungskonzepte, Sozialdienste, Lohnkostenzuschussprogramme. Berlin: Viademica-Verlag

Esping-Andersen, Gøsta (1990): The Three Worlds of Welfare Capitalism. Cambridge, MA: Polity Press

Europäische Kommission (2000): Die Beschäftigung vor Ort fördern. Eine lokale Dimension für die europäische Beschäftigungsstrategie. KOM(2000) 196 endgültig. 07.04.2000. Brüssel

Europäische Kommission (2001): Die lokale Dimension der europäischen Beschäftigungsstrategie stärken. KOM(2001) 629 endgültig. 06.11.2001. Brüssel

Evers, Adalbert/Schulze-Böing, Matthias (1999): Öffnung und Eingrenzung. Wandel und Herausforderung lokaler Beschäftigungspolitik. In: Zeitschrift für Sozialreform 11–12/1999. 940–959

Evers, Adalbert (2000): Aktivierender Staat. Eine Agenda und ihre möglichen Bedeutungen. In: Mezger/West (2000): 13–29

Fels, Gerhard/Heinze, Rolf G./Pfarr, Heide/Schmid, Günther/Streeck, Wolfgang (2000): Aktivierung der Arbeitsmarktpolitik. Thesen der Benchmarking-Gruppe des Bündnisses für Arbeit, Ausbildung und Wettbewerbsfähigkeit. Berlin

Fitzenberger, Bernd/Speckesser, Stefan (2000): Zur wissenschaftlichen Evaluation der Aktiven Arbeitsmarktpolitik in Deutschland. ZEW Discussion Paper 00-06. Mannheim: ZEW

Freidinger, Guido (2003): Große Herausforderungen. In: der gemeinderat. 2/2003. 10–12

Frerich, Johannes/Frey, Martin (1993): Handbuch zur Geschichte der Sozialpolitik in Deutschland. Bd. 1: Von der vorindustriellen Zeit bis zum Ende des Dritten Reiches. München: Oldenbourg

Friedrich, Horst/Wiedemeyer, Michael (1998): Arbeitslosigkeit – ein Dauerproblem. Dimensionen. Ursachen. Strategien. Opladen: Leske + Budrich

Fuchs, Petra/Schulze-Böing, Matthias (Hrsg.) (1999): Hilfe zur Arbeit und kommunale Beschäftigungspolitik. Zwischenbilanz und Perspektiven. Frankfurt a. M.: Eigenverlag des Deutschen Vereins für öffentliche und private Fürsorge

Fuchs, Ludwig/Spengler, Ines (1995): Kommunale Beschäftigungsförderung in den neuen Bundesländern. Ergebnisse einer Umfrage über Hilfe zur Arbeit nach BSHG und Arbeitsbeschaffungsmaßnahmen nach AFG. In: Deutscher Städtetag (1995): 114–137

Fuchs, Ludwig/Spengler, Ines (1997): Kommunale Beschäftigungsförderung. Ergebnisse einer Umfrage von 1997 über Hilfen zur Arbeit nach BSHG und Arbeitsbeschaffungsmaßnahmen nach AFG. Köln: Deutscher Städtetag

Fuchs, Ludwig/Troost, Jutta (2001): Kommunale Beschäftigungsförderung. Ergebnisse einer Umfrage über Hilfen zur Arbeit nach BSHG und Arbeitsbeschaffungsmaßnahmen nach SGB III im Jahr 2000. Köln: Deutscher Städtetag

Fuchs, Ludwig/Troost, Jutta (2003): Kommunale Beschäftigungsförderung. Ergebnisse einer Umfrage über Hilfen zur Arbeit nach BSHG und Arbeitsbeschaffungsmaßnahmen nach SGB III im Jahr 2002. Köln: Deutscher Städtetag

Führer, Karl Christian (1999): Beschäftigungspolitik im historischen Wandel: Von der kommunalen Notstandsarbeit zur Arbeitslosenversicherung. In: Sachße et al. (1999): 28–49

Gagel, Alexander (2002): Einführung zum SGB III. In: SGB III. Arbeitsförderung. 7. Aufl. München: Deutscher Taschenbuch Verlag

Gangl, Markus (2000): Arbeitsmarktchancen von Sozialhilfebeziehern in West- und Ostdeutschland. In: Büchel et al. (2000): 181–200

Gebauer, Ronald/Petschauer, Hanna/Vobruba, Georg (2002): Wer sitzt in der Armutsfalle? Selbstbehauptung zwischen Sozialhilfe und Arbeitsmarkt. Berlin: edition sigma

Göckler, Rainer (2002): Zur Zusammenarbeit zwischen Sozial- und Arbeitsämtern. Entwicklung, Stand und Perspektive. In: ibv 14/2002. 1249–1269

Görlitz, Axel/Bergmann, André (2001): Politikwissenschaftliche Steuerungstheorie als Theorienetz. Auf dem Weg zu einer reifen empirischen Steuerungstheorie. In: Burth/Görlitz (2001): 29–47

Götz, Markus (2001): Politische Steuerung in der Kommune. Die Reform der Kommunalpolitik durch Netzwerke und Verhandlungssysteme. Münster: Agenda-Verlag

Gottschall, Karin/Dingeldey, Irene (2000): Arbeitsmarktpolitik im konservativ-korporatistischen Wohlfahrtsstaat: Auf dem Weg zu reflexiver Deregulierung? In: Leibfried/Wagschal (2000): 306–339

Grimm, Dieter (Hrsg.) (1996): Staatsaufgaben. Baden-Baden: Nomos

Hackenberg, Helga (2003): Handbuch Steuerung der Arbeitsmarktpolitik. Prinzipien, Methoden und Instrumente. Gütersloh: Verlag Bertelsmann Stiftung

Harks, Thomas (2003): Kommunale Arbeitsmarktpolitik. Rechtliche Vorgaben und Grenzen. Stuttgart: Kohlhammer

Heinelt, Hubert (2004): Governance auf lokaler Ebene. In: Benz (2004): 29–44

Heinelt, Hubert/Weck, Michael (1998): Arbeitsmarktpolitik. Vom Vereinigungskonsens zur Standortdebatte. Opladen: Leske + Budrich

Heinz, Walter R./Dressel, Werner/Blascke, Dieter/Engelbrech, Gerhard (1998): Was prägt Berufsbiographien? Lebenslaufdynamik und Institutionenpolitik. BeitrAB 215. Nürnberg: Institut für Arbeitsmarkt- und Berufsforschung

Henneke, Hans-Günter (2004): Kommunen haben Entscheidung für alleinige Trägerschaft der Grundsicherung für Arbeitsuchende selbst in der Hand. In: Der Landkreis 1/2004. 3–9

Hess, Doris/Schröder, Helmut/Smid, Menno/Reis, Claus (2003): MoZArT – Neue Strukturen für Jobs. Abschlussbericht der wissenschaftlichen Begleitforschung. Bonn: infas Institut für angewandte Sozialwissenschaft GmbH

Hild, Paul (1997): Netzwerke der lokalen Arbeitsmarktpolitik. Steuerungsprobleme in theoretischer und empirischer Sicht. Berlin: edition sigma

Hoffmann, Edeltraut/Walwei, Ulrich (2002): Wandel der Erwerbsformen: Was steckt hinter den Veränderungen? In: Kleinhenz (2002): 135–144

Huebner, Michael/Krafft, Alexander/Ulrich, Günter (1992): Das Spektrum kommunaler Arbeitsmarktpolitik. Berlin: edition sigma

Huget, Holger (2002): Europäische Mehrebenen-Demokratie? Dezentrale Steuerung und demokratische Legitimation am Beispiel europäischer Beschäftigungspolitik. WIP Occasional Paper 18-2002. Tübingen

Inglehart, Ronald (1989): Kultureller Umbruch: Wertewandel in der westlichen Welt. Frankfurt a. M.: Campus

Jann, Werner/Wegrich, Kai (2003): Phasenmodelle und Politikprozesse: Der Policy Cycle. In: Schubert/Bandelow (2003): 71–104

Jann, Werner/Schmid, Günther (Hrsg.) (2004): Eins zu eins? Eine Zwischenbilanz der Hartz-Reformen am Arbeitsmarkt. Berlin: edition sigma

Jantz, Bastian (2004): Zusammenführung von Arbeitslosen- und Sozialhilfe. In: Jann/Schmid (2004): 38–50

Kaltenborn, Bruno (2000): Reformkonzepte für die Sozialhilfe und ihre Konsequenzen für Fiskus und Arbeitsangebot. Mikroökonometrische Analyse mit dem Sozio-oekonomischen Panel 1986 bis 1996 und dem Simulationsmodell SimTrans. In: Mitt AB 1/2000. 68–79

Kaltenborn, Bruno (2004): Integration von Arbeitslosen- und Sozialhilfe. Quantitative Wirkungen und Anreize für die beteiligten Fiski. Wipol 21/2004. Berlin

Karasch, Jürgen (2004): Zwei Jahre nach dem „Vermittlungsskandal": Was hat sich bei der Arbeitsvermittlung geändert? In: Soziale Sicherheit 1/2004. 2–5

Karrenberg, Hanns (2004): Kommunalfinanzen 2002 bis 2004. Prognose der kommunalen Spitzenverbände. Berlin: Bundesvereinigung der kommunalen Spitzenverbände. *www.staedtetag.de/imperia/md/content/pressdien/2004/5.pdf* (Stand 01. 10. 2005)

Kaufmann, Franz-Xaver (1996): Diskurse über Staatsaufgaben. In: Grimm (1996): 15–41

Keller, Berndt (1999): Einführung in die Arbeitspolitik: Arbeitsbeziehungen und Arbeitsmarkt in sozialwissenschaftlicher Perspektive. 6. Aufl. München: Oldenbourg

Kißler, Leo (2003): Kommunale Arbeitsmarkt- und Beschäftigungspolitik. Genese und Struktur eines neuen Politikfeldes. Zur Einleitung. In: Kißler/Wiechmann (2003): 9–20

Kißler, Leo/Wiechmann, Elke (Hrsg.) (2003): Die Zukunft der Arbeit in den Städten. Baden-Baden: Nomos

Kitschelt, Herbert (1994): The Transformation of European Social Democracy. Cambridge, MA: Cambridge University Press

Kitschelt, Herbert/McGann, Anthony J. (1997): The Radical Right in Western Europe. A Comparative Analyse. Ann Arbor: The University of Michigan Press

Kleinhenz, Gerhard (Hrsg.) (2002): IAB-Kompendium Arbeitsmarkt- und Berufsforschung. Beiträge zur Arbeitsmarkt- und Berufsforschung. BeitrAB 250. Nürnberg: Institut für Arbeitsmarkt- und Berufsforschung

Klinger, Roland (1995): Die Landkreise und ihre Aufgabe als Ersatzarbeitsämter. BWVP 1995. 21

Knecht, Sylvia (2004): Kommunale Beschäftigungsgesellschaften. Eine kritische Bestandsaufnahme. Berlin: dissertation.de – Verlag im Internet

Knemeyer, Franz-Ludwig (1998): Gemeindeverfassungen. In: Wollmann/Roth (1998): 104–122

Knuth, Matthias (2004): Was ist los am Arbeitsmarkt? Das Hartz-Konzept und seine Umsetzung. In: Zwengel (2004): 13–28

Knuth, Matthias/Schweer, Oliver/Siemes, Sabine (2004): Drei Menüs – und kein Rezept? Dienstleistungen am Arbeitsmarkt in Großbritannien, in den Niederlanden und Dänemark. Bonn: Friedrich-Ebert-Stiftung

Koch, Susanne/Walwei, Ulrich/Wießner, Frank/Zika, Gerd (2002): Wege aus der Arbeitsmarktkrise. Finanzpolitik, Ordnungspolitik, Arbeitsmarktpolitik und Tarifpolitik auf dem Prüfstand. IAB Werkstattbericht Nr. 11/2002. Nürnberg: Institut für Arbeitsmarkt- und Berufsforschung

Kocka, Jürgen (2001): Thesen zur Geschichte und Zukunft der Arbeit. In: Aus Politik und Zeitgeschichte 21/2001. 8–13

Kocka, Jürgen/Offe, Claus (Hrsg.) (2000): Geschichte und Zukunft der Arbeit. Frankfurt a. M.: Campus

KGSt (Kommunale Gemeinschaftsstelle für Verwaltungsvereinfachung) (Hrsg.) (1993): Das Neue Steuerungsmodell. Begründung, Konturen, Umsetzung. KGSt-Bericht 5. Köln: KGSt

Kommission Moderne Dienstleistungen am Arbeitsmarkt (2002): Vorschläge der Kommission zum Abbau der Arbeitslosigkeit und zur Umstrukturierung der Bundesanstalt für Arbeit. Berlin

König, Helmut/von Greiff, Bodo/Schauer, Helmut (Hrsg.) (1990): Sozialphilosophie der industriellen Arbeit. Leviathan Sonderheft 11/1990. Opladen: Westdeutscher Verlag

Koße, Sabine/Luschei, Frank/Schmitz-Mandrela, Ulrich/Trube, Achim/Weiß, Carsten (2003): Neue Arbeitsplätze durch ABM? Exemplarische und quantitative Studien über arbeitsplatzgenerierende Effekte im Rahmen von öffentlich geförderter Beschäftigung. IAB-Werkstattbericht 11/2003. Nürnberg: Institut für Arbeitsmarkt- und Berufsforschung

Kronauer, Martin (2002): Exklusion. Die Gefährdung des Sozialen im hoch entwickelten Kapitalismus. Frankfurt a. M.: Campus

Kronauer, Martin/Vogel, Berthold/Gerlach, Frank (1993): Im Schatten der Arbeitsgesellschaft. Arbeitslose und die Dynamik sozialer Ausgrenzung, Frankfurt a. M.: Campus

Kurzke, Wilfried/Reuter, Norbert (2002): Aktive Arbeitsmarktpolitik in den neuen Bundesländern – eine Auseinandersetzung mit der Fundamentalkritik. In: Troost/Trube (2002): 171–180

Land Sachsen-Anhalt (Hrsg.) (2003): Halbzeitbewertung zum Einsatz der EU-Strukturfonds gemäß dem Operationellen Programm 2000–2006 des Landes Sachsen-Anhalt. Magdeburg

Landtag von Sachsen-Anhalt (1999): Antworten der Landesregierung auf die Kleine Anfrage zur Umsetzung des Sonderprogramms des Landes Sachsen-Anhalt für arbeitslose Sozialhilfeempfänger. Drs. 3/1548 vom 29. 4. 1999. *www.landtag.sachsen-anhalt.de/ltpapier/drs/3/d1548lak.doc* (10. 11. 2005)

Lang, Cornelia/Rosenfeld, Martin T. W./Schneider, Hilmar (2001): Die Benachteiligung von Kombilohnempfängern in der kommunalen Arbeitsmarktpolitik. In: Wirtschaft im Wandel 13/2001. 311–314

Lang, Cornelia/Rosenfeld, M. T. W. (2001): Kommunale „Hilfe zur Arbeit". Welche Rolle spielen organisatorische Aspekte? In: Wirtschaft im Wandel 15/2001. 387–393

Leibfried, Stephan/Wagschal, Uwe (Hrsg.) (2000): Der deutsche Sozialstaat. Bilanzen – Reformen – Perspektiven. Frankfurt a. M.: Campus

Leisering, Lutz (2001): Wissenskulturen im lokalen Sozialstaat. Wissen als Steuerungsressource in der Reform der kommunalen Sozialhilfeverwaltung. In: Brülle/Reis (2001): 19–34

Locke, John (1999): Über die Regierung. The Second Treatise of Government. Stuttgart: Reclam

Losse, Bernd (2004): Lichtjahre entfernt. In: Wirtschaftswoche vom 15.04.2004. 22–31

Luhmann, Niklas (2002): Die Politik der Gesellschaft. Frankfurt a. M.: Suhrkamp

Margalit, Avishai (1999): Politik der Würde. Über Achtung und Verachtung. Frankfurt a. M.: Fischer Taschenbuch Verlag

Marx, Karl (1984): Das Kapital. Bd. 1 (zit. nach K. Marx/F. Engels 1984): Werke. Bd. 23. Berlin: Dietz-Verlag

Mayntz, Renate (1996): Politische Steuerung: Aufstieg, Niedergang und Transformation einer Theorie. In: von Beyme/Offe (1996): 148–168

Mayntz, Renate (2004): Governance Theory als fortentwickelte Steuerungstheorie? MPIfG Working Paper 04/1. Köln

Mayntz, Renate/Scharpf, Fritz W. (Hrsg.) (1995): Gesellschaftliche Selbstregelung und politische Steuerung. Frankfurt a. M.: Campus

Meendermann, Karin (1992): Die Hilfe zur Arbeit – Zugangschance oder Ausgrenzungsmechanismus? Münster: Waxmann

Meyer, Thomas (2000): Was ist Politik? Opladen: Leske + Budrich

Mezger, Erika/West, Klaus-W. (Hrsg.) (2000): Aktivierender Sozialstaat und politisches Handeln. 2. Aufl. Marburg: Schüren

Morgenroth, Christine (2003): Arbeitsidentität und Arbeitslosigkeit – ein depressiver Zirkel. In: Aus Politik und Zeitgeschichte B 6–7/2003. 17–24

Naßmacher, Hiltrud/Naßmacher, Karl-Heinz (1999): Kommunalpolitik in Deutschland. Opladen: Leske + Budrich

Nohlen, Dieter (Hrsg.) (2000): Wörterbuch der Politik. 2 Bde. München: Beck

Nohlen, Dieter (Hrsg.) (2003): Lexikon der Politik. 7 Bde. Berlin: Directmedia (Digitale Bibliothek, Bd. 79)

Nullmeier, Frank (2000): Politische Theorie des Sozialstaats. Frankfurt a. M.: Campus

Ochs, Peter/Schütz, Holger (2005): Das Neue im Alten und das Alte im Neuen – Das Kundenzentrum der Bundesagentur für Arbeit: Die öffentliche Arbeitsvermittlung zwischen inkrementellen und strukturellen Reformen. WZB Discussion Paper SP I 2005-106. Berlin: Wissenschaftszentrum Berlin für Sozialforschung

Ombudsrat Grundsicherung für Arbeitsuchende (2005): Zwischenbericht vom 29. Juni 2005. Berlin

Oppen, Maria/Strassheim, Holger (2002): Partnerschaften und Netzwerke in der kommunalen Beschäftigungsförderung.In: Bertelsmann Stiftung/Hans-Böckler-Stiftung et al. (2002b): 8–11

Oschmiansky, Frank/Schmid, Günther/Kull, Silke (2003): Faule Arbeitslose? Politische Konjunkturen und Strukturprobleme der Missbrauchsdebatte. In: Leviathan 31 (1). 3–31

o. V. (1998): Aufbruch und Erneuerung – Deutschlands Weg ins 21. Jahrhundert. Koalitionsvereinbarung zwischen der Sozialdemokratischen Partei Deutschlands und Bündnis 90/ Die Grünen. Bonn, 20. 10. 1998. *www.boell.de/downloads/gedaechtnis/1998_Koalitionsvertrag.pdf* (Stand 20. 12. 2003)

o. V. (2003): Arbeitsmarktpolitische Strategie Leipzig. *http://62.156.180.195/de/business/ wirtschaft/Arbeitsmarktstrategie.pdf* (Stand 20.12.2003).

o. V. (2004): Personal-Service-Agentur Maatwerk ist pleite. *www.netzeitung.de/wirtschaft/ 273643.html* (Stand 17. 02. 2004)

Pohnke, Christian (2001): Wirkungs- und Kosten-Nutzen-Analysen. Eine Untersuchung von Maßnahmen der aktiven Arbeitsmarktpolitik am Beispiel kommunaler Beschäftigungsprogramme. Frankfurt a. M.: Lang

Polanyi, Karl (1978): The Great Transformation. Politische und ökonomische Ursprünge von Gesellschaften und Wirtschaftssystemen. Frankfurt a. M.: Suhrkamp

Radloff, Rainer (2002): Zwischen Aktion und Resignation – Steuerung in der Beschäftigungsförderung. In: Bertelsmann Stiftung/Hans-Böckler-Stiftung et al. (2002a): 15–24

Reis, Claus/Brülle, Heiner/Wende, Lutz/Eicker-Bix, Marianne/Mäder, Susanne/Schmidt, Stefan (2005): Leistungsprozesse im SGB II. Anregungen zur organisatorischen Ausgestaltung von Arbeitsgemeinschaften und „Optionskommunen", Endbericht der wissenschaftlichen Begleitung zum Pilotprojekt „Arbeitsgemeinschaften" und zum Modellprojekt „JobCenter in Kreisen" (Teil A). Frankfurt a. M.

Reissert, Bernd (2001): Auf dem Weg zu einem neuen Steuerungsmodell in der Arbeitsmarktpolitik. In: Schröter (2001): 117–131

Rifkin, Jeremy (1996): Das Ende der Arbeit und ihre Zukunft. 4. Aufl. Frankfurt a. M.: Campus

Roberg, Marie-Luise (2002): Steuerung der kommunalen Beschäftigungsförderung. In: Bertelsmann Stiftung/Hans-Böckler-Stiftung et al. (2002a): 25–31

Rosenfeld, Martin T. W./Schneider, Hilmar/Bergemann, Annette/Fuchs, Olaf/Kempe, Wolfram/Kolb, Jürgen (Hrsg.) (2000): Die Effizienz der Arbeitsmarktpolitik in den neuen Bundesländern. Eine Bilanz der Vergangenheit und Ansätze für künftige Reformen. Halle (Saale): Institut für Wirtschaftsforschung

Sachße, Christoph/Tennstedt, Florian (1980): Geschichte der Armenfürsorge in Deutschland. Bd. 1. Vom Spätmittelalter bis zum 1. Weltkrieg. Stuttgart: Kohlhammer

Sachße, Christoph/Tennstedt, Florian (1988): Geschichte der Armenfürsorge in Deutschland. Bd. 2. Fürsorge und Wohlfahrtspflege 1871–1929. Stuttgart: Kohlhammer

Sachße, Christoph/Tennstedt, Florian/Uhlendorff, Uwe (Hrsg.) (1999): Kommunale Beschäftigungspolitik zwischen Sozialhilfe und Arbeitsmarkt. Kassel: Universität Gesamthochschule Kassel

Saeed, Sandra K. (1999): Erfolgsbedingungen regionalisierter Arbeitsmarktpolitik in Ostdeutschland. Münster: LIT

Sauermann, Frank (2001): Jugendberufshilfe in der Stadt Halle – eine kritische Momentaufnahme. Diplomarbeit. Fachhochschule Merseburg

Scharpf, Fritz W. (1997): Games Real Actors Play. Actor-Centred Institutionalism in Policy Research. Boulder: Westview Press

Scharpf, Fritz W. (2000): Interaktionsformen. Akteurzentrierter Institutionalismus in der Politikforschung. Opladen: Leske + Budrich

Schmid, Achim/Buhr, Petra (2002): Aktive Klienten – Aktive Politik? (Wie) Läßt sich dauerhafte Unabhängigkeit von Sozialhilfe erreichen? Ein Literaturbericht. ZeS-Arbeitspapier 8/2002. Bremen: ZeS

Schmid, Josef/Blancke, Susanne (1998): Arbeitsmarktpolitik in Ostdeutschland: Aufstieg und Niedergang einer Policy. In: Deutschland Archiv 6/1998. 938–947

Schmid, Josef/Blancke, Susanne (2001): Arbeitsmarktpolitik der Bundesländer. Chancen und Restriktionen einer aktiven Arbeitsmarkt- und Strukturpolitik im Föderalismus. Berlin: edition sigma

Schneider, Hilmar (2001): Kommunale Arbeitsmarktpolitik – Verschiebebahnhof oder Ausweg aus der Sozialhilfeabhängigkeit? In: Wirtschaft im Wandel 11/2001. 256–262

Schneider, Volker (2003): Akteurskonstellationen und Netzwerke in der Politikentwicklung. In: Schubert/Bandelow (2003): 107–146

Schönig, Werner (2002): Kosten-Nutzen-Analyse aktiver Arbeitsmarktpolitik. Forschungsstand und Ansatzpunkte der Evaluation im Rahmen des Modelprojektes „Kosten-Nutzen-Analyse für mehr Beschäftigung statt Alimentation" als Teil des Gesamtprojektes „BiK – Beschäftigungsförderung in Kommunen" der Bertelsmann-Stiftung. *www.bik-online.de/download/Kosten-Nutzen-Analyse.pdf*

Schröder, Gerhard (2003): Agenda 2010 – Innovation und Wachstum. Regierungserklärung am 14. 03. 2003. *www.bundesregierung.de/Politikthemen/Agenda-2010,9768/Regierungserklaerung.htm* (Stand 01. 10. 2003)

Schröter, Eckhard (Hrsg.) (2001): Empirische Policy- und Verwaltungsforschung. Lokale, nationale und internationale Perspektiven. Opladen: Leske + Budrich

Schubert, Klaus/Bandelow, Nils C. (Hrsg.) (2003): Lehrbuch der Politikfeldanalyse. München: Oldenbourg

Schütz, Holger (2002): „Einfacher, dezentraler, angebotsorientierter": Reform der Arbeitsämter. In: Mitbestimmung 5/2002. 44–47

Schulte, Katja/Stoek, Holger/Voges, Wolfgang (1999): Sozialhilfeverläufe im institutionellen Kontext. Strukturelle und institutionelle Rahmenbedingungen in Bremen und Halle/Saale. ZeS-Arbeitspapier 16/99. Bremen: ZeS

Schulze-Böing, Matthias (1999): Wirkungskontrolle in der Hilfe zur Arbeit – Empfehlungen für die Praxis. In: Fuchs/Schulze-Böing (1999): 95–102

Schulze-Böing, Matthias (2000): Leitbild „aktivierende Stadt" – Konzepte zur aktivierenden Sozialpolitik und Arbeitsförderung auf kommunaler Ebene. In: Mezger/West (2000): 51–62

Schulze-Böing, Matthias (2002a): Fördern durch Fordern – Fordern durch Fördern? Aktivierende Arbeitsmarktpolitik und die Rolle der Kommunen. In: Sozialer Fortschritt 7-8/2002. 160–164

Schulze-Böing, Matthias (2002b): Netzwerke für Arbeitsmarktintegration. In: Bertelsmann Stiftung/Hans-Böckler-Stiftung et al. (2002b): 17–18

Schulze-Böing, Matthias/Johrendt, Norbert (Hrsg.) (1994): Wirkungen kommunaler Beschäftigungsprogramme. Methoden, Instrumente und Ergebnisse der Evaluation kommunaler Arbeitsmarktpolitik. Basel: Birkhäuser

Sell, Stefan (1999): Zur Schnittstellenproblematik zwischen Arbeitslosenversicherung und Sozialhilfe. Bestandsaufnahme der Risikoverlagerungen und Plädoyer für eine funktionsgerechte institutionelle und instrumentelle Modernisierung. In: Sozialer Fortschritt 1–2/1999. 24–33

Smith, Adam (2000): The Wealth of Nations. New York: Modern Library

Solow, Robert M. (1990): The Labour Market as a Social Institution. Cambridge: Blackwell

Stadt Offenbach a. M. (2001): Kommunale Arbeitsförderung. Hilfe zur Arbeit. Arbeitsbericht 1999 und 2000. Offenbach

Stadt Halle (Saale) (2003): Statistisches Jahrbuch der Stadt Halle (Saale) 2002. Halle

Statistische Ämter des Bundes und der Länder (2004): Sozialhilfe im Städtevergleich. Ein Vergleich 76 deutscher Großstädte. Ausgabe November 2004. www.destatis.de/download/d/veroe/sozi_stadt.pdf (Stand 01. 10. 2005)

Statistisches Bundesamt (2004): Sozialhilfeausgaben 2003 netto um 3,0 % gestiegen. Pressemitteilung vom 20. Oktober 2004. *www.destatis.de/presse/deutsch/pm2004/p4430081.htm* (Stand 01. 10. 2005)

Statistisches Bundesamt (2005a): Mehr als 2,9 Millionen Sozialhilfeempfänger in Deutschland 2004. Pressemitteilung vom 19. August 2005. *www.destatis.de/presse/deutsch/pm2005/p3390081.htm* (Stand 01. 10. 2005)

Statistisches Bundesamt (2005b): Einnahmen und Ausgaben der Bundesagentur für Arbeit 2002–2004. *www.destatis.de/basis/d/solei/soleiq18a.php* (Stand 01. 10. 2005)

Thode, Eric (2003): Die Anreizwirkungen der Reform von Arbeitslosen- und Sozialhilfe im Spiegel internationaler Erfahrungen. In: Sozialer Fortschritt 11–12/2003. 284–291

Trampusch, Christine (2002): Die Bundesanstalt für Arbeit und das Zusammenwirken von Staat und Verbänden in der Arbeitsmarktpolitik von 1952 bis 2001. MPIfG Working Paper 02/5. Köln

Troost, Axel/Trube, Achim (Hrsg.) (2002): Hart(z) am Rande der Seriosität? Die Hartz-Kommission als neues Modell der Politikberatung und -gestaltung? Kommentare und Kritiken. Münster: LIT

Trube, Achim (1997): Zur Theorie und Empirie des zweiten Arbeitsmarktes. Exemplarische Erörterungen und praktische Versuche zur sozioökonomischen Bewertung lokaler Beschäftigungsförderung. Münster: LIT

Trube, Achim/Wohlfahrt, Norbert (2001): Der aktivierende Sozialstaat – Sozialpolitik zwischen Individualisierung und einer neuen politischen Ökonomie der inneren Sicherheit. In: WSI-Mitteilungen 01/2001. 27–35

Trube, Achim/Wohlfahrt, Norbert (2003): Prämissen und Folgen des Hartz-Konzepts. Die Modernisierung des Sozialstaats durch Arbeitszwang und Selektion nach erwerbstätiger Nützlichkeit. In: WSI-Mitteilungen 02/2003. 118–123

Vogel, Berthold (2004): Neue Ungleichheiten im Wohlfahrtsstaat. Die politische Ordnung sozialer Verwundbarkeit und prekären Wohlstands. In: Zeitschrift für Sozialreform 1–2/2004. 174–188

von Beyme, Klaus/Offe, Claus (Hrsg.) (1996): Politische Theorien in der Ära der Transformation. Opladen: Westdeutscher Verlag

Walther, Rudolf (1990): Arbeit – Ein begriffsgeschichtlicher Überblick von Aristoteles bis Ricardo. In: König et al. (1990): 3–25

Walwei, Ulrich (1994): Reform der Arbeitsvermittlung in OECD-Ländern, Modernisierung öffentlicher Dienste und Zulassung privater Anbieter. In: MittAB 2/1994. 94–107

Wilk, Christoph (1997): Erfolgskriterien von Maßnahmen der Hilfe zur Arbeit. Expertise im Auftrag des Bundesministeriums für Gesundheit. Baden-Baden: Nomos

Wollmann, Hellmut (1998): Kommunalvertretungen: Verwaltungsorgane oder Parlamente? In: Wollmann/Roth (1998): 50–66

Wollmann, Hellmut/Roth, Roland (Hrsg.) (1998): Kommunalpolitik. Politisches Handeln in den Gemeinden. Bonn: Bundeszentrale für politische Bildung

Zwengel, Ralf (Hrsg.) (2004): Gesellschaftliche Perspektiven: Arbeitswelten, Ökologie und Reformpolitik, EU-Erweiterung. Essen: Klartext-Verlag

Übersicht über Stadtrats-Drucksachen: Beschlussvorlagen, Antworten auf Anfragen, Anträge etc.

98/I-46/1182 (14.09.1998): Beschlussvorlage: Sozialhilfebericht 1995–1997

98/I-47/1234 (18.11.1998): Beschlussvorlage: „Kommunales Beschäftigungsprogramm für Sozialhilfeempfänger und flexibles Sozialhilfesystem zur Integration durch Arbeit"

98/I-47/1236 (18.11.1998): Beschlussvorlage: Flexibles Jugendberufshilfesystem „Integration durch Bildung und Arbeit"

99/I-52/1432 (28.04.1999): Beschlussvorlage: Bildung eines Eigenbetriebes für Arbeitsförderung)

99/I-53/A-571 (26.05.1999): Antwort auf Antrag: Anlaufstelle zur Erstberatung von Sozialhilfeempfängern (Kupke, CDU)

III/1999/00118 (27. 10. 1999): Antwort auf Anfrage: Bereitstellung von Lehr- und Ausbildungsstellen im Jahr 1999 (Prof. Dr. Kiel, PDS)

III/1999/00151 (22. 12. 1999): Beschlussvorlage: Satzung des Eigenbetriebes für Arbeitsförderung – EfA

III/1999/00376 (22. 12. 1999): Antwort auf Anfrage: zum kommunalen Beschäftigungsprogramm 2000 (Yousif, PDS)

III/2000/00431 (26. 01. 2000): Beschluss: Schaffung eines „Runden Tisches für Berufsausbildung und Beschäftigung"

III/2000/00691 (21. 06. 2000): Beschlussvorlage: Bericht zur Situation der Ausländer in der Stadt Halle

III/2000/00796 (14. 06. 2000): Antwort auf Anfrage: Eigenbetrieb für Arbeitsförderung (FDP-Fraktion)

III/2000/00852 (27. 09. 2000): Beschlussvorlage: Sozialatlas 1999

III/2000/00771 (13. 12. 2000): Beschluss: Zusammenwirken von Eigenbetrieb für Arbeitsförderung und der Stadtverwaltung

III/2001/01289 (21. 03. 2001): Beschluss: Bestellung eines Betriebsleiters für den EfA

III/2001/01288 (18. 04. 2001): Antwort auf Anfrage: Wirtschaftsplan des EfA 2001

III/2001/01634 (31. 07. 2001): Antwort auf Anfrage: Arbeitssituation der ausländischen Mitbürger

III/2001/01712 (13. 09. 2001): Antwort auf Anfrage: Hilfe zum Lebensunterhalt (Fraktion der PDS)

III/2001/01891 (14. 11. 2001): Antwort auf Anfrage: Beschäftigungsmaßnahmen für Sozialhilfeempfänger (Godenrath, CDU)

III/2001/01877 (30. 01. 2002): Beschluss: Wirtschaftsplan des EfA 2002

III/2002/02093 (24. 04. 2002): Beschluss: Jahresabschluss des EfA 2000

III/2002/02538 (01. 08. 2002): Informationsvorlage: Lokaler Jugendberufshilfebericht des Arbeitskreises „Jugendberufshilfe" der Stadt Halle (Saale) im Berichtszeitraum 1. Mai 2001–30. April 2002

III/2002/02546 (21. 08. 2002): Beschluss: Fachkonzept Hilfe zum Lebensunterhalt (HLU) Kommunale Beschäftigungsförderung

III/2002/02696 (20. 11. 2002): Beschluss: Jahresabschluss des EfA 2001

III/2002/02697 (18. 12. 2002): Beschluss: Wirtschaftsplan des EfA 2003

III/2003/03413 (25. 06. 2003): Antwort auf Anfrage: HAL-Sanierungs- und Entwicklungsgesellschaft Halle mbH (Wolff, HAL)

III/2003/03408 (25. 06. 2003): Antwort auf Anfrage: Kooperationsvereinbarung zwischen Stadt, Saalkreis und Arbeitsamt (Wolff, HAL)

III/2003/03532 (24. 09. 2003): Informationsvorlage: Information zur Umsetzung des ESF-Förderschwerpunktes „Lokales Kapital für soziale Zwecke" in der Stadt Halle (Saale)

III/2003/03402 (24. 09. 2003): Antwort auf Anfrage: ABM und SAM (Wolff, HAL)

III/2003/03407 (24. 09. 2003): Antwort auf Anfrage: Entwicklung Sozialhilfe (Wolff, HAL)

III/2003/03643 (24. 09. 2003): Antwort auf Anfrage: Auswirkungen des Hartz-IV-Gesetzes auf die Stadt Halle (Kupke, CDU)

III/2003/03570 (24. 09. 2003) Beschlussvorlage: Jahresabschluss des EfA 2002

IV/2004/04541 (29.10.2004): Beschlussvorlage: Gründung einer Arbeitsgemeinschaft zur Umsetzung SGB II
IV/2004/04664 (02.02.2005): Beschlussvorlage: Betriebssatzung der Stadt Halle (Saale) für den Eigenbetrieb für Arbeitsförderung der Stadt Halle (Saale)
IV/2004/04666 (23.02.2005): Beschlussvorlage: Wirtschaftsplan des Eigenbetriebes für Arbeitsförderung der Stadt Halle (Saale) für das Jahr 2005
IV/2005/04787 (16.03.2005): Antwort auf Anfrage: EfA als kommunaler Träger von Beschäftigungsförderung (Wolff/Schuh)
IV/2005/05196 (26.08.2005) Beschlussvorlage: Überarbeitung und Ergänzung des Wirtschaftsplanes des Eigenbetriebes für Arbeitsförderung der Stadt Halle (Saale) für das Jahr 2005
IV/2005/05377 (14.11.2005): Antwort auf Anfrage: zum städtischen Personal in der ARGE SGB II Halle GmbH (Godenrath, CDU)
IV/2005/05489 (23.11.2005): Antrag der Stadtratsfraktionen der Stadt Halle (Saale) zur Umsetzung der Rahmenvereinbarung zur Weiterentwicklung der Arbeitgemeinschaften nach § 44b SGB II
Haushaltplan der Stadt Halle (Saale), verschiedene Jahrgänge

Gesetze

Gesetz zur Verbesserung der Zusammenarbeit von Arbeitsämtern und Trägern der Sozialhilfe. In: Bundesgesetzblatt 2000, Teil 1, Nr. 51 vom 29.11.2000. 1590–1591
Gesetz zur Vereinfachung der Wahl der Arbeitnehmervertreter in den Aufsichtsrat. In: BGBl. 2002, Teil I, Nr. 20 vom 23.03.2002. 1130–1140
Erstes Gesetz für moderne Dienstleistungen am Arbeitsmarkt. In: BGBl. 2002, Teil I, Nr. 87 vom 30.12.2002. 4607–4620
Zweites Gesetz für moderne Dienstleistungen am Arbeitsmarkt. In: BGBl. 2002, Teil I, Nr. 87 vom 30.12.2002. 4621–4636
Drittes Gesetz für moderne Dienstleistungen am Arbeitsmarkt. In: BGBl. 2003, Teil I, Nr. 65 vom 27.12.2003. 2848–2918
Viertes Gesetz für moderne Dienstleistungen am Arbeitsmarkt. In: BGBl. 2003, Teil 1, Nr. 66 vom 29.12.2003. 2954–3000 (darin auch Sozialgesetzbuch [SGB] Zweites Buch [II] – Grundsicherung für Arbeitsuchende)
Sozialgesetzbuch (SGB) Zwölftes Buch (XII) – Sozialhilfe. In: BGBl. 2003, Teil I, Nr. 67 vom 30.12.2003. 3023–3071
Gesetz zu Reformen am Arbeitsmarkt. In: BGBl. 2003, Teil I, Nr. 67 vom 30.12.2003. 3002–3006
Gesetz zur optionalen Trägerschaft von Kommunen nach dem Zweiten Buch Sozialgesetzbuch (Kommunales Optionsgesetz). In: BGBl. 2004, Teil I, Nr. 41 vom 05.08.2004. 2014–2026

Ausgewählte Beschäftigungsförderprogramme des Bundes und des Landes Sachsen-Anhalt

Sonderprogramm des Bundes zum Einstieg arbeitsloser Jugendlicher in Beschäftigung und Qualifizierung – Jump Plus. In: Bundesanzeiger Nr. 109 vom 14.06.2003. 12905

Sonderprogramm des Bundes zum (Wieder-)Einstieg von Langzeitarbeitslosen ab 25 Jahren in Beschäftigung – „Arbeit für Langzeitarbeitslose". In: Bundesanzeiger Nr. 137 vom 26.07.2003. 16701

Sonderprogramm des Bundes „Lokales Kapital für soziale Zwecke" (LOS). *www.los-online. de/content/e326/e352/e354/los_konzept_bmfsfj_ger.pdf* (Stand 10.11.2005)

Bundesmodellprogramm E&C. www.eundc.de (Stand 01.10.2004)

Land Sachsen-Anhalt (2000): „Rahmenprogramm zur Qualifizierung, Eingliederung und Beschäftigung von Sozialhilfeempfangenden sowie zur Beratung von Erwerbslosen mit Mitteln des Europäischen Sozialfonds" des Landes Sachsen-Anhalt vom November 2000. *www.bbj.sachsen-anhalt.de* (Stand 01.02.2004)

Land Sachsen-Anhalt (2002): „Rahmenprogramm zur Beschäftigung von Sozialhilfeempfängern sowie zur Beratung von Erwerbslosen mit Mitteln des Europäischen Sozialfonds" des Landes Sachsen-Anhalt (Erl. des MW vom 18.09.2002). *www.bbj.sachsen-anhalt.de* (Stand 01.02.2004)

Land Sachsen-Anhalt (Hrsg.) (2003): Halbzeitbewertung zum Einsatz der EU-Strukturfonds gemäß dem Operationellen Programm 2000–2006 des Landes Sachsen-Anhalt. *www.sachsen-anhalt.de/LPSA/fileadmin/Files/03_09_25_Endbericht_Kurzfassung.pdf* (Stand 10.11.2005)

Landesprogramm Sachsen-Anhalt „Pakte für Arbeit". *www.sachsen-anhalt.de/LPSA/index.php?id=pg4r3timzpuh* (Stand 10.11.2005)

Landtag von Sachsen-Anhalt (1999): Antworten der Landesregierung auf die Kleine Anfrage zur Umsetzung des Sonderprogramms des Landes Sachsen-Anhalt für arbeitslose Sozialhilfeempfänger. Drucksache 3/1548 vom 29.4.1999. *www.landtag.sachsen-anhalt.de/ltpapier/drs/3/d1548lak.doc* (Stand 10.11.2005)

Landtag von Sachsen-Anhalt (2003a): Antworten der Landesregierung auf die Große Anfrage zur Arbeitsmarktpolitik in Sachsen-Anhalt. Drucksache 4/1037 vom 17.09.2003. *www.landtag.sachsen-anhalt.de/ltpapier/drs/4/d1037pag.doc* (Stand 10.11.2005)

Landtag von Sachsen-Anhalt (2003b): Antworten der Landesregierung auf die Kleine Anfrage zur Umsetzung des Sonderprogramms JumpPlus zur beruflichen Eingliederung langzeitarbeitsloser und sozialhilfeempfangender Jugendlicher unter 25 Jahren in Sachsen-Anhalt. Drucksache 4/1104 vom 21.10.2003. *www.landtag.sachsen-anhalt.de/ltpapier/drs/4/d1104pak.doc* (Stand 10.11.2005)

Anlagen

Anlage 1: Kommunale Ausgaben der Stadt Halle (Saale) für Beschäftigungsförderung 1999–2003, in Euro

Haushaltstitel	1999	2000	2001	2002	2003	Insgesamt
1.0222 Allgemeine Verwaltung Beschäftigungsförderung	215.936	439.718	420.172	462.551	773.600	2.311.977
1.3550.717000.8 Städtischer Eigenanteil Förderung der Qualifizierung nach ESF (ab 2002: 1.8410.715200.1)	685.593	658.292	533.310	624.700	624.700	3.126.595
1.4100.730002 Hilfe zur Arbeit (ab 2003: 1.4102.730000)	969.400	921.200	386.600	328.200	620.000	3.225.400
1.4700.717000.0 Zuschuss Jugendwerkstätten	0	324.670	324.670	305.259	324.700	1.279.299
1.4700.717100.6 Zuschuss nach §§ 272–279 und § 415 SGB III (SAM)	0	260.699	259.101	207.914	260.800	988.514
1.7910.620100 Sachausgaben „Bündnis für Innovation und Beschäftigung"	0	0	40.903	53.154	23.000	117.057
1.8400.715100 Zuschuss Technologie- und Gründerzentrum (TGZ)	35.790	37.836	30.678	37.800	24.300	166.404
1.8400.715400 Zuschuss Mitteldeutsches Medienzentrum (MMZ)	0	0	40.903	80.900	100.000	221.803
1.8400.716100.3 Zuschuss HAL-Sanierung/HAL-AFG	1.579.892	476.025	449.014	120.550	0	2.625.481
1.8410.715000.9 Zuschuss Eigenbetrieb für Arbeitsförderung (EfA)	0	2.869.442	2.052.019	2.459.000	2.575.300	9.955.761
1.8410.715100.5 Städtischer Eigenanteil ABM	0	742.958	738.817	400.000	500.000	2.381.775
Insgesamt	**3.486.611**	**6.730.840**	**5.276.187**	**5.080.028**	**5.826.400**	**26.400.066**

Quellen: Diverse Haushalte der Stadt Halle (Saale).

Anlage 2: Entwicklung von Arbeitslosigkeit, Sozialhilfeabhängigkeit und Sozialhaushalt der Stadt Halle (Saale) 1991–2002

Jahr	1991	1992	1993	1994	1995	1996	1997	1998	1999	2000	2001	2002
Einwohner[1]	305.451	300.536	295.741	289.909	282.349	275.604	267.776	259.925	253.224	246.450	241.710	237.951
Arbeitslose[1]					18.491	20.657	26.593	26.129	27.136	26.607	25.631	26.065
Arbeitslose unter 25 Jahre[1]					2.123	2.332	2.894	2.850	3.030	3.275	3.037	3.335
Langzeitarbeitslose[1]				7.141	5.837	6.326	9.589	12.105	12.328	13.189	13.436	14.041
Langzeitarbeitslose (nur Stadt)[2]										10.888	10.825	11.400
Empfänger HLU[1, 2, 7]				7.800	7.964	9.650	10.840	13.310	14.493	14.763	14.754	14.767
Darunter: Arbeitslose (15–65 Jahre)[1]							3.201	4.147	4.351	4.729	4.726	4.916
Bedarfsgemeinschaften HLU[2]				3.429	3.655	4.525	5.365	6.675	7.438	7.825	7.925	8.234
Durchschnittliche Größe der Bedarfsgemeinschaft[2]				2,20	1,17	2,13	2,02	1,99	1,99	1,96	1,97	1,90
Nettoausgaben HLU/HBL												
In 1.000 Euro[1]				56.323	22.570	23.434	27.977	38.360	38.344	44.144	46.034	46.807
In Euro/Einwohner[1]				194	80	85	104	148	151	179	190	197
Ausgaben HLU je Sozialhilfeempfänger in Euro[2]				2.961	2.536	2.362	3.422	2.801	2.164	2.813	2.856	2.786
Anzahl erwerbstätiger HLU-Empfänger[2]									4.811	5.211	5.248	5.591
Anzahl erwerbstätiger HLU-Empfänger[2]									427	476	460	497
Sozialhilfedichte[2, 4]				26,9	28,2	35,0	40,5	51,2	58,6	62,4	63,9	66,0
Personen in Hilfe zur Arbeit (HzA)[2, 3]				530	1.000	670	1.200	950	1.450	1.325	1.060	860
Davon: nach BSGH § 19 Abs. 2 (Entgeltvariante)[2, 3]				210	450	150	400	50	300	425	500	550
Davon: nach BSGH § 19 Abs. 2 (Mehraufwandsvariante)[2, 3]				300	400	450	700	800	1.000	800	500	300
Davon: nach BSGH § 20[2, 3]				20	50	70	100	100	150	100	50	10
Gesamtaufwand HzA in 1.000 Euro[2]	133	618	1.175	1.014	2.151	1.946	2.484	2.243	4.280	4.449	2.972	2.824
Davon: Zuschuss zu ESF-Projekten in 1.000 Euro[2, 5]	107	418	975	719	1.340	888	1.353	1.341	3.310	3.528	2.585	2.496
HzA in 1.4100.730002 in 1.000 Euro[2, 6]	25	200	200	295	811	1.058	1.132	902	969	921	387	328

1) Daten für Stadt Halle und Saalkreis in: Statistisches Jahrbuch der Stadt Halle (2002). – 2) Daten in: Stadtrats-Drucksache III/2003/03407. – 3) Durchschnittliche Personenzahl pro Monat. – 4) Anzahl Sozialhilfeempfänger je 1.000 Einwohner. – 5) Summe der Projekt- und Overheadkosten für Beschäftigungs- und Qualifizierungsmaßnahmen. – 6) Projektkosten HzA nach § 19 Abs. 2 BSHG (Mehraufwandsvariante). – 7) Ab 1999 ohne Kurzzeitempfänger.

Quellen: Statistisches Jahrbuch der Stadt Halle (Saale) 2002; Stadtrats-Drucksache Nr. III/2003/03407 vom September 2003.

Anlage 3: Ausgaben HLU/HBL für alle Teilnehmer vor, während und nach der Beschäftigungsförderung, in Euro

Summen HLU/HBL	BT: Merkur	BT: BBI	BT: BBW	Kita	Sport/ Bäder	Grün- anlage	Schule	FT: Kultur	FT: Soziales	FT: Bauhof	FT: Betreu- tes Wohnen	Insge- samt	Prozent
Vor Maßnahme	14.244	11.941	8.325	53.364	8.966	9.677	7.418	9.153	14.177	8.674	6.606	152.544	100,0
Während Maßnahme	8.122	5.609	3.527	18.045	826	3.720	1.967	3.952	1.340	2.195	760	50.065	32,8
Letzter Maßnahmemonat	9.071	6.929	4.092	13.724	1.426	2.773	1.958	1.787	702	884	999	44.344	29,1
1. Folgemonat	8.517	6.727	7.133	18.132	2.908	4.056	3.355	2.734	1.228	1.272	748	56.809	37,2
6. Folgemonat	8.243	7.939	5.053	17.070	2.482	3.057	2.331	2.488	1.533	1.970	807	52.971	34,7
12. Folgemonat	7.219	9.352	4.480	16.986	2.398	3.240	3.328	1.625	795	1.392	1.182	51.998	34,1
18. Folgemonat	7.696	8.407	7.382	20.332	2.975	3.535	3.470	2.544	1.430	1.160	1.912	60.844	39,9
Insgesamt	**63.113**	**56.903**	**39.991**	**157.653**	**21.981**	**30.057**	**23.826**	**24.283**	**21.205**	**17.548**	**13.014**	**469.574**	
Teilnehmer in Untersuchung	32	30	24	86	21	10	10	13	17	13	11	267	
Insgesamt pro Haushalt	1.972	1.897	1.666	1.833	1.047	3.006	2.383	1.868	1.247	1.350	1.183	1.759	
Pro Haushalt vor Maßnahme	445	398	347	621	427	968	742	704	834	667	601	571	

Quellen: ProSoz-Datenbank der Stadt Halle (Saale); eigene Berechnungen.

Anlage 4: Sozialstruktur der Teilnehmer der untersuchten Maßnahmen

	BT: Merkur	BT: BBI	BT: BBW	Kita	Sport/Bäder	Grünanlagen	Schulen	FT: Kultur	FT: Soziales	FT: Bauhof	FT: Betreutes Wohnen	Summe	Prozent
Anzahl Teilnehmer	33	31	25	93	23	12	11	14	18	14	11	285	
Einbezogene Fälle	32	30	24	86	21	10	10	13	17	13	11	267	100,0
Geschlecht													
Anzahl Frauen	28	18	11	85	2	4	0	4	7	4	7	170	63,7
Anzahl Männer	4	12	13	1	19	6	10	9	10	9	4	97	36,3
Alter vor Maßnahme in Jahren													
Bis 25 Jahre	32	30	24	17	1	2	1	1	4	8	1	121	45,3
26–35 Jahre	0	0	0	25	8	3	2	3	7	4	4	56	21,0
36–45 Jahre	0	0	0	26	5	3	2	6	6	1	3	52	19,5
46–55 Jahre	0	0	0	17	7	2	4	3	0	0	3	36	13,5
56–65 Jahre	0	0	0	1	0	0	1	0	0	0	0	2	0,7
Schulischer Abschluss													
Ohne	1	0	2	0	1	0	0	0	0	2	0	6	2,2
Volks-/Hauptschule 9. Klasse	6	8	8	16	5	3	2	0	4	4	1	56	21,0
Realschule/POS 10. Klasse	11	14	7	27	5	3	5	4	8	4	6	94	35,2
Abitur	1	0	0	0	0	0	0	1	3	0	1	6	2,2
Unbekannt	12	7	6	43	10	4	4	8	2	2	2	100	37,5
In Ausbildung	1	1	1	0	0	0	0	0	0	1	1	5	1,9
Beruflicher Abschluss													
Ohne	24	20	20	40	2	2	2	3	7	7	2	129	48,3
Außerbetriebliche Ausbildung	1	1	1	5	0	4	2	0	0	1	1	16	6,0
Lehre – gewerblich/kaufmännisch	6	6	3	34	18	3	5	7	6	3	6	97	36,3
Fachschule/Meister/Techniker	0	0	0	2	0	0	1	0	2	0	1	6	2,2
Fachhochschule/Hochschule	0	0	0	5	0	1	0	3	2	0	0	12	4,5
In Ausbildung	2	0	0	0	0	0	0	0	0	1	0	3	1,1
Unbekannt	0	3	0	0	1	0	0	0	0	0	0	4	1,5

Anlage 4

	1	2	3	4	5	6	7	8	9	10	11	Gesamt	%
Familienstand													
Ledig	31	28	21	31	8	5	4	8	16	11	6	169	63,3
Verheiratet	1	1	2	26	8	3	3	3	0	2	3	52	19,5
Getrennt lebend	0	0	0	21	0	1	3	1	1	0	1	29	10,9
Geschieden	0	0	1	8	5	1	0	1	0	0	1	17	6,4
Darunter: alleinerziehend	10	4	4	32	0	1	2	1	3	1	2	60	22,5
Kinder in Haushalt													
Keine	22	24	10	34	17	6	7	9	14	9	8	160	59,9
1 Kind	7	3	4	20	1	0	2	2	2	2	1	44	16,5
2 Kinder	2	3	0	21	3	1	0	1	1	2	1	35	13,1
3 Kinder	1	0	0	6	0	1	1	0	0	0	0	10	3,7
4 und mehr Kinder	0	0	0	5	0	2	0	1	0	0	0	8	3,0
Haushaltsgröße													
1 Person	19	24	17	21	11	6	4	8	14	7	6	110	
2 Personen	10	4	4	26	5	0	4	2	2	2	3	55	
3 Personen	2	3	3	20	1	1	1	2	1	3	0	33	
4 Personen	1	1	1	11	4	0	0	2	0	1	2	18	
5 Personen	0	0	0	5	0	1	1	0	0	0	0	7	
6 und mehr Personen	0	0	0	3	0	2	0	1	0	0	0	6	
Staatsangehörigkeit													
Deutsch	32	29	22	71	14	9	7	9	16	11	11	231	85,4
Deutsch/Aussiedler	0	1	2	7	1	1	1	1	0	2	0	16	6,2
Kontingentflüchtlinge	0	0	0	7	3	0	2	2	1	0	0	15	6,2
Anerkannter Asylbewerber	0	0	0	1	3	0	0	1	0	0	0	5	2,2
Dauer Sozialhilfe vor Maßnahme insgesamt													
0– 6 Monate	9	7	7	5	1	1	1	0	4	0	0	35	13,1
7–12 Monate	5	3	2	9	2	1	0	1	1	3	2	29	10,9
13–18 Monate	7	9	3	5	3	1	0	2	5	2	1	38	14,2
19–24 Monate	5	2	1	20	8	1	2	1	0	1	2	44	16,5
25–36 Monate	2	1	3	22	2	2	3	2	2	3	3	47	17,6
37–48 Monate	1	3	0	13	2	1	1	4	2	2	1	27	10,1
>48 Monate	1	2	0	12	1	1	2	2	2	1	1	28	10,5
Keine Angabe	2	3	8	0	2	2	0	0	3	1	1	19	7,1

Quellen: ProSoz-Datenbank der Stadt Halle (Saale); eigene Berechnungen.

Anlage 5: Wirkungen von Beschäftigungsverhältnissen auf die Teilnehmer nach Maßnahmen

	BT: Merkur	BT: BBI	BT: BBW	Kita	Sport/ Bäder	Grün-anlage	Schule	FT: Kultur	FT: Soziales	FT: Bauhof	FT: Betreutes Wohnen	Insgesamt	Prozent
Teilnehmer in Untersuchung	**32**	**30**	**24**	**86**	**21**	**10**	**10**	**13**	**17**	**13**	**11**	**267**	**100,0**
Anzahl Abbrecher	21	20	11	29	3	2	1	4	4	3	1	99	37,1
Darunter: vermittelt in Arbeit oder Ausbildung	4	5	6	2	1	0	0	0	1	0	0	18	6,7
Anzahl Späteinsteiger	10	0	1	26	5	2	1	4	2	3	1	46	17,2
Teilnahme mit regulärem Ende	11	10	13	57	18	8	9	9	13	9	10	167	62,5
Darunter: mehr als 12 Monate	11	10	12	41	17	6	8	7	12	6	9	139	52,1
Anzahl Haushalte mit HLU													
Während der Maßnahme	19	22	13	28	4	4	5	6	3	2	3	109	40,8
Im letzten Maßnahmemonat	20	25	11	23	4	3	5	5	1	1	3	101	37,8
Nach Maßnahmeende	16	18	11	32	7	6	4	4	2	4	3	107	40,1
Darunter: ergänzende HLU	7	4	7	11	5	2	3	1	0	1	3	44	16,5
6 Monate danach	16	18	11	31	6	4	4	5	2	5	2	104	39,0
Darunter: ergänzende HLU	6	6	4	10	5	2	3	2	0	2	2	42	15,7
12 Monate danach	14	18	12	37	6	4	5	4	1	4	3	108	40,4
Darunter: ergänzende HLU	6	4	2	15	6	2	3	1	0	2	2	43	16,1
18 Monate danach	12	16	11	30	7	4	6	3	1	4	3	97	36,3
Darunter: ergänzende HLU	4	3	1	11	6	3	4	1	0	2	2	37	13,9
Rückkehrer in Sozialhilfe nach Vermittlung													
Nach 6 Monaten	1	3	3	1	1	0	0	0	0	0	0	9	50,0
Nach 12 Monaten	2	4	3	1	1	0	0	0	0	0	0	11	61,1
Nach 18 Monaten	2	4	2	1	1	0	0	0	0	0	0	10	55,6

Quellen: ProSoz-Datenbank der Stadt Halle (Saale); eigene Berechnungen.